中国新农村建设书系

乡村建设随笔系列

给我三个春天

生态文明新农村建设实践

Geiwo Sange Chuntian

Shengtai Wenming Xinnongcun Jianshe Shijian

孙君 著

中国轻工业出版社

图书在版编目（CIP）数据

给我三个春天：生态文明新农村建设实践/孙君著．—北京：中国轻工业出版社，2019.4

（中国新农村建设书系．乡村建设随笔系列）

ISBN 978-7-5019-9360-4

Ⅰ.①给… Ⅱ.①孙… Ⅲ.①农村-社会主义建设-概况-襄樊市 Ⅳ.①F327.633

中国版本图书馆CIP数据核字（2013）第155482号

责任编辑：秦 功 李亦兵 钟 雨

策划编辑：李亦兵 秦 功 责任终审：劳国强 封面设计：奇文云海

版式设计：奇文云海 责任校对：晋 洁 责任监印：张 可

出版发行：中国轻工业出版社（北京东长安街6号，邮编：100740）

印 刷：北京君升印刷有限公司

经 销：各地新华书店

版 次：2019年4月第1版第2次印刷

开 本：720×1000 1/16 印张：21

字 数：448千字

书 号：ISBN 978-7-5019-9360-4 定价：45.00元

邮购电话：010-65241695

发行电话：010-85119835 传真：85113293

网 址：http://www.chlip.com.cn

Email：club@chlip.com.cn

如发现图书残缺请与我社邮购联系调换

190303K1C102ZBW

一年之计在于春。一年苗，二年树，三年材，有三个春天就可以收获了。我对村里的干部说，只要你给我三个春天，我就还你们一个“春天”！

《中国新农村建设书系》编委会

《乡村建设随笔系列》编委会

（以姓氏笔画为序）

卷首语

在任何一个乡村项目点上，我都不敢轻易地做规划、搞建设，不敢随意地栽树、建坝、修路，更不会在石头上请书法家刻字。因为我知道这里的每一块土壤、每一片植被、每一个堰塘都有独立的生命，不同的“血型”、生活习惯与个性，我们必须尊重它；如果我们违背了它的意愿，它就会反抗我们，这种反抗有时是很残酷的：世界上四大文明的发源地，几千年来一个个衰败，都是我们人类自作聪明的“杰作”。所以人类不能太自以为是，不要以科学与技术为万能，更不能把沉重的历史视为传说。决不能！

2003年我与“北京绿十字”的朋友们在中国的中原开始了一个项目，这个项目的名称是“五山模式”，地点就在湖北谷城县五山镇的堰河村。

三个春天后，到2006年，这里已成为一个人与自然和谐相处，经济发展与生态环境相得益彰的美丽山村。自然开始回馈这个村的农民了。农民笑了，土壤笑了，鸟语花香了……

村民说：你这娃子怎么和城里人一样，垃圾到处乱扔！

村干部说：垃圾分类就是招商引资。

闵书记说：我没有水平，可我也没有水分。

镇干部说：财力有限，民力无限。

孙君说：把农村建设得更像农村。

老师们说：关起门是家，打开门就是国。

专家说：孙君只是一个画家。

值此书出版之际，我最想向“北京绿十字”的志愿者们致敬！因为有了你们，才有了今天五山堰河村的新生活！

《给我三个春天》：为将来的回忆

中国传统文化崇尚“天人合一”，崇尚“一生二，二生三，三生万物”。因此说来，孙君的要求实在是“海口无边”。他踏踏实实地为中国农民做了许多事，却从来没有“夸下海口”，说要如何如何。可是这一次，也就是现在，呈现在我眼前这些文字分明告诉我，他是一个具有至大心胸、至高追求的人。他所要求的看似平淡：只有三个春天。然而回看历史，过去、现在、将来，我们总共也只有这三个春天。除了这三个春天，我们其实一无所有。

今天的世界，绚丽多彩，纷繁熙攘。因此我常常在想，关于这个世界，孙君存在的意义何在？他有时像是举着长矛与风车宣战的堂吉诃德，有时亦像是不食人间烟火的孤独行客。曾有朋友问我：你如何评价孙君和他的作为？我的回答是：至真至实。也有朋友对孙君的某些做法略有微辞。但我回答说：有如孙君者，是农民之福，是农村之福，是中国之福；有如孙君之坚持者，无独伟大，堪称楷模。

这些年来，孙君早已名声在外，知者甚众，我只能望其项背。但我始终视孙君为朋友，淡淡之交，清明若水。他要我给《给我三个春天》作序，其实是我的荣幸。“历史总是当事人写的”，我始终抱持这样的观点。在我看来，这位由农民兄弟命名的“孙君子”，是以画家的审美投入生活，所以能够在纷纷攘攘的平凡中发现“身边原来有如此多诗人”。画家的眼光，毕竟厉害，他能够把生活诗化，又能给无形的诗以可以敷彩落墨的形象。究其根底，其实是因为他自己拥有诗化的生活。正像西方有人说，如果大黄牛也信上帝的话，那么上帝一定是头牛。上帝给孙君找到了一块巨大的画布，真山真水真情趣，可以泼墨抒怀，好写大块文章。

真正的好书，应该是在若干年之后仍然为人们所寻找、给人以启迪、可以令人感动，甚至感悟的。我不知道多少年以后，《给我三个春天》是否仍然能为人类社会增加福祉，但是这本书中所记录的真实，至少，是当今我们这个社会之所需。我们的日子已经过得很有些“虚化”，飘渺不实。能多一些脚踏实地，可以使人心安，回归本真。孙君《给我三个春天》的真正意义，在于以素描的手法记录历史，是在远及未来的那一日，当我们回忆时，还能坦然于“想当年”，让斑驳的历史告诉未来：“原来是这样”。这也是为什么我要给这些文字加上一个标题：“为将来的回忆”的理由。

魏武帝曹孟德“东临碣石，以观沧海”，所见者“水何澹澹，山岛竦峙，树木丛生，百草丰茂”，感慨于“秋风萧瑟，洪波涌起”，“日月之行，若出其中，星汉灿烂，若出其里”，于是乎“幸甚至哉，歌以咏志”。今有孙君下襄阳，上五山，看“五山有机茶新绿”，赏“一海无边薤正白”，其功至伟，不输阿瞒！正值拂晓，天光初亮。粗茶伴酒，权称为序。

龚　益

中国社会科学院数量经济与技术经济研究所主任、研究员

中国社会科学院环境与发展研究中心副秘书长

自说自话

《给我三个春天》是北京绿十字的一个乡村建设项目随笔。书中的很多说法、理论、感受应该是我个人的想法，也可以说是原创吧。我很不习惯于用论文的方式写作，小说的文笔去写东西，平日看过的名人名句也没有做笔录，书中有很多说法少了一些准确的依据。所以大家在读这本书时，不要视其为作品和文章，仅把它作为一种很自由式的随笔而已，实为歉意。

2006年中国开始了社会主义新农村建设，在第一时间由人民出版社出版《五山乡村日记》系列丛书。六年后，“五山模式”已在很多地区复制和推广，此时再回头看2006年出版的书，明显留下不完整的“五山模式”过程，还缺少必要的总结和反思。绿十字作为公益性的民间环保组织，在进行公益项目时也有自己的“利润”。一个项目中有政府、农民和绿十字，三方都有自己的利益和目标。政府需要的是政绩和稳定，农民需要的是收入和致富，而绿十字需要的是理论和模式的复制。这次再次编辑这本书就是对绿十字的“五山模式”给以很完整的理论思想整理和完善。

我是项目的负责人，也是一名志愿者。项目第一个阶段是三年，三年后农民、村干部和县市政府不让绿十字走，于是我们在这块土地上，又开始了第二个三年。之后又开始第三个三年，前后一起就是近十年。在十年多的乡村工作生活中，我每天写下一些体会和感想，没想到就写了近百万文字，后又压缩到三十八万字的《五山乡村日记》，拍了三万多张乡村实践照片。北京师范大学研究生李檀说："这是研究中国农村税费改革转型期最真实的写照，极有价值。"正因为真实、有价值，我就想一条路走到底，坚持写完这篇长长的随笔。

同时，我给自己记录了一篇当代个人的跨界——行为美术实践史，我的愿望是把艺术还给农民。艺术来自于土地，来自于农耕文明，经过了几千年，最后落到城市，停留在学院、美术馆和展览馆，最后进入博物馆，艺术寿终正寝。我就在这个时候开始了困惑，艺术就这样结束了？艺术还有目标？艺术还为谁服务？艺术的价值在哪里？这与我到中央美院去读书有关，因为只有到了这里才会思考到这些问题，也只有到了北京可能才会产生这样的思维方式。

在这里，我有幸成为著名油画家曹立和民间美术系吕胜中的学生，我在他们的作品中看到了艺术与生活的关系，感受到艺术再次与生活那么贴近，在他们的作品中体会到土壤与艺术之间的"血缘"关系。我以为艺术来源于乡村就要还给乡村，艺术来自土地也应该再次服务于土地，艺术源于真实的农民就更加应该归还于真实的农民。此时我想的更多的是怎么把贵族式的艺术再服务于普通农民，并能为农民的生活中融入艺术呢？

经过的十几年的经历和实践，我终于让艺术可以服务于建房、乡村规划、旧村保护、新农村建设和乡村生活和生产。农民接受了，农村变美了，关键是农民的精神也变得"美丽"了。

一个艺术家以志愿者的理想和观念，带着一群充满理想的知识分子和成千上万的农民，从事着乡村实践这个中国大地上最广大的行为艺术；也记录着绿十字的专家学者们是怎样按照心中的美来遵从自然、改变生活、净化农民心灵的历程。它不仅仅是我个人的兴趣，它的确也是这个社会的需求。我只是通过这样的"行为"来素描乡村的今天、明天与后天。

经济之上是政治，政治之上是哲学，哲学之上是宗教，宗教之上是艺术。艺术（绘画）在普通人看了是花花草草的，可在社会学和哲学理解中，艺术与宗教距离最近。

而我，只是一个艺术家。我在做事时，会带着艺术的理想，从艺术的思维出发，用艺术的手法去做。很多人在问我，孙君你这样做为了什么？

七八年前我还不太清楚想做什么，现在越来越清晰了：一是想告诉城市人，三十年后中国农村将是这个国度最美、最能可持续发展、最接近现代化的地方；二是中国农村要按照城市的模式发展必死无疑，农村其实是另外一个世界，从某种程度来说，是我们最后的精神家园；三是艺术来源于乡村，本该还原到农民的衣食住行中。

贺雪峰在《新乡村中国》中说:《黄河边的中国》走好了乡村研究的第一步，愿更多的人来走第二步。

李昌平的《我向总理说实话》，陈桂林夫妇的《农民调查》、《县委书记》等，都揭示了中国农村的现象，也暗示了中国农民的不幸。《给我三个春天》是把中央对农民的关心、城市人对农民的同情、知识分子对中国这个农业大国未来的担心、五山农民真实的生活状态等呈现出来。一个又一个春天，绿十字的朋友们扎在农村中，把这些关心、同情、担忧和关注化作实实在在的行动，共同创造了一个“五山模式”。我们所做的就是贺雪峰先生所说的第二步。第二步中还有志愿者精神，有杞人忧天的浪漫情怀，也有城市人对农民歉意的补偿。

晏阳初创造的“平民教育——乡村科学化”模式、梁漱溟创造的“文化复兴——乡村学校化”模式和卢作孚创造的“实业民生——乡村现代化”模式，被社会称为民国时期的三大乡村建设模式。

相隔七十年后，温铁军教授提出“新乡村建设”和“新乡村建设实验”，以区别于二十世纪三十年代的乡村建设运动。我同意他对中国发展战略的分析和对现代化的解构。他提出“新乡村建设”，既有历史感，又有国际视野。这些乡村建设模式的不同是年代、文化、思想和背景的不同，有各自相关的使命、步骤、内容及动机的基本理论，但都对“五山模式”项目有了很好的参照。前辈的实践经验留给了我们，而“五山模式”的现实思想、生态理念、艺术视角和实践路径也自然会留下来。“五山模式”其意义就是有较好的复制性与推广性，为当下的新乡村建设和解决当代的“三农”问题、建设社会主义新农村提供了有益的借鉴。

在中国农村与绿十字同时在田间地头实践的还有很多人，杜润生、杨勋、张晓山、茅于轼、贺雪峰、温铁军、李昌平、何慧丽、贾建友、陈文胜、胡晓芹、杨云峰、邓仪、樊英、刘老石、廖星臣、邱建生、孙晓阳、王佛全等，他们都以不同的理论和实践，在乡村实现各自的人生价值，行走这条路上的不仅是几个人，而是几十个、几百个人。

这本书是我的乡村生活随笔，也是我的艺术作品。我记得有人说过，重读一次日记，就好像人生再来一次。重看一次作品，又比别人多了一些自豪，多了一点感动，感动自己是感性的。感性的文字是真实的，是自己的心声。真的不一定是美的，但美的就应该是真的。本书中涉及的所有事都已经过去了，百年的人生不会有第二回。有得罪之处，朋友们请原谅！

2005 年 8 月 18 日修改于北京阳光画室

2008 年 12 月 20 日修改于王台三组

2009 年 4 月 21 日修改于什邡地震灾区

2011 年 4 月 3 日修改于河南信阳

2013 年 1 月 8 日修改于北京呼家楼

2013 年 7 月 2 日修改于雅安灾区

《给我三个春天》人物

闵洪彦：堰河村书记

余宝军：原五山镇书记、现任襄阳市鱼梁洲开发区管委会副主任

龚　益：中国社会科学院数量经济与技术经济研究所主任、研究员

陈炜波：原五山镇党委书记、现襄阳市南水北调工程管理局局长

王佛全：原北京《绿色家园》记者、北京绿十字宣传主管

马　黎：原襄阳市委宣传部部长、现国家广电总局国际合作司司长

薛　斌：襄阳市“绿色汉江”志愿者、襄阳市摄影协会秘书长

孙光玥：北京绿十字发起人、现移民瑞士

叶　榄：中国十大青年杰出志愿者、绿色行者

尤帮立：五山镇“玉皇剑”茶叶公司总经理

陈启合：原谷城县组织部长、县委副书记，现襄阳市安全生产监督管理局党组书记、局长

宋真真：原国家领导人宋任穷之女，现移居美国，北京绿十字志愿者

荣尊堂：北京绿十字行政主管

方洪军：五山镇堰河村村民、北京绿十字工作人员，现中国乡村规划设计院工程技术员

陶康华：上海师范大学博士生导师、上海长三角人类科技发展中心理事长、北京绿十字专家组成员

周　霁：原谷城县委书记、现湖北十堰市委书记
宋庆华：原北京地球村副主任、现北京社区参与服务中心主任
孙晓阳：北京绿十字执行主任
田承忠：原襄阳市委书记、现湖北省人大常委会副主任
俞正声：原湖北省省委书记、上海市市委书记，现中央政治局常委、全国政协主席
运建立：襄樊市第一家民间环保组织“绿色汉江”会长
李治和：襄樊市政协常委、“绿色汉江”秘书长
刘显庭：茶叶专家、著名评茶师
曾玉平：原宜昌市市委书记、现襄阳市副市长
龙小红：原宜城市板桥店镇人大主席，现谷城县县委副书记、县长
王远华：原宜城市板桥店镇书记、现宜城市城建局局长
胡海洋：原谷城县五山镇党委书记、现谷城县副县长
胡晓芹：原任职于襄阳市新农村办公室、现任职于襄阳市委政研室
木　棉：安徽省马鞍山市作家，2012 年发表长篇小说《汉水谣》
艾文金：谷城县县委书记
陈学斌：原襄阳市襄城区副区长、现襄阳市人大副秘书长
陈家学：襄阳市襄城区尹集乡党委书记
司炳强：制片人
陶义军：《襄阳日报》记者、摄影部主任
褚春明：谷城县五山镇党委副书记、镇长
周　云：原谷城县城关镇党委书记，现谷城县县委常委、政法委书记
沈　迟：国家发改委城市与小城镇改革发展中心规划院院长、总规划师
梁河桥：原谷城县庙滩镇党委书记、镇长
李兵弟：住房和城乡建设部村镇建设司原司长
温铁军：著名“三农问题”专家
李昌平：著名“三农问题”专家，中国乡建院院长
廖晓义：北京地球村环境文化中心创办人兼主任
张志新：原国家环保总局“环境保护接触贡献者”、“福特汽车环保奖”、“首都精神文明建设奖”获得者，北京绿十字志愿者

目录

CONTENT

五山第一次创业是陈炜波时代（1988—1999 年），我们称为“创业五山”；第二次是周霁、李传寨与余宝军、闵洪彦及绿十字时代，我们称为“生态五山”（2003—2006 年）；第三次是李传寨、艾文金、胡海洋、闵洪彦与绿十字时代，我们称为“精品（产业）五山”（2006—2009 年）；现在进入第四次，创业的是年轻的 70 后和 80 后干部，书记唐萍（女）、镇长褚春明、闵洪彦及绿十字时代，我们称之为“生活五山”（2009—2013 年），前后历时 24 年。其中绿十字与五山合作的 9 年就成就了现在的“五山模式”。这 9 年中，我已不记得自己多少次踏上了这片充满灵气的土地，直至有一天，我已分不清哪里是五山，哪里是故乡。

第一次

因水，从北京来到襄阳

| 2003 年 8 月 26 日 |

南水北调中线的水，来自襄阳的汉江。因水，我走近襄阳。

襄樊（现更名为襄阳）即古襄阳，古老的城墙写满了历史。这是一座具有 2800 多年历史的文化名城，漫漫的历史长河出了两位皇帝和无数名人与英雄，这让襄阳人引以自豪。

刘表、司马徽、王粲、诸葛亮、关羽、刘备、张飞、赵云、羊祜、杜预、刘弘、王叔和、山简、释道安、朱序、萧统、欧阳修、岳飞、李曾伯、李自成、张献忠、萧楚女、张自忠、李宗仁等，这些声名赫赫之人都与襄阳有关。还有两位唐代大诗人与一位宋代大书画家更是为襄阳人增光添彩。

张继一首《枫桥夜泊》成就了今天苏州的一景：

月落乌啼霜满天，江枫渔火对愁眠。

姑苏城外寒山寺，夜半钟声到客船。

孟浩然，唐代著名诗人，大诗人李白的挚友。他一生未曾为官，大部分时间都是在漫游和隐居中度过。他的一首《春晓》流芳千古：

春眠不觉晓，处处闻啼鸟。

夜来风雨声，花落知多少。

米芾号襄阳漫士，北宋书画家。世居太原（今属山西），后迁襄阳，而定居润（今镇江），宋徽宗召为书画学博士，曾官礼部员外郎，人称“米南宫”。因举止“癫狂”，人称“米癫”，后创立中国画中的“米点画”。

所以我有幸能在襄阳做项目，那真是一种造化，同时我也想成为襄阳英雄城中的又一条好汉。

这些名家还只是襄阳历史的冰山一角，还有宋玉、卞和、王逸、庞德公、伍子胥、王聪儿、杨洪胜、高如松、陈荒煤、张光年、黄火青……

中国二十四孝中的第十二孝“丁兰刻木思亲”也发生在这里。南漳县九集镇泉水堰村，解放初还保留着的丁兰桥、丁兰祠、丁兰墓……现在已经什么也没有了，仅留下凌乱的村落和遍地的垃圾。

汉水孕育了这片古老而又辉煌的土地，于是我走进了这长长的、远远的、有着历史厚重感的襄阳。

“情系南水北调京津襄‘手拉手’活动”，原本没有我，是北京市灿雨石社区参与行动主任宋庆华和“绿家园”召集人汪永晨商议，带我去看看。后在汉江的游船上和时任襄樊市委宣传部长的马黎聊天，说到社区建设时马部长说：“孙君，‘君’很好听，那我们就来个君子之约，来襄樊好吗？”我说：“好！”一句话就让我与五山有了不解之缘。

“手拉手”活动的宗旨是加强三地爱水护水经验的交流，反对在襄樊的崔家营建坝，更反对因中线丹江口调水之后，在汉水的九级梯级开发。“绿色汉江”是襄樊的第一家民间环保组织，会长运建立是位和蔼的老大姐。运大姐一听反对崔家营建坝，就连忙劝说：“不行啊，那样会给‘绿色汉江’带来负面影响。”别看汪永晨铁面无私，当她看到运大姐为难的样子，就没有去和当地政府辩论对与错了。不过“绿色汉江”还有一位不给运大姐面子的人，就是李治和秘书长。他凭着执着和责任写下了《南水北调襄樊人民十个不知道》。运大姐不同意他用“绿色汉江”的名义发表，只能用他个人的名义，可李治和一纸就寄给了温总理，温总理又批示转发，这一下市领导就来责怪“绿色汉江”，弄得运大姐两头受气。

2003 年 8 月参加南水北调京津襄真情互动活动

第一排左一运建立，左二汪永晨，左四宋庆华，左五薛文武，左六孙君，左十马军

中国的民间组织很是不易，运大姐是否坚决反对中线调水，我不敢说。原因我想不仅仅考虑的是她个人，更多的考虑是刚刚成立的“绿色汉江”的未来。她说，中线调水已成定局，未来我们应该怎么办?

汉江是长江第一大支流，有“中国莱茵河”之称。2003 年底，南水北调中线（汉江段）工程已经启动，这是为解决北京、天津及中国北部地区越来越严重的水资源缺乏问题而规划的，是中国本世纪最大的水利工程。

汉江与襄樊市的工农业生产、居民生活以及生态环境有着密切的关系。全市 580 万人口中 95% 生活在汉江流域。

近年，由于城市经济发展和人口增加，汉江已经出现宽窄长短不同的污染带，五大支流水质均为Ⅵ类以下的严重污染状态。南水北调中线的调水量大约为汉江常年水量的三分之一，两岸地下水下降 0. 25 ~ 0. 41 米，导致沿江 21 座水厂、39 座泵站、1680 眼机井取水困难或报废，沿江 70 万亩肥沃的土地减产，原本就缺水的唐白河东灌区 180 万亩耕地更是雪上加霜。汉江及其支流将因为水量的减少而承受污染的加剧。南水北调对水资源已经相对缺乏的襄樊来讲，无疑是对该地区生态环境和经济发展的一次严峻考验。襄樊计委负责人透露：其直接经济损失 106. 36 亿。

面对如此损失怎么办?

我知道运大姐对家乡母亲河的关爱超过了普通襄樊人，60多岁的老人，整天与汉江为伴，徒步考察唐白河，费心保护母亲河，她每天都在为汉江的未来担忧。我与她交往不多，可被她的精神感动，她常常因头晕靠在门边，闭口无言，调整过后又开始了她的事业。

李治和是“绿色汉江”的副会长，是一位很真实、有血性、敢说真话的老人。我常对朋友说，什么是爱国？什么是文明？他就是！我也常笑着对他说，您是退休了，可您这颗爱国的心永远不退休呀！老人的笑很纯真，像个孩子。

他是一名教师，也是市政协委员，他的《南水北调襄樊人民十个不知道》是这样说的：

我是退休的中学历史特级教师。教学时，我注意对学生进行乡土知识教育。1996年春，我把学生带到汉江边，我向学生说，李白曾把汉水当酒喝，现在汉水又将南水北调，我要喝的是一碗赞美汉江的水。舀起一碗汉江水，我一饮而尽。此后我每年喝一碗水。但是，随着我对汉江水质了解增多，我的心情开始有了变化。今年4月，我在襄阳城下和宜城市岛口下首汉江与蛮河交汇处，各喝一碗汉江水，已经感到变味了。我认为，今年喝的两碗是忧虑水。

近一两年来，有关南水北调的报道多了。但是，只要是中线调水有关襄樊的消息，没有一则是令襄樊民众高兴的。本人不是水环境问题的专业人士。在现今体制下，我不可能看到许多相关材料，也不可能与较多的人交谈此事，许多时候往往只能一个人冥思苦想。在我和接触不多的襄樊民众交谈中，他们大多对南水北调一知半解，因为至今还没有出现一篇文章，让襄樊民众全面了解中线调水工程对襄樊的影响程度、如何对策、怎样让襄樊民众放心等。由于不知情，襄樊民众对这事的反映差别很大。有的说：“我们汉水调往北京，支援首都，迎接奥运，我们水质变坏一点，能忍受就忍受。”有的说：“要贡献就有损失，只要有共产党和社会主义，我们就不怕没水喝。”还有的说：“清华大学潘家铮教授最近在《光明日报》发表文章说，水利工程不能只言利不言弊。如果解决不好襄樊民众今后的饮水问题，调水应该慎重些。”更有人说：“现在有的官员是上届不管下届，下台后，就走人，我们老百姓可不会走。吃水的事是群众大事，一定要先让百姓放心，然后再调水。”襄樊民众对此事，一是了解少，二是忧虑多。

……

这篇文章在国内引起轩然大波，也把我们引到了襄樊。

我与我的同仁都反对南水北调，我认为我们缺少的不仅仅是水，更是缺少健康环保的生活方式，缺少对生态文明与人类文明关系的认识。政府大多只是把可持续发展的理念落实在文件、会议以及亡羊补牢的工作上了。

人类会因建坝而收获文明，也一定会因建坝而走向衰亡，因为全世界所有建坝的国家，只要超过500年，所建之处就会变成沙漠和荒地，这就应了美国作家汤姆·戴尔所言：只要人类走过的地方，都会留下沙漠的脚印。

……

在襄樊建不建水坝我们想管，可管不着，可是有幸遇到了薛斌，是一件开心的事。没有想到薛斌的照片拍得那么好，他话不多，看人时的眼睛有一点点可怕，直直地不眨眼，像一个没有快门儿的相机，可话说得很有道理。说真的，没有薛斌我会失去来五山的兴趣，我相信人与人是有缘分的！

薛斌不是“绿色汉江”的会员，我看他忙前忙后，为什么不入会呢？他总是笑笑，也不说，我也就不问了。

第二次

堰河村出现了

| 2003 年 9 月 27 日 |

我从 2002 年 6 月离开民政部的中国公益委员会之后，一直希望做自己想做的事。这期间我的重心放在北京，因为北京对中国的影响会更加大一些。对北京之外的试点，没有特别的机遇不会考虑，襄樊到底能不能做，仍是未知数。

运大姐是个热心、有心、认真做公益的人，她的那份热情让我觉得在襄樊做事有了依托。襄樊市文明办郭主任和市委宣传部都很关心这事的进展，每天有酒宴，有车跟……我这几天手也总叉在腰上，像个大领导！我自己也笑了，才几天，就养成了干部派头。看来环境确实能改变一个人，没办法！

我是个理想主义者，说话、做事理想主义色彩太浓，因此大家都说：玄！在路上好几个人和我说五山镇的书记很有想法，想做事，他应该能听懂我的理念，建议我去看看。北京地球村给我的经验就是，成事在天，谋事在人，人比任何条件都重要！

中国有一个地球村，廖晓义是创始人。她在北京延庆县井庄镇堆臼石村设立了一个环境教育培训基地，被称为“地球村”，我是那里的项目实施人。离开地球村时，我就想再做一个地球村。我带着这样的想法前后有一年多的时间，在我的家乡安徽马鞍山以及江苏南京、上海华经、北京等地寻找试点，很难，难的是找不到能接受我理念的人！

我对地球村很有感情，曾在一篇散文《回家在深秋》中写到：在地球村我有三个收获，一是绘画达到专业水准；二是让我的生活与艺术更有责任感；三是绘画不再是事业，而环保成了我的追求。是的，从那以后画画成了业余，也成了我的梦想；再做一个“地球村”成了我的目标。

应该说地球村给了我乡村实践的平台，成功和失败我不想去评说。社科院的龚益先生说得好：“地球村是失败中的成功，也是成功中的失败。”更多的媒体说我建立了一个属于孙君的“乌托邦世界”。正是在这个平台上，我与地球村同仁们的努力，有廖晓义和宋庆华二位女士的全力支持，成功地在农村实施垃圾分类，并将其融入到他们的生活中，村里民选的前提变为不搞垃圾分类的人不能当干部。我们的行为深深影响着这个村的村民，非政府组织（NGO）推动村民共同建设自己的村庄。

严格地说，地球村在延庆县井庄镇堆臼石村的实践就是一场以民间组织为主体的社会实践，现在想想我的工作还是有很多不足。我成了非村民选举的村长，每天要安排村民工作。当村书记和村长之间的观点不同时，需要我协调，他们的权力才能平衡。我和井庄镇党委书记张书坡说这样不行！这些不是 NGO 要做的事。可是张书记说，村书记是党委任命的，村长是民选的，我会尽量协调、支持的。你们的工作不能列入他们的工作计划。你们做的是好事，我全力支持，可是环保和生态并没有列入我的工作范围之列，但是我和魏镇长觉得你们做的事很重要，这就是现在管理体制成为阻碍农村发展的根本问题。

村民要收入，政府要效益、要政绩，地球村要宣传环保理念，三者之间既有共同利益，也有矛盾，所有的矛盾都集中到我们身上，要不停地做各方面的协调，有时候晚上回来，觉得累得都快撑不下去了，可还是找不到好方法。

我觉得这种状态不行，但哪里不行我说不清，我对农村的管理完全摸不着门啊！当时，我没有长期在地球村工作的想法，我只是为了艺术来体验生活，所以也就不想那么多了。

而湖北谷城县五山镇田河村给了我一次机会，弥补在地球村实践过程中的不足。五山镇将是一个以政府为主体的实践，首先有市委宣传部马黎部长的支持，而其又是市精神文明办的试点，还有“绿色汉江”在支持，我想这里就不会像地球村，因为这里的环保和精神文明建设是村镇干部的工作和职责，我相信他们一定会接受我的理念！

28日到五山考察。之所以选定田河村作为试点，主要是因为谷城县五山镇党委书记余宝军。他当过8年老师，还在组织部工作过8年，他知道温铁军（中国著名三农问题研究专家）和李昌平（2003年曾向朱镕基总理上书《农民真苦、农村真穷、农业真危险》，从而引发中国对“三农”问题的关注）。他在农村五六年了，对“三农问题”同样有很多感触，有很深的理解。他很担忧农村的未来，是一个有文化又很有思想的基层党委书记。在与他的交谈中，能体会到他是一个感性和理智相结合的官，是想做事、做好事的官。我喜欢以为民做事来谋取官位的人，那样他的官越大，对农民就越有利，遇到这样的官是农民的幸事。

我总是这样想，做总比不做好，想总比不想好，说总比不说好，有总比没有好。选试点就是选人，因为人是决定因素。

余书记对我说堰河村有一个书记很想来见见你，可以吗？我说好啊！这次闵洪彦书记真的来了，来的人还有很多很多。

后来的几天我又考察了谷城的风景区。那里有个南河水库，建于20世纪70年代，水库原来最深处达100多米，30年之后水库最深之处仅有30米，也就是说每10年淤泥达二三十米！我问当地政府为何淤泥这么严重？他们说这是1958年大跃进时，我们把山上的树全部伐完，导致水土流失非常严重。不过现在不要紧了，土已流失完了，不会再有新的淤泥了……

一回到县委，我就与县委四大领导进行了座谈。我说到南河水库时，大家很长时间没有说话。过了一会，他们说，没有想到30年就淤了70米，环境破坏得太严重了。我想今天的座谈一定会让县委的每个人，在今后的工作中多多少少考虑到环境破坏的因素，这种现实中的环境问题，他们的感受也很真切。

说到水就不得不说土壤。土壤是什么？我们很多人并没有认识到它的价值。土壤对城市来说只是泥土，而对农民来说是他们赖以生存的根，对国家来说就是发展的希望。

今天说的发展就是可持续，就是政治。然而遗憾的是，环境保护和生态价值的概念丝毫没有进入到政府的经济体系之中，更没有进入价格体系核算之中。

科学并没有使我们文明，相反我们从简单的农耕文明又误入了一个"愚蠢的"现代文明。就身边的土地而言，我们忽略了它的生命、价值与作用，我们甚至忘了文明丢失了土地就如同失去了国家的基石。有人听了说，你说的也太严重了，这就说明他一点都不了解文明与土地、生命与绿色之间的关系。

1992年我看过一本美国作者卡特（Carter V.）著的《表土与人类文明》。书中说到："为了国家的未来，1925年他们开始治理因农药和石化农业带来的污染，做到今天收效很小。"他认为一个国家的文明和希望98%是建立在土地文明之上。

他还认为一个人爱不爱国，要看他对土地关爱的程度。这些话、这些理念我第一次听说，我认为有道理。后来我又仔细看了世界四大文明发源地的衰亡，都与土地有关，这让我很震惊。书中说"本书从人类与表土间的关系出发，对人类历史上20多个古代文明地区的兴衰过程进行了探讨，从中得出了历史上绝大多数地区文明衰落的根本原因在于它们赖以生存的自然资源、特别是表土状况恶化这一结论"。

土地与人一样有生命，它的生命期一般在800～1200年。

原来是这样的！

联想今天中国的土壤破坏和污染是可怕的。

土壤污染具有不可逆转性。重金属对土壤的污染基本上是一个不可逆转的过程，许多有机化学物质的污染都需要较长的时间才能消除。

土壤污染一旦发生，要靠换土、淋洗土壤等方法才能解决问题。因此，治理污染土壤通常成本较高、周期较长。鉴于土壤污染难于治理，而土壤污染问题的产生又具有明显的隐蔽性和滞后性等特点，因此土壤污染问题一般都不太容易受到重视。

考察结束之后在市人大开了一个座谈会，会上的恭维话，听了总让我出汗。这方面我喜欢“自然之友”的会长梁从诫（梁启超之孙，自然之友创始人）先生的态度，你可以批评他，可你不能过分地恭维他。有一次“绿色行者”叶榄在公开场合赞誉他，我认为说的也很客观，梁先生当场就说了叶榄，让叶榄下不了台。

很多人叫我教授，我说我不是教授，因为没有人给我评定教授。这次来襄樊，带着地球村成功的经验，也带着地球村的教训，我不敢说这次一定能成功。再说成不成功不在于我，而在你们，你们做成功了，才能算成功！

座谈会上，有个老师说了六个字印象很深：知情、明理、得利。说得好！我又加了“参与”二字。“知情、明理、参与、得利”是农村教育的关键。不同的人有不同的需要：儿童需要兴趣、少年需要引导、成人需要道理、农民需要温饱、工人需要岗位、商人需要银元、干部需要前途、社会需要持续！

基层政府做事常常没有谱，这我见多了。前几次我都是把方案做好了，向他们汇报，他们说：你是谁啊？或者说这事还要过一阵子，这过一阵子就是有日无期了。因为经验多了，也熟悉政府做事的方法，就懂得如何处理了。

过了很久，薛斌和运大姐告诉我，有一个村，叫堰河村，比田河感觉还要好！那我们下次就先看看堰河，我相信他们的感觉。

11 月 24 日，运大姐告诉我，这事政府很重视，你赶快做个五山方案！我在农村做了很多年，只有政府真的想做，我才会有动力。做方案我很熟练，就像画画前创作，我设计好这里的每一项内容，调整好污染很严重的环境，勾画出这里四季变化的色彩，很快我就把大体上的艺术方案做好了，并发给“绿色汉江”的运会长。

五山镇很有代表性：年人均收入在 2300 ~ 2600 元，在中国农民中这个收入人群占总数的 73% 以上，有很强的推广和复制性。

靠近汉水的村庄，因为日后北京和五山将同饮一江之水，有文章可做。

我们在农村做项目也是一种扶贫。扶贫有两种：一种是资金的帮扶，另一种是观念和理念的扶贫。我们选择后者。比如一个人喜欢吃鱼，你是给钱让他到市场去买鱼，还是给他一根鱼竿，或者教他怎样学会养鱼？我们想应该教他学会养鱼。

我们在农村做项目，目的是培养地方人才。人才也有三种：一是创造型；二是职业型；三是被动型。我们要做的工作是尽量寻找具有创造精神的人，培养具有职业精神的人，改变被动工作的人。

我们选择项目的空间很大，只要条件成熟就做。那什么是成熟呢？

我认为人是第一因素！这包括组、村、镇三级。一般来说，乡镇政府这一级不会有太大的问题，因为我们是在做好事，也是政府想做的事，关键是村与组。

一个地方的条件好坏不是决定性的因素，条件好就做快点，条件差就按差的方法做。我们是在转变人的思想和观念，提高他们的环境意识，而建房、产业、农家乐等都是后话，前面部分做好了，后面的工作村民自然就跟上了，那是不用我们教的。现在政府正好相反，是先做建房、产业、农家乐，而人的思想和观念他们并不在意。

社会上很多人对发展经济概念的理解很不正确，特别是一些经济学家和政府部门。他们认为，钱就是经济。他们对 GDP 的认识也是这样，产值、人均收入、高楼大厦就是经济。

五山项目想用绿色经济来推动乡村建设，把经济提升为生态经济。我们认为钱有六种表现形式：人的精神、公众参与、协作和互助、文化与科教、生态与环境、历史与民俗，当然这六种之外还有银行里的钱。精神文明建设会促进物质文明建设在健康之路上发展。

当一个社会是以物质作为社会价值标准时，人民币就不代表人民，人民币的多少就会变成评判的标准，造成道德与道义相悖。

12 月 16 日运大姐对我说，方案先不要发，很多提法欠妥。比如“五山模式”，还没开始做，就称模式，不合适，应该叫“五山试点”。你的很多想法我都不理解，五山的领导能理解吗？还是先不要给领导看。

运大姐对我已经有看法了，说我的方案做得太大了。她老人家想得太多了，“五山模式”为什么不能说？过去都是政府推出什么模式，然后组织推广。换一种思维，为什么不能推出一种模式？这种模式已经在我的心中了，就是要按照这种模式来实现我的理想。我有一般人没有的执着和特有的艺术直觉，只要给我一点机会我就会营造一个“春天”。我只不过是一个不太会沟通的人，不爱把一个不完善的方案给别人征求意见罢了。

NGO 的专业知识必须要跟上甚至要超越社会，这一点我受国外 NGO 影响很深。今天我们 NGO 的队伍更应该朝专业化和本土化发展。要学会与政府打交道，因为中国最好的人才与精英几乎都在政府工作。NGO 仅凭热情和感动是不够的，组织中的工作人员不仅思想要有前瞻性，还要具备实践和操作能力。NGO 与政府之间是社会经济结构中的互补关系，一个是结构完整的社会组织，一个是草根组织，草根就应该落到最基层。基层不需要理论而需要专业和实践。只有在最基层，NGO 才有它生存和发展的价值，这个价值是知道公众想什么和需要什么，社会能为他们做什么。

离开地球村后，有一个人给我的帮助特别大，他就是中国社科院的郑易生老师。离开地球村谁还会相信我？我只是个画家而已。我告诉郑老师，我想做事。郑老师说回去和领导商议一下，你就用我们单位的名义，用课题组的身份对外联系。2002 年 10 月，我正式受聘中国社会科学院重点研究项目“中国农村生态环境研究组”负责人。大家对这个称谓是信任的，郑老师还给我推荐了中国社科院龚益研究员。

我所以能坚信我做的事，就是在地球村时，郑老师说过我做的事和当年的陶行知、梁漱溟、晏阳初一样了不起。当时我还不知道梁漱溟、晏阳初是何许人，只知道陶行知是教育家。

在地球村时听到的多数是批判，内心很痛苦。可是我的同仁们很支持，因为农村喜欢，作为专家的郑老师对我的肯定，还是第一次！

可能郑老师不知道他的一句话，对我未来的选择有多么大的意义。

我给薛斌的信。

薛斌，你好！

谢谢你的提醒，很多事我不爱说，可我心里非常明白。你我是男人，是男人就做男人该做的事！地球村已给了我教训，襄樊的事我也有心理准备，只是心里还是有点不适。伙计，农村的事不好做呀！我现在有一种想法，就是我只出策划，那样就不会有问题，你说呢？我现在把五山的计划发给你，你帮我看看。你做一些调整（用红字），不要告之别人，计划还不完善，好吗？

中国社科院设立了一个中国可持续发展项目部，可能会聘我做项目部部长，这对我的农村工作计划和 NGO 非常重要。办公室在落实，是封宁老师提供的 7 平米办公室。

孙光玥在起草组织框架，延庆的樊维亚在跑手续，一切都在向前走！

我也回马鞍山了，一切很好！

薛斌的回信。

孙君，你好！

我已经告诉运会长，让她通知所有的人，今天还和“绿色家园”的记者王佛全通了电话。

这里的情况你要估计得充分一些，我觉得有一些细节需要好好商谈。因为我非常了解这里的情况，不是我们想象的那么乐观，我有准备，你也应该有。

前天运会长和我谈到这个事情，她说要以协会（绿色汉江）的名义去做。我说你有个绿色通道（绿十字），可不可以以这个名义做，她说那不行。当时，我就感觉事情还没开始就已经有一些复杂了。这两天我很失望，也很担心。其实，我是为环境这个大题目才进入NGO的，并不是谁感动了我，我是那种不需要偶像的人，我只关心自己所做的事。

我们都决定为环境去贡献自己的力量，所以，有目标的时候不会在意是谁站在领奖台上。达到目的是关键，不知道这样的想法对不对。

什么时候大家能够少一点功利，多一些奉献。纯洁自己，纯洁别人，纯洁这个世界。这可能是我们共同的愿望，来了再谈。

第三次
触摸堰河村之源

| 2003 年 12 月 19 日 |

坐了一夜的火车，时空从北京穿越到了襄樊。

我们一行人中有中国社科院龚益研究员、清华大学 NGO 研究中心博士后仝志辉、《绿色家园》杂志记者王佛全、清华大学环境政策研究中心谢蕾博士、襄樊环保协会会长运大姐、环保志愿者薛斌。大家很开心，一心想在五山做一番事业。这次上海师范大学陶康华教授、国际友谊旅行社富康、中国社科院郑易生先生原本要来，可惜因为都有事，不能同行。

下了车，我们直奔堰河村，路程好像很长，在弯弯曲曲的山路上开了很长一段时间才到，大批人马安顿下来后就开始对村的自然和人文环境进行调研。

为什么总是说人文环境？就是因为在地球村时，书记张瑞军和主任王长江的关系不好，弄得我们的工作都没办法开展。在我们离开后，这个项目就基本停止了，这个教训一直像针一样深深刺在心里，让我真正明白人才是项目中的重点，也明白了人文的基本内涵。

现在做项目，最关心的是这个地方的人文情况，历史环境，而不是经济环境和被污染的生态环境。人文和历史环境是源头，不解决源头的问题，生态和经济就不可能齐头并进。

所谓历史环境，就是这里的历史和文化，村庄变迁的过程，是一个地区的生命线，就像我们见到一个新朋友，总要问他是哪里人？属什么？学什么专业的？父母做什么？就是想找到与他的共同语言，做项目也是如此。

一个地方的生活和生产环境会折射出当地人的某种特点，反映出这个地方的某种特性，特点与特性就是我们在考察中要寻找的项目路径，堰河的一草一木都能反馈给我某种信息。

来乡村调研第一件事就是，先要了解地方的村长和书记。农村与城市完全不同，乡村靠自治，村长和书记一定是地方的核心，而了解这些人才是进入这个村的最好的"绿色通道"。

堰河村：农会主席（第一任）张广亮 1949 年

第二任：农会主席黄裕昌、张虾子　1950—1952 年

第三任：李居林书记　1953—1958 年　大队长：熊学华

第四任：闵代珍书记　1958 年　大队长：熊学华

第四任：熊学华书记　1958—1972 年　大队长：王民银

第五任：季发怀书记　1972—1982 年　大队长：王民银、任家应

第六任：恭升喜书记　1983—1992 年　村主任：夏顺明

第七任：闵洪彦书记　1992—1998 年　村主任：夏顺明

第八任：夏顺民书记　1999—2001 年　村主任：李光明

第九任：闵洪彦书记　2002—2008 年　村主任：熊修江

第十任：闵洪彦书记　2008—至今　村主任：李光明

这些村里的老干部是我研究的对象，只要了解他们，就能走进村庄。

堰河村换的最少的是会计，第一任是乐绪良（33 年），第二任是乐成立（2 年），

第三任是李益同（14 年），第四任是任安强（16 年）。

村里近 50 年维持在 900 人。50 年中堰河村有 5 例离婚。

在人们记忆中，村里最严重的一件事是：1972 年田河村的一个青年村民偷了堰河三组养的猪，被堰河村村民抓到，被吊起来，脚下放了辣面子（用辣椒磨成的面），点上火，用烟熏，结果一个晚上年轻人就死了。那时是文化大革命，年轻人偷猪是极为严重的事，属于阶级敌人，是反革命，所以并未过多追究。

村里书记和主任每年有 500 元的补助，副职（会计、文书、妇女主任、民兵连长等）连续工作 10 年以上补助 400 元。村里不会忘记他们的贡献。

50 多年来，当干部、做主任一直没有特别强烈的竞争，谁担任大家并不是很在意，因为那时谁当村干部谁就会牺牲的多一些。大家还会你推我、我推你，因为在村民眼里当干部是一个吃亏的事，大家更希望出门打个工或做个小生意，最好能到镇里做干部。大家都认为闵洪彦是一个有思想、有能力的人。在农村，一个有能力的人，就会得到村民的尊重和信赖。农村就是这样，信誉好，就可能会做很长时间的干部。

村干部如果不停地换，就会有很多不稳定因素，矛盾也会很多。大多数情况下，村里出问题就是因为村里没有一个有能力的干部造成的。

古代的“保甲”制度是村民自治的一种形式。村是没有法定地位的，因为这些功能性和地域性群体并行存在，是一个行政体制，它强加于村组织之上，我称之为事实上的体制与法定体制。

“保甲”是早在宋代（960—1276 年）就恢复的一种古老的行政体制，1929 年 6 月 5 日，根据孙中山先生地方自治原则，南京国民党政府颁布了一个《县组织法》。之后 1932 年 8 月，在华中的剿共司令部发布了一个法令，规定在军事行动区的人民要在保甲制之下，组织起统一的自卫战，按照此制度，每十户为一甲，每十甲为一保（摘自费孝通《江村经济》）。目前韩国还基本保留着中国乡村建制的称谓。

堰河村的历届村干部绝大多数还健在，他们对村子比对自己的身体还了解，村如何改良，问题在哪，路径在哪，他们太清楚了。假定能得到他们的支持，堰河村的项目就很好做了。

堰河村、田河村 20 世纪 80 年代后以茶为经济主体。此时已进入冬季，山上光秃秃的，村里没有多少树，家家门前都堆着从山上砍来的树，听说这些树是用来做木炭和种木耳的。每家门前都有一个臭气熏天的粪坑，粪坑与猪圈连在一起，村里的厕所就是一个用破塑料布围起来的粪坑，厕所的门就是一个布帘子。第一次进去，我的头就撞到上面的木头，那个“痛”到今天还记得。上到一半，突然一个妇女跑进来，我慌了，“腾”的一下站了起来，笑着说：“你是流氓还是我是流氓啊？”

这种厕所在中西部是普遍存在的，农民兄弟这样形容村里的粪坑：内赶蚊子外哄狗，上挡太阳下遮丑。

虽说这里是茶乡，可是一点没感觉出茶乡的意境。问村民这里有茶道吗？村干部笑着说：“没有，只有倒茶。”没看到一户人家有茶具，他们都是用一次性杯子沏茶，开水一冲，全是塑料的味道。这些杯子是从地摊上买来的，卫生情况很让人担心，每次喝茶时眉头总要皱一下。可是农村招待最尊贵的客人一定是用一次性的杯子。

家门前、村路边、小沟、小堰到处是垃圾和污水，堰河？简直是一条污水向东流呀！村民的手指甲里是黑黑的，小孩和大人脸上是木讷的表情。我在心里苦笑，茶乡、茶人难道就是这样？

农村的污染不仅是农民自己造成的，更多的是来自城市的工业污染，来自城市为农村生产的石化产品。五山主要生产黄姜，其对土壤和水的污染可以说是灭绝性的，河流看上去是很可怕的。在近40年间，我们对环境的敏感性在降低，心在麻木，习惯于一天天经济超常规发展，忽视环境对人心灵深处的污染。

五山已经很冷了。我们住在镇政府招待所。招待所很安静，里面有两棵很大的桂花树，感觉这里的主人还是很雅致的。我们都冷得不行了，晚上就用毯子裹在身上和头上，看上去很像阿富汗人。

这些日子大家不停地与农民、干部、老人、妇女、外出打过工的和在村里做生意的人进行交流，对河流、群山、土地、茶场及现在村里的资源都做了最大努力的调查。在这个过程中，心里经常会说：“哦，他这么想的，我知道了。”我们在做一次很深层次的调研，这基于在这以前看了费孝通先生的《江村经济》，了解什么是调研，什么是深入，什么是实践，同时也明白该怎么做！

几天的调研，对乡村有了一些感悟，这些感悟渐渐地打破了我原来对乡村的感觉和认识，也对乡村这个名词有了另一种诠释。

乡村自治：在农村，自治不是法制，更不是民主。自治本质上是家长式管理，是以血缘和亲情混合为一体的管理方式。可是今天我们把民主与自治联系在一起，来解决乡村基层管理问题，忽略了乡村的实际情况。我的理解，民主是城市概念，自治是乡村概念，两者有很大的区别。这样说，绝非指民主制度只适应于城市而不能适应于乡村。我的意思是说，民主是在公民社会下推行的一种制度，而乡村目前还不是公民社会，而是宗族社会、熟人社会。只是在道德层面上来看，还是很有公民意识。

自治是中国几千来特有的一种文化现象，中国历来就是皇权不下县，农村就是村民自治。现在之所以上访很多，是因为村集体事业瘫痪，村干部自治能力下降，基层政权瘫痪所致。现在我们运用城市管理模式来管理农村，就会遇到很多解不开的扣。

与农村干部一起出差，都用酒店里的洗漱用品，农民反而不用，他们认为很不卫生，这个我没想到。他们出门时媳妇总是要交待不要在饭店里吃，城里的东西太脏、太不可靠。他们认为冬天就应该吃冬天的物产，夏天就吃夏天的，人是大自然生的，要顺天顺地，脚要站在土地上，那样就踏实了。现在城市什么怪病都有，就是因为城市人黑白颠倒，四季不分，没有戒律。很多农民在笑话城市的教授与官员没有文化，什么四季见绿、四季有花，人一年四季生活在空调下，科学家们培育的四个月的猪，三个月的鸡……

堰河村的村民忙于种植香菇木耳，这时的堰河村砍树很厉害

解决中国的农村问题是一个大课题，也是中国走向现代化国家面临的首要问题。城市化是由传统农村向现代化城市转变的自然历史过程，农业与农村的发展同城市现代化实际上就一个问题的两个方面。

从量上看，城市化表现为农村比重下降，非农村比重上升；从本质上看，城市化则是农村现代化、工业现代化和城市现代化同步发展的过程。牺牲农业推进城市化是传统的封闭型城市化特点，它必然会导致城乡二元结构的拉大，会阻碍城市化的进程。

城市化绝不能意味着农业的萧条和败落，相反，只有农业与农村的现代化才能真正为城市现代化提供坚实的基础。

特别是在人口众多的农村，人力资源丰富，应该走开放式的城市化道路，谋求农业、农村和城市化共同发展，最终达到城乡一体，这是一个社会发展的最高境界。

未来的城乡发展应该追求诗意的生活。农民的生产与生活是息息相关的，他们吃的是自己产的粮菜，住的是自己建造的房屋，所有生存状态均注入了自己的劳动，这一点与城里人有绝大的不同，这也会让农民在日常劳作中注入他们对家乡山山水水和自然环境的情感，他们的生活本身是诗意的。“采菊东篱下，悠然见南山……”这其中的“采”就是劳动，也是诗意的感受；而城市是“买”的过程，完全与自己的工作无关，是单纯的商品交换，自然也就缺少诗意了。

说到农村的贫富差距，从社会的多样性来看，不论是美国还是中国，不论是城市还是农村，贫富差别都可能存在，也是合理的。农村的弱势群体一般占全村的 1% ~2% ，这些人群大约有四种情况：一是天生生理上问题的占 37% ，二是无儿无女的占 16% ，三是天灾人祸的占 13% ，四是游手好闲的占 34% 。这个数字当然是指一般农村，不包括经济不发达地区和少数民族地区。

其中占 34% 的人能说会道，村里闹事上访的大多数是这些人，很多扶贫机构帮助的也是这些人，可这些人越扶越贫。

农民只要勤奋、人品好，一般日子都还不错。解决这些贫困人群的事就是政府的事，我们的能力是有限的，也是短期的。

草根组织的优势是能获取第一手资料。现在很多的项目数据都来自政府，来自一个地区性的综合数据，这对我们单个项目来说就不好用了。

现在NGO和基金会用的数据一般来自政府和学术机构，而绿十字的数据大都是自己调研来的，有的是请专业的评估机构提供的。比如政府数据中北京延庆农民的人均收入在5500元左右，实际农民收入在3500元；襄樊五山镇堰河村的收入2004年是2600元左右，政府数据是3600元；安徽省芜湖市大桥乡农村收入是2600元，政府数据是4100元；浙江温州那里农民的收入是11000元，政府数据是8000元……

所以我们的项目如果是按政府的数据就会有问题，可是收集数据又需要政府的支持，还需要基金会的支持。这部分工作的重要性，基金会一般不认同，所以在资金支持上往往不包括这一块。可是前期调研恰恰是非常重要的，需要下很大功夫的。前期调研不到位，后期做项目的过程中就一定会有问题。

新农村建设的目的，就是解决城乡二元结构的问题，减少城乡差别。说到城乡差别，我认为先要搞清楚城乡之间的区别。主要有以下七点：

1. 农民的生活与生产是不分离的，他们一面做饭还可以在菜地里干活；而在城市只要回到家了，就不会管工厂、公司的事了。

2. 城市工厂只要有水、电、厂房和倒班的工人，就可以24小时生产；可是农村的生产周期是以年为单位，过了春天就不可以再种植，所谓“过了芒种不可强种”，一个生产周期就算过去了。

3. 城市是法制社会，是靠法律和警察来维护社会治安；而农村是靠人与人的关系来维护村庄的和谐。城市一天没有警察、环卫工人和红绿灯就会乱套。

4. 城市人生活中需要的东西都到市场去购买，一天没有钱，没有超市就活不了；而农民有地就能生存。

5. 城市是靠银行做经济运行，而农村是靠可怜的一点种田收入来维持发展，这是天壤之别。银行是为富人开的，农民贷款非常之难。

6. 城市是靠银行与国家的政策在发展（富城弃农）；而农村是靠农民自己生产出来的一斤米一斤油换来的钱在维持。

7. 教育的差别也很大。30年前考上重点大学的农村学生占53%，成绩优秀的又占其中的73%，现在考上重点大学的只有11%，其中优秀的学生占不到3%，30年中回到农村的高中生不足 4%，现在的农村教育在体系和质量上远远不如改革开放前的 30 年，农村面临现代化和新农村建设中的问题，同样面临着素质问题。

每过一段时间，我回到城里整理乡村调研日记，不断回味对乡村的感受，越想越觉得乡村和城市就是两个完全不同的世界。

我在农村和农民打交道有几年了，可以说有一定的工作经验了，可是我还是不太了解他们。这种不了解让我担心我们能否做好这个项目，同时让我想起我在延庆地球村不成功的原因。

调研在继续，感悟在加深。我觉得不仅仅是经济问题，更多的是观念，是两种不同的生产方式、生活环境、文化习俗在决定着城乡这两个不同的世界。于是我用一个全新的视角来看待我眼前的农民与农村。

白天我与同伴在村里走访，晚上与专家交流思想，第二天早晨用文字记录下我的感悟，我越来越对这样的工作感兴趣了，要问、要学、要画的，一点点融入我的心。

我觉得毛主席说得好：没有调查就没有发言权！

在农村做事，我们知道要用参与式的方法，要尊重农民，要知道他们想什么和要什么。为什么很多 NGO 参与的项目，只要 NGO 离开了，农民就又回到以前的状态了呢？那就是为了完成项目而做项目，不是为了农民做项目，这也是我常常思考的问题。

我们习惯了城市生活，刚来到农村，会觉得非常不习惯。就像很多 80 后的孩子，他们与乡村已经没有任何关系了，他们的根在城市。我之所以对这份事业很感兴趣，是因为我知道城市的根在农村，城市的生命之源在土地中，只是现在还没有意识到。我敢预言再过 30 年，中国人就会认为农村才是人类最宜居住的地方。

我在很多西方国家和北京、上海、广州等城市的豪华社区中，已经看到了未来人们希望的生活元素——那些被遗弃的水车、石磨、旧家具，农民的八仙桌、青石板，窗上的刻花、皮影、剪纸等，还有农民自留地的蔬菜、没有农药的大米、在门前屋后的土鸡、土鸭、农民伯伯过年杀的猪等，这些已成了城市人的奢侈品，这就是未来农村希望的前兆。

我感到城市不是人类文明的终结，而乡村中却保留着某种我说不清的文明和财富。正因为如此，我们选择了最简单、最没有特点，但最典型的堰河村。

在堰河和田河用了近 7 天时间做前期的调研工作，我们不想完全凭感性去做，在 NGO 的工作中，这方面存在一些不完善的问题。比如，去做环境保护项目，只做教育，从学校到农户做得很辛苦，不过大家还是很开心的，走时也很感动。可是一年后又会回到原样，这并不是我们的初衷。

我们对镇里的余书记、堰河的闵书记、田河的杨书记有了全面的了解，我很庆幸，有这样一群感性和理性融为一体的领军人物。

这几年市县精神文明办还是做了很多事，村里的四改四建四通四进家工程（襄樊文明办 20034 号文件）就是文明办做的非常实在的一件事。我听郭主任说了很多，应该说这几年政府开始务实了，开始把精神文明和物质文明两个建设相结合了。农民对文明办做的很多事是肯定的。这是政府与 NGO 最好的合作，政府做硬件，NGO 做软件，得利的是参与的农民，“五山模式”没有他们就不会这么顺利。

我不是党员，可是我认定我们的党，因为没有共产党就没有今天的幸福生活。常听我父亲说，历史上都是百姓养政府，今天是政府养我们，我父亲现在每月有 1600 元，母亲有 1200 元的收入。我父母原来的单位全部都倒闭，可是他们还在继续领生活费。我经常听 80 多岁老人这样说，我相信政府，因为他们经历过共和国建立过程。我们的政府在办公大厅里挂着的就是“为人民服务”，从建党至今就没有改变。今天农民与政府的关系上发生了很多转变，我以为这是发展中的问题，就像一个家庭中女儿与母亲也要吵架，父亲与儿子也会动手，但他们还是一家人，因为他们的血缘关系永远没有办法剪断。

我们的农民很可爱，又很可恨。可爱的是他们离不开共产党，别看他们有时也说党这个不好，那个不好，可是有什么事还得找政府，只要政府的人一到村里去，村里人就会高兴一阵子；要是政府的人能在哪个村或者在哪个村民家吃顿饭，那可是很长脸的一件事。

可恨之处就是农民很现实，只要一涉及他们个人利益，不管你曾经是他的恩人还是亲人，张嘴就骂人，不过他们不会背地里骂，是面对面地骂，这就是农民把党看成家人，打是亲骂是爱呀！

在与农民交流的过程中，有时不知道该不该说我们是专家或是学者，因为农民的很多话、很多观点都会让我们目瞪口呆。农民说的话我们会马上记录下来，还会有意识地找农民，想听听他们朴素而又富有哲理的语言。

一次到医院去看骨科，西医说要吃钙，中医说要吃鱼、吃骨头，农民说要晒太阳。农民说人与庄稼一样，需要阳光，比如大棚里养的猪就不好吃，因为不晒太阳；比如我们家菜地里的菜就香，大棚里的就不好吃，就送到城市去，城市人就会用很多调料，城市人都缺钙。

比如去年头发掉得很厉害，医院给我用101、针刺治疗；农民说到春天时，你剃光头，用春雨淋几次，就好了，因为人也是动物。

农民说现在城市人的病越来越多，那就是人不运动、不晒太阳了。人是动物，动物的特点就是运动，万物离不开太阳，不运动靠保健品和补品，根本不靠谱，城市人的健康靠医院，农村人的健康靠太阳。

农民说，不到孔庙不知道那里骗子多厉害，不到北京不知道首都人多冷漠。一个农民对我说，他在北京问路被指错路，住宿被骗到丰台，王府井吐口痰罚了款，天安门前钱被偷，公交车到站没人喊，坐过站了还被骂成傻帽。

他们认为城市除了能打工挣钱，那是坏人比好人多的地方，当他们来到城市时，城市人也把他们看成的坏人，不信任他们。

农民说乡下人看到城市人都会很客气，尽量把家中最好的东西拿来招待他们；可是城市人很自私，农民在城市只要挣到钱就会马上回家，钱放在城市银行不放心，他们觉得还是农民实在，不骗人。在农村骗子是生存不下去的，而在城市坏人比好人厉害，因为坏人太多了，所以城市才会有警察、律师、监狱等。

了解了农村和农民，了解了农民对乡村、对城市、对社会、对政府的看法之后，我觉得心里有数了，也决定了介入堰河村的方法。

离开北京时，正在申报“绿十字生态传播文化中心”。这之前我是以个人的名义与政府合作，很不方便。朋友们都说，你还是建立一个组织吧，在大家的支持下，就有了北京绿十字。为了这个名字，我还征求了很多人的意见。孙光玥觉得很好，封宁觉得一般，说有一点宗教色彩，温铁军先生说有一种信仰的感觉，21世纪可持续发展研究中心的陈琨老师说好！因为有个红十字，绿十字能注册下来，就是个无形资产，红十字关爱人类，绿十字关爱自然。

一天下午，余书记说想在田河茶场上建三个亭子。我感觉建三个太多了，一个还行，龚益和运会长都说不好！我没有说，还是想先看看，不能只说不好、不行，要反对就要有比他更好的想法。跟着梁镇长上山，一辆很破的吉普车拉着我们，很喜欢这种风尘仆仆感觉。

建三个亭子，费用大约在13万元。我直觉上要建一个比亭子更有意义的建筑。这些日子一直在想，农村应该有一种文化，一种信仰，或宗教也行，人就是要有想法，人就是靠希望活着，才会有发展！

山上有“一览众山小”的感觉，这时看到一个圆圆的大石堆，对着大石堆看了看、转了转，忽然感觉很像个“坛”，一惊！此时我向天一拜，天意呀！真是天助我也！可能这就是一种缘分，一个艺术家特殊的敏感，就像2000年在地球村发现“地球石”一样，这个大石堆就是一个完美的“坛”，一个与当地文化、道教文化相结合的“坛”。

在这里建“坛”是为这里的农民建一个心中的家，这个家是心灵和精神的家，这在城市是没有的，城市人把“钱”作为心灵的家，那个世界就不会有道德，而只有法律和监狱。

什么是心里的家？有首歌：“我的家在东北松花江上……”，松花江就是他的家。有人问我，你的家在哪里？我说，钢城马鞍山就是我的家。问国外的游子们家在哪里？他们会说，“中国”就是他们的家。这里说的家是心里的一种情结，是一群人或一个民族共同的希望。

这里的希望、情结会汇集成一种力量，这种力量会变成一种默契的守则、公约和道德准则。

在这里建“坛”其实就是在上空建一个准则。在西方，一个社区和一个村最高的建筑一定是教堂。在中国乡村传统的民居中，比住房高的是祠堂，比祠堂高的是庙宇，比庙宇高的一定是塔。

乡村建设，规划一直是大问题。这二三十年中农村的建设基本是没有人管的，乱建乱搭已严重影响村组的水系和环境。规划这一概念已经完全没有了，而规划却是未来农村的重要工作之一。

规划要有方向。如果规划错了，投入越多、速度越快，那我们犯的错误就越大。

城乡规划也是一样，因为不同的降水量、不同的生态环境、不同的地理地域、不同的生活习惯、不同的文化背景、不同的宗教信仰，决定了总体规划与建设规划中的房子、道路、景观、材料、色彩、方位就不一样，这些都是我们在规划中需要了解、调研的。

我站在茶山上，微风习习，很凉爽。天空中云很少，很蓝，这是一个神奇的地方……

做坛！我当时更多是从经济方面来考虑的。后来我不停地在图纸上画啊画，对！为何不和茶联系在一起？建一个茶坛，一个五山茶坛！我在中心的位置放一个古代与茶有关的雕塑，四周有四方神……就叫茶坛吧！余书记和梁镇长听了也非常兴奋，梁说，你们做我去找钱！

在堰河村第三组定了做“中水回用”示范系统。第三组有 100 多人，住房前有猪圈、厕所。当地人从不在家大便，觉得不好。他们一般都住在半坡上，这样生活用水和猪粪便全部流入北河，北河又流入了南河、再进入汉江。随着社会和经济的繁荣，汉江的污染正在加速，这条河流养育了村里 1000 多人和襄樊 580 万人。我们把这定为生态示范村，那就要从今天做起，就要让污水不入河，还要让未来喝上汉江水的北京人知道汉江流域的人民，“中水回用”在这么差的条件下为五山的 22 个行政村和 100 多个自然村做出了榜样。

三组的猪粪便和厕所是直接对着家门的，味道很重。龚益说不如降低高度，扩大房前面积，把三位一体的沼气池建成“天蓬别墅”。好！这个创意太妙了！

绿十字在五山倡导垃圾分类，我们认为这在农村容易做，因为不需要多少钱，主要是观念，是要村民明白分类的意义。这个工作很艰巨，有了北京地球村的实践，我认为有可能。

对田河村的规划，龚益是这样设想的：庭院皆竹影，垂柳映青莲，茶桂飘香处，山水桃花源。那个村不就是朱自清的“荷塘月色”了吗？

田河村中心小学要扩建，杨书记要把原有的红砖黑瓦拆了。我说你先等等，因为我觉得这里最好看的、最让我有记忆的，就是这些旧房。村里的钱本来就少，要拆还要建太浪费！再说要建的又是贴瓷砖的难看房子。

杨书记对我说，那你帮我们画图纸，我说好。就这样，茶坛、亭子、屏风栏、茶庄、猪栏、中心小学，就成了我的任务了。

龚益提出一个重要的理念：先生活后生产。希望这次五山能做到求真务实。这是“五山模式”的精髓所在。
清华仝志辉说：你不是这里的主人，到时你还是要走，教会他们方法比教会他们口号重要。

两位老师的话我听进去了。老师就是老师，他们的这几句话正是“五山模式”的核心，也是要在项目中牢牢把握的。

这个规划我不停地与村里各方人士交流，与镇政府一起调整规划的可行性，与村里的茶商交流规划的想法。特别是村里的老人们，别看他们现在已退出了村务管理，可是村里的年轻人有什么问题，还得请教他们。于是我把这个群体看得很重。村里还有一个群体就是妇女，她们管家、管钱、管丈夫，与她们交流就等于与一个家交流。这些体会都是在地球村感受的。

五山镇版图面积250平方公里，耕地面积2.16万亩，辖区包括21个村另加1个居委会，计有人口3.5万，其中农业人口2.9万，农村户数8325户，户均劳动力1.31人。2003年辖区人均收入为人民币2000多元，相当于中国农村生活的平均水平。顾名思义，五山山地多于平地，村庄多是依汉江支流而建，主要经济产品是茶叶。目前外出打工的人数占总劳动力的27%。从劳动人口的文化程度看，具有小学水平的为大多数，占到总数的72%，初中水平的占23%，高中以上者仅占0.5%。从行政建制和机构方面看，目前各村村委会、党支部、妇联等基本健全，具有较好的行政条件和管理基础。

五山在1987年以前叫五山区，分为：田河小乡政府，放置在黄垭，含邱山、马鞍山、西湾、田河、黄垭、堰河6个村；另有张湾乡、文畈乡、谢湾乡、东湾乡4个乡，1987年后五山合并成两个镇，谢港镇和五山镇。谢湾镇由东湾、谢湾组成，五山镇由文畈、田河、张湾组成。2001年徐国平任镇书记时期，五山镇和谢湾镇合并成现在的五山镇。

镇党委历任党委书记：向厚敔、杨泽生、唐太昌、马光荣、陈炜波（1987—1998年）、陈道均（1998—2001年）、徐国平（2001—2003年）、余宝军（2003—2006年）、胡海洋（2006—2010年）、唐萍（2010—2012年）、褚春明（2012—至今）。

与镇这一级政府交流得比较少，目前主要是与现任领导有工作上的关系，我们的政府就是一把手说了算，是一个高度集权的政府。不过集权和民主各有利弊，面对我们中庸之道的社会，集权有一定的道理。到今天为止当地人还传说陈炜波说的一句话："一把手说话绝对是真的，二把手说话还能听听，三把手说的话狗日的是真的"。

农民对政府有意见是正常的，因为政府有时做事是太出格了，形式主义太严重，做事很不实际，花架子多，渐渐地政府在农民心里是没有诚信的。

我们想在七个村之间进行实践。我把重点放在堰河村和田河村，剩余村靠试点村来影响。在地图上可以看到两个村和五个村之间的关系，让我有了五个村和全镇经济联动的想法，也让我想起了英国埃比尼泽·霍华德先生提出"田园城市"的设想。未来中国的农村和城市一定有一块共享的地域，那就是农田、河流、山川、茶园等，这些地域就是"田园城市"吧！

要想解决一个地方的生态环境和污染、垃圾分类等问题，仅仅靠填埋和焚烧是不科学、也是不现实的，更没有经济效益。垃圾也是资源，只是人们对生产、消费、还原的生态结构的无知，也是把事情简单化了。比如我们说食品被污染、有毒了，那肯定是土壤的问题，而不是人在食品中下的毒；再比如说一个小孩出问题了（打架、赌博、骂人）那是他的家庭环境出问题了，我们仅仅在孩子身上找问题是解决不了的；鱼没有鱼味，那是水污染了，要先养好水才能有好鱼。现在的人，特别是政府的工作人员想走捷径，结果反而造成曲折。

村民说村里每年都会有山洪暴发，大水把桥、路、水渠都冲垮了。我们来的时候，大水冲的痕迹还历历在目。这时要是与他们讲植树造林、讲生态、讲环保他们是不听的。于是与政府和专家组商议，从生活、产业方面来与村民交流。

我拍了一张河堤被大水冲跨的照片，河堤有两处还没被冲垮，就是因为那里有一些树还长在河边的石头上。晚上给村民们看时，他们看着看着忽然明白了什么，说："孙老师啊，是不是把山上的树都恢复了就没有洪水了？"我笑了。

我对他们说，现在田边地头到处是病虫害，农药用量很大，费用占收成的22%，你们知道为什么啊？他们都摇头。

我说是村里没有树，掉链子了，什么是掉链子呢？就是大鱼不能吃小鱼，小鱼没有小虾吃，小虾吃是的臭泥，知道不？

在村前村后多种一些松树、桦树，叶片分泌出的杀菌素可以杀死空气中的白喉、肺结核、伤寒、痢疾等病的病菌。大家现在不喜欢种桉树，其实桉树、槐树、皂角树等能驱蚊、蝇、跳蚤。

现在你们家家都很漂亮了，可是小燕子没有家了。你们觉得小燕子不干净，看见小燕子在家做窝就用杆子把窝给毁了。可是一只小燕子每年要吃60万只害虫呢。

村民都听傻了，一下明白了许多许多。这时我们已经不用多说什么环保和生态了，因为知情才能明理，明理才能参与。

一个村和一个地区总有不和谐的现象发生，贫穷、落后、上访，一定是这个地区的大环境“污染”了，是一个地区的主要领导和群众的观念不阳光，或者是太保守，知识跟不上时代了，这些都是大环境的问题。

香港著名经济学家张五常说得好，“今天的农民缺的不仅是钱，更是文化和知识。”

对于我们这些来自都市的人来说，怎样把知识平民化、科学生活化，是一个重要的自我转变过程。

经过了几个月的调研，我根据大家的想法，对“五山模式”做了最后一次系统说明。领导们听了很兴奋，特别是余书记说，“五山模式”就是五山的未来！

堰河村里的垃圾分类池开始施工

这个“五山模式”的规划，是由中国社科院龚益老师，孙光玥，上海师范大学博导陶康华还有我共同完成的。主要是考虑三年实施所需要的工作量，我先做了一个基本方案，很大部分是依据地球村的经验来完成。大家根据这个方案进行修改，最后再回到我这里汇总。

这个项目中垃圾分类是核心目标。之所以这样考虑，是因为像北京、上海这样有文化、有素质的大都市都做不到的事情，要是这个村能做好，那就太了不起啦。何况现在的政府想做大事，结果是大事做不好，小事又不想做，所以这件小事能不能做好，在当下就显得很重要了。

要做好垃圾分类，搞好房前屋后的卫生，完善垃圾分类体系，形成源头（农户）到下家（有用垃圾回收中心）的资源循环再利用系统。具体如图所示：

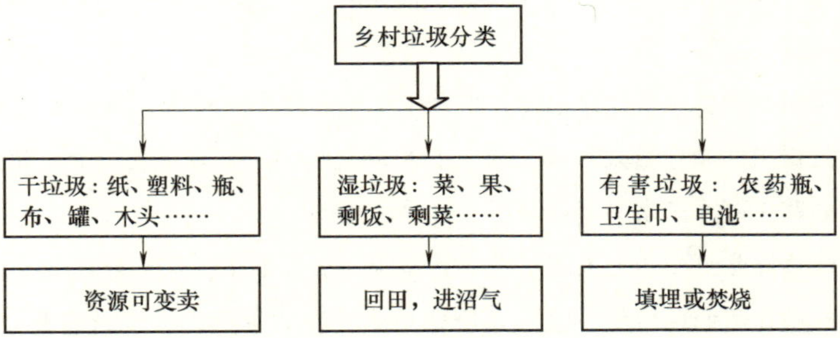

每户人家各放三个桶，分干、湿、有害三类，村内建资源分类处。对于湿垃圾，采用堆肥和饲喂畜禽的方法进行有机处理、归田；可再生用品卖给垃圾回收中心；有害物品集中处理。农户实施垃圾分类，可以作为对外宣传、游人参观、实施环保教育的一项内容。

显然这是一个 NGO 与政府深层次的合作项目。这个合作中还有另一股力量就是农民。在中国做事没有政府支持是绝对不行的，而绿十字认为政府还是想做事的，他们的宗旨就是“为人民服务”，只是他们与农民的想法合不到一起，把为上级领导服务变成了宗旨，而现在要转变为为生态环境服务，为农村建设和农民服务。

五山项目就是想在政府与绿十字以及农民在具体的实施过程中，把“上级领导”变成“人民公仆”。关系摆正了，农民与政府之间就和谐了。五山镇的领导明白我的意思，这就叫“知音”。

余宝军心情激动地对我和龚益教授说，这个五山模式要是真的能实现该多好啊！龚益笑着说，那可就看你了，接着回头看着我说，还有你啊！

余宝军对我说，要是能用你的《五山日记》，拍一部电影或电视剧那就不得了啦，“五山模式”要能成为“襄樊模式”那就更了不起了。

这个模式能否成功，关键是这种综合性的规划也是一个与农民一起成长的规划，同时也是“绿十字”与农民共同成长的过程。很多时候看起来是我们成功了，项目和课题获奖了，可是农民还是农民。我不想这样，我想与他们一起成长。

我们是环保组织，我个人又是画家，所以我们的项目是从文化、艺术、教育和社会发展介入。规划中我们突出生活方式、生产方式和交流方式。在农村我们常常是教育农民小知识，而农民教育我们人生的大道理。

谢蕾悄悄对我说：她喜欢余书记！说余书记很有魅力。是的，我也很喜欢！

在会上我提出，设计量太大了，我一个人完成不了，要请专业人士一起参与，需要设计费和策划费 2 万元。余书记说可以，这是应该的。

有人说就这几张纸要 2 万太多了吧！龚益说一点都不多，这是最基本的成本。要 50 万也不过分！这在我们单位做，没准还会要更多！我心里明白，这就是观念上的差异，五山刚刚起步，以后还会有更多的代沟。

第四次

开启民智

| 2004年1月7日 |

我和薛斌到火车站接蓝贝贝。蓝贝贝个儿很高，皮肤很白，鼻子很漂亮，是一个典型的江南美女。她毕业于苏州大学平面设计专业。和她的结识是我错发了手机信息，却成了好朋友，这次邀请她来帮我做前期设计。第二天胡煜也来了，他是中央美院雕塑系吕品昌老师的助手，我和他合作了很多年。我们三人一起进山，这次有非常具体的工作，就是对茶坛、茶庄、中水回用、小学教学楼等工程，做施工前的丈量和规划调整。

这几天下着小雨，山里湿漉漉的。

我们对这里的主要经济情况和环境做了更细致的了解。

知道了木耳和蘑菇是怎么培植出来的，也学到了很多茶叶的知识。我一直以为茶树长出来的就是龙井茶，现在才知道，只要是绿茶都能做出龙井，区别在于不同的加工工艺。

我特意请来了污水处理方面的专家，向市环保局的专家说明，我要在村头做一个“中水回用”系统。专家说你的设计不合理，他说了他的想法。我很长时间没有说话，出了一身冷汗，专业和业余就是不一样啊。环保局的李工说中水要放到村头，水从高处流向低处，进入地埋式无动力污染处理，然后流到中水演示地，而我原先设计的是把污水用动力调上高处，专家的提议非常好！

运大姐很忙，没有时间来五山，不过还是为我们安排了人大招待所。我们先送走了胡煜，就静下心来做堰河村的中水回用。蓝贝贝设计东西很快，她是南京人，与我的家乡只有30分钟车程，于是我们就成了知己。这几天是没白天、没黑夜，她也没有一声怨言，她是最理想的志愿者。后又向市委宣传部部长马黎作了汇报，马部长没想到绿十字会在这么短的时间里做了这么多事，很惊讶地说：“这就是我们要的文明。文明如果能在农民的生活中体现，我们的精神文明就落到实处了，那样五山的试点就有意义了。”马部长的话让五山镇的领导更有信心了！

2004年2月10日五山政府给绿十字支付了7000元设计费（包括中水回用、天蓬别墅、茶庄、中心小学、垃圾分类和家庭教育室），胡煜的雕塑费不含在内。这是远远不够的，目前我们已经开始为五山设计了。

这也是绿十字成立以来收到的第一笔经费，这样我就能请专家了，才能做正规的设计方案。在北京做事不易啊，这一点余书记可能很难体会。

回到北京后，我又把贝贝请到北京，她继续帮我完成了“五山模式”项目中主要规划设计。我原想把贝贝安排在酒店，可绿十字的经费很紧，就只好委屈她在我北京的家打地铺，我就住在厨房。

我的住处蟑螂多得难以想象，我与王华宇没有办法只好把吃饭的碗用塑料盒盖住，睡到半夜还要忙着打蟑螂，第二天贝贝笑死了。

这些日子光玥很辛苦，家里有孩子，单位又有很多事，不容易。古人说得好，一个好汉三个帮。是啊！没有光玥我不知道绿十字该怎么做！她是一个非常职业的女性。我们在地球村时，就是非常好的合作伙伴，这一算也有4年了。那时她还没有结婚，非常漂亮，一个很时尚的现代女大学生，毕业于山东大学中文系，是我这几年中遇到的最职业的女性。在地球村她认识了瑞士志愿者陈维宏，成为一对同甘共苦的恋人。

2月12日上午去了团中央，看一个与襄樊有关的工程，是叶榄带我去的。叶深知绿十字的艰难，知道我很想与团中央合作。因为团中央的资源非常好，五山镇做内功，我在北京做外功，这样五山就有希望了。下午5点又到北京农学院邀请史亚军教授参与

"五山模式"的探讨，因为他还有事就很婉转地推掉了，不过他开学后想邀请我参加他的都市农业课题，我同意了。在接触过程中，我能感到对方对绿十字的态度，让我有一点自卑。

绿十字太小了，政府机构很难与我们合作。基金会就更难了，他们一般只帮助一些独立的项目，比如维权、贫穷小学、妇女卫生、山区农民生计等，像绿十字这样做乡村系统的 NGO 他们很不理解。有很多道理其实是相通的，比如在油画创作中，我们首先要给对象进行人体解剖，对画中的每一块肌肉、股骨进行分析，然后才给对象穿上外衣，配上光源，这种做事的方法就是从里到外；而我们现在做事基本上是对表面性太关注，所以他们没有资助"人体解剖"的计划。可是在我看来不论哪个项目，不能解决一个村的生态、生活和生产内在系统，那些独立的小项目是不可能有生命的，这就像没有水，鱼就很难活下来一样。

一周后我终于完成了世界银行小额贷款项目的申请。光玥是个理性的人，她说这么好的项目有可能会批，我很相信她的话。我就是命好，有封宁的全力支持提供给我们办公场所，房子虽然只有 10 平米，可那也是绿十字的家啊，没有光玥和封宁，我不可能做好事情的。

昨天薛斌来电话说运会长不愿意再做"五山模式"这个项目了，主要是她手上没有钱，政府也不给。嘿！运大姐你可不能不做啊！你不做我可就是光杆一个了……我最怕这样的事发生。

我订了回襄樊的火车票，可想到运会长不做，心里就空落落的，真不想去了。运会长不做，文明办说钱有问题，余书记说车有问题，心里很不踏实，我还是硬着头皮上了开往襄樊的列车。

我在火车上想，是不是又到了冬天？我常常对自己说，冬天来了春天还会遥远吗？如果真是这样还好，就怕这既不是冬天、又远离春天啊……

我来北京 7 年了，总是一个人生活。一个人生活就要一个人去思考，用笔记录下我每一天的生活感受。不是我想记，而是我一直生活在流动中，休息在路途上，没有人说话，没有人交流，心中又不停地有想法，于是养成了与纸交流，文字越来越多，话越来越少；事越做越多，朋友越来越少，能留下的朋友就剩下一二知己了。

第五次

乡建从小事做起

| 2004 年 2 月 26 日 |

运会长做五山有困难的阴影在我脑子里总是挥之不去。没办法我只好给她打了个电话，说我要去五山。她说近日要回重庆给 80 岁的老母亲过生日，现在她很忙，请邓仪（曾在乡村做过“潮海模式”，并有一些影响）来做农村技能培训，5 月份是顾不了五山了。我听了心里一凉，对五山也多了份犹豫！

在中国做事有一个特点，就是：“没钱事好做，有钱人难做。”现在我是人难做，事更难做。

宋庆华对我说，你不要在意别人，运会长做的是环境教育，你做的是乡村生态系统修复，是艺术，是社会学中的人与社会关系，这些她和一般的 NGO 根本做不了，你放心做你的就是了。我想想现在也只能这样了，人随着铁轨在向前行驶，心却远离了。

我看着车外的风景，心想，没有运会长我怎么做？这时如果能下车我真想回北京做我的职业画家，还可以回老家做我的校长，也可以回单位做我的科长。我心里有一种说不出的感觉，火车在不停地往前开，我很难受，这是为了谁啊？真不想去了，可火车根本不管我是怎么想的，继续向前飞奔。

在去襄樊的K49次列车上，叶榄用诗歌为我送行：

笔写自然憾，画传生态魂。

山村蕴大道，襄阳通乾坤。

几时见孔明？汉水无故人。

筑修五山坛，还我襄阳城！

第二天我回送了叶榄一首：

天地之间一首歌，风云雷鸣炕上客。

我邀日月杯对杯，三千六百不醉君。

堰河有茶又有歌，玉皇回路迷途中。

青山绿水隆中对，温酒百日待君归。

我的好朋友兼老师，上海师范大学陶康华——著名的生态专家送我诗一首：

茅庐在安吉，羽扇何处觅。

试问结义人，何方树大旗！

这些让我把一切不愉快又慢慢地遗忘了。很多人说我是一个执着的人，其实不是。我很清楚，五山项目我们没有一分钱项目资金。绿十字刚刚在民政局注册，才成立总是要做事的。

很多人说我在地球村能做成，是因为有廖晓义。如果没有地球村和北京的资源我也不可能做成，这话有一定的道理，但也不全对。应该说没有地球村我根本不会来做环保、做公益事业，说心里话还真应该谢谢廖晓义和宋庆华这两位大姐。此时此刻我对廖晓义开始由埋怨转为感谢。

五山给了我一个非常好的平台和机会，我想证明我还能再做一个远比地球村还有现实意义的“地球村”，这就是我的心思。我想也是光玥和每一个绿十字人的心思，虽然没有带一分钱来做五山的项目，可五山人接受了绿十字的理念，接受这个理念就值100万！

绿十字不仅不带钱下去，五山还支付了绿十字项目费用。光玥说得好，我们是对弱势群体扶贫，我们同时也是对政府的观念进行扶贫。政府不是弱势，我们与政府合作做事，对方应该给绿十字费用。

五山镇政府日子也不好过，他们正处在三农问题最严重的时期。政府发不了工资，余书记就让全镇干部放假两个月卖茶，留下一两个人值班。他本人也拎着茶叶来到北京马连道，人家说他的茶叶不值钱，可他却也不想贱卖。此刻他明白，传统的茶叶发展与经销之路越来越难。“农业、农村、农民”问题正成为中国未来发展的焦点，拆乡并镇、农村深化配套改革、取消三提五统（“三提”是：公积金、公益金、管理费；“五统”是：教育附加费、计划生育费、民兵训练费、民政优抚费、民办交通费）。正因为处在“三农”问题的转折期，上访闹事的人也不少。五山自身的干部分流也矛盾重重，干了一辈子革命工作又要回家种田，让许多乡镇干部难以接受。余宝军和梁河桥也正是在这样一个艰难的时期接受了绿十字的理念，他们说因为现在很难看到农村未来的希望，绿十字的到来让他们看到了光明。

这一路上还有贺敬老师的同行。他是我的同事，也是好朋友。他今年有60多了，长得道骨仙风，曾作为马鞍山市人民公堂的一级美术师，宣传画画得很棒，也是设计和装修方面的专家。五山镇余书记、市文明办郭主任、邹主任等在名人城市酒店给我们接风。他们好像知道我的不愉快，接待工作做得很好。看到一屋子的笑脸，我所有的担心就一扫而尽了。

届时，余书记问我有人说你在地球村没做好，应该是不成功的，你怎么想？嗨！我从来就没有说是成功的，我只说地球村一半是经验、一半是教训，而教训对我来说是做五山项目成功的重要保证！

余书记点点头说：“很实际，事是做出来的，不是说出来的。我请了很多国内的专家，也有很多人帮忙做策划，可都是理论。我在农村工作了很多年，很清楚哪些事能成，哪些事不能成。我对你们的看法就是，一个有思想、有实践、有创造性的NGO，这非常不易，所以说别人怎么在我面前说，我心里都很清楚。”

二月的天很冷，窗外还是冬季，余书记的一席话让我有了一丝春天的气息，同是也感到了一丝丝的寒意！

在农村有一件事我一直不明白，就是通知农民开会，没有广播，不用电话，手机这时还很少，可是过不了一会，要通知的人瞬间就会到，这里不少村民还住在山里，他们来的速度比城市的互联网还快，真神了！

2月29日，我决定买一些瓜子和苹果，请村里从1949年到现在的历任村书记和主任开一个座谈会。我知道他们在村里的重要性，在农村，人与人之间的关系有着我们这些坐在办公室里的人难以想象的复杂。血缘关系、姓氏关系、婚姻关系、利益关系、权力关系……这些事理也理不清。我在地球村就有一大半时间耗在处理人与人之间的关系上了。这次我学聪明了，再也不介入这里具体的事，我也理不清这里的关系，我只讲理念、讲道理，村里的事务由村里人自己管理。

总感觉乡村生活中有一种力量是我们还没有弄明白，那就是他们的很多观念和想法是不需要沟通就很快能达成一致的。他们的领导人是完全可以领会村民们想要什么，不想要什么。这种文化和意识的统一性是我不可理解的，我把这种文化叫作“乡村隐文化”。

农民们坐在一起，你马上就能看出谁在这里是有能力的人，这与年龄关系不大，而跟人品和本事有关。之所以请他们来，也是想看看这个村哪些人是能人、是贤达，不找到这样的人，工作就不好开展。

关键是怎样把这些人组织起来？仅靠 NGO 是不可能的，人家不知道你是谁。可这些老干部就不一样了，他们的思想觉悟高，党性强，比很多城市党员还有责任感。他们就听乡镇政府、村干部的，他们虽然对政府和国家有多方面的看法，可是他们意见归意见，党纪归党纪。在农村做事没有这些人参与，根本就做不好，做不深，也就做不成。

我把村里各个方面的领头人都请来了，这些领头人一般只听村干部的，他们不一定能听乡镇干部的，更不会听我们的。所以我们在乡村做事时，一定要依靠村干部，这叫“借力”。1949 年的第一任书记（现任闵书记的父亲）和村长一出现，大家马上都站了起来，并把重要的位置让给他们坐，不用说这就是最有能力的人之一；当然现在做领导的闵书记也是有能力的人，因为只要他说一下，村里的老干部很快就来了，这本身就说明他有一定的号召力，他是大伙的主心骨。那天会上，这些村里的领头羊们说得很好。

老书记们说：“从 1949 年到现在，我们的现在的日子是好了，可是我们现在变成什么样了啊？难道我们村就是这样的文明和生活吗？我不理解。比如，政府规定山不能砍，再砍就是秃山了，可是你们偏砍。以前会这样做吗？现在家家都盖楼房了，可是粪便就直接流到马路上，还有道德吗？社员这样，我们党员也这样。”

1989 年任职的季书记说：“孙老师啊，你不知道农村以前有多干净，人人有多自觉！

可是现在人有钱、有文化了，而村里的环境越来越差，河流、房前、屋后到处是垃圾。我们现在有人管吗？那谁还会来教育我们的孩子呢？”

这次交流是成功的，因为他们很多年没有地方说话，也没有人听他们说话。我很认真地在听、在记他们的话。那天大家谈得很开心，也很尽兴！更重要的是他们自己说出了我想做的事——垃圾分类！

他们也听我说，听得很认真。我说我们能不能从现在开始，环境不好我们就把它搞好，你们愿不愿和我一起做？他们没有不举手的，都说，搞！

我笑了，书记也笑了，大家也都笑了，攻下他们，我的“人体解剖”就成功了一半！我在五山创作的大地艺术开始有了真正的“艺术家”。

我的工作节奏一直很快，在农村也一样。因为在农村讲季节，春天是一年的关键，过了这个季节，就过了生产期。正因为这样，我们要以最快的速度来做村的实施规划。这个规划不仅仅是建设上的规划，还包括人的思想、生活和生产、环境与生态、文化与宗教等的规划。这些说起来很抽象，可在我心里是非常具体的。这些思想要落到生活这个层面，我们人与人、人与自然的和谐环境才有可能营造。

3 月 1 日晚上 8 点，我坐车去村凤凰寨茶场，茶场已来了很多农民。黑暗中远远近近都有点点亮光在闪烁，还有不少人往这里聚过来。白天和村干部们开过会，这些干部和党员们已把我们的思想传达给村民，所以今天晚上会来这么多人。

会前村书记开了个头，接着我开始介绍当时地球村是怎么做的，村民是怎么参与的，垃圾是怎么分类的。一个多小时，没有一个人讲话，村民们听得认真极了。那天屋子灯火通明，每个人的眼睛都亮晶晶的。他们似乎从来没有听说过垃圾、环保、绿色、生态、农家乐这些词，他们像发现了一个新世界。

我说完，会场上有几分钟的安静，之后响起了很长时间的掌声。有人问，搞卫生和不扔垃圾真的能致富吗？我对大家说：“不能！可是村庄这么脏就一定不可能致富！如果再这样下去，你说你们这里产的木耳、蘑菇和茶叶还有人敢吃吗？还能叫生态和绿色的吗？”

“大家想想，一年 12 个月，你们用 6 个月在干活，6 个月的时间去打牌，而牌能当饭吃吗？如果从现在开始建设我们的村，有 6 个月一定能让我们这儿变成青山绿水，那时候你再说木耳、蘑菇和茶叶是绿色的、是环保的，你说大家信不信？”

老百姓在台下高声说：“信！”

“好，你们说垃圾分类和搞卫生有没有可能致富？”

老百姓说：“有！”

“现在城里到处缺水，水比牛奶还贵，甚至连氧气都要卖二三十元一小袋，你们想以后花钱买吗？”

大家高声说：“不要！”

“有人说城里是个动物园，家家户户的门、窗、院和大门都是铁栏杆、防盗门，就这样还天天被盗……你们说那样的日子好过吗？”

大家都笑了！

“是啊，你们这里多好、多美。如果小河见底了，山上有鸟了，小燕子回家了，大家不随地吐痰了，卫生了，干净了，城里人就爱来了，有人就有生意了呀！

“家家门不用关，东西丢了不用怕。这里人都很孝顺老人，一家有难大家都来帮忙，每天吃饭能聚在一起，一边吃一边聊天。永远不会退休，一工一农赛过富农，你们可以有两个孩子……这些都是城里人的梦想，也是城里人想来我们这儿的原因。

“你们的父辈在 25 年前曾把一个田园般的堰河交给你们，你们再看看现在的堰河！”

之后我又把村里环境被污染的照片一张张放给大伙看，他们一声不吭。他们在看、在想，不经意之间，怎么就让这个曾经美丽的村庄变成这样肮脏丑陋！

大厅很静，很静，静得连呼吸都能听到。

放完之后我又问大伙：“这是你们村吗？”

大家没有说话。

会上我又放了中央电视台和北京电视台播的我与“地球村”的节目。又演示了“地球村”创业过程！我听到村民悄悄地议论，中央电视台都播了孙老师，他不是骗子，是专家！

我又问他们要不要垃圾分类啊？我没有想到，真的没有想到村民发自内心的呼唤声：要！

台下有人在说，孙老师能来做，我们村就有希望。我说：“只要你们做，我就一定来！”老百姓说：“行，我们就做垃圾分类，我们定下君子协定。”

我大声说："你们在一个月内把垃圾分类做好，能不能？"

"能！"

台下的回答让我对堰河充满了信心。我也笑了，因为村民知道我不是骗子了。

孙君在何家湾小学给小学生进行生态环境保护的培训

那时镇领导中很多人在议论我是吃饱了没有事做，到这里搞环保。那些人说，北京首都的垃圾都分不了，农村还要环保？哼！一定是想骗我们，看他那样可能还是个大骗子。

我很难受的是，村里很脏，到处都是垃圾和粪便，有的垃圾都堆到家门口了，出门还要绕着走。就是这样，他（她）们天天还要打麻将，宁肯赌博也不伸手把门前的垃圾清理一下。整月打、整年打、白天打、黑夜打。我看着他们难受，看着门前的垃圾难受，看着村村户户的麻将桌更加难受。

在二组，我走进一家人，看到有一桌人打麻将，三个女的，一个男的。三个女的都打着吊针，那个男的看着我说："她们三个生病了，我是医生。"啊！生病还打麻将？我问医生她们是什么病，医生说她们发烧 39 度了。我看看她们三个女的，心里想她们真的是精神可佳呀，个个都是大寨的"铁姑娘"。

有人开玩笑说，飞机从天上飞过的时候，就能听到神州大地上一片麻将声，此起彼伏，欢声笑语。

我曾经与一名日本社会学专家交流时，他说："孙先生，我们之间能否避开两国的伤痛，正面谈谈我对时下中国的看法?"我想了想说好，我知道他可能要说什么，说心里话，我是怕他伤害到我的祖国。与本国人在一起，我们也会对自己的国家有所抱怨，可与外国朋友在一起就会十分敏感。

这位日本朋友推推眼镜，看看周围，身子向前移了移，把头又向前伸伸说："我对你的国家有三句话，我一直不想说，因为我们是朋友，可是是朋友不说心里话我会难受，唉!"我说："说吧。"心里还是想听的。

他说："我是想让您知道现在中国人的状态，请您别生气。"我点点头。

1. 中国人是爱家不爱国，家的概念高于国家；

2. 过于追求物质文明会失去心中的家园，中国只有到了亡国的时候才会惊醒；

3. 30 年后中国人一定会很有钱，即使这样，你们也是在精神领域贫穷的东亚病夫。

……

我看着他，他看着我，我们没有说话。我独自一人离开他的家，他也没有起身送我，但我知道他一直用眼睛看着我离去。

是啊，时下的襄樊就是这样，麻将文化高于酒文化，酒文化高于吃的文化，吃的文化高于传统文化，家庭建设高于国家建设。他说得对，只是我真不希望这出自他的口。

我们国民真的很麻木了，这些话题对我们来说太大了，我们做不了，只是想想或说说罢了。

可是日本朋友说的话我一直忘不了，他说的是实话，是对的。艺术家的特点就是有强烈的行动感和责任感，于是我更有责任感地去践行我的乡村艺术之梦。

绿十字第一步要做的就是让他们知情，知情、明理、参与，只有农民参与才有希望!

会后余书记对我和闵书记说，村里有三件事现在就必须开始做：1. 垃圾分类；2. 绿色茶庄建设；3. 修建三位一体天蓬别墅。我们只要能做好这些小事，才有可能致富!

会开得很好，大家都很开心!余书记还给大家唱了两首歌，村民热烈鼓掌。这些年来哪有镇党委书记到村里唱歌的啊!余书记说这是他上任来第一次。动员会结束时，我特别说明，村里的闵书记很有想法，观念也很新，是一个能干大事的人。

晚上我把茶场的亭子方案给余书记和梁镇长，他们说方案很好。现在每个村都想争一点项目，希望我能到他们那里去，田河村杨书记还约我明天去给村民讲课。

第二天上午大家一起又看了茶庄。本来茶庄要建在村口，我觉得非常不妥，一是发展空间小，二是地处村里生活污水出口处，不好！我建议就建在三面环水的茶场中间，这主要是考虑到把茶庄做成村里的一个景点，建一个集茶生产、加工、品茶、观光为一体的绿色茶庄。镇里同意我的意见，可是我心里还是有一点不踏实，因为那里是一片耕地。温总理三令五申不能占用耕地，这里的耕地本来就很紧张，特别是这么大的一块平地。

过了几日，茶场的尤帮立经理说这块地是基本农田，不能动。他做了十几年的茶叶生意，看到他那张脸，就能感受到农民的诚恳和信赖。最后我们还是按村里一个大学生的建议，选择了右边靠山的一块荒地，这样我们心里就踏实了。

我从心里体会到农民的境界和觉悟，那是一块很理想的地。说不定，我定了做就做了，可他们还是很有原则的，这点让我很感动。

闵书记决定3月2日上午开村民骨干会，我决定不参加，就是因为我不想介入太多，要他们自己做。我不想把我的意志强行推给他们，他们有他们的方法和想法，在做的过程可能会有一些出入，这是过程。既然是实践就会有出错的地方，这个出错的过程少不了，这也是成功的第一步。我知道闵想要我参加，我还是不去！

余书记晚上给我们带了很多吃的，怕我们晚上工作到很晚。今天我说了胡煜，因为他在电脑上玩游戏，我很不高兴！我说我们在村民眼中是专家，是教授，就应该像老师。胡很好，因为我们是老朋友了，他也觉得我说得有理，很快就关机了。

到这个时候，我的大地艺术作品“五山模式”基本完成了一个大的框架，解决了“人体解剖”中的每一个小结构，绿十字与五山镇堰河村已融为一体。

3月3日上午茶庄地基的第一根桩打了下去，在场的有闵书记、任会计、贺老师、尤帮立等。“五山模式”从这里正式开始了。今天又有两个村要我给他们讲课，讲垃圾处理，讲环境与经济，讲文明与健康。

这些日子，我看出村干部很有学习的积极性，不停地把我说的话记录下来，经常让我再说一次，我就会笑着说，这些书上都有。我在引导他们要关注知识、社会、环境，他们还经常会来我这弄弄电脑，我就教他们怎样打字。书记也说要先买一台二手电脑好好学一学。

村长指着陆学艺先生写的《三农问题》说，这本书写得真好，不过有些问题写得不对，说明他们不懂农村！这时候他们就像老师一样，跟我说农业、农村、农民，指出专家理论与现实不符合的地方。

我特意把拍得很美的照片和画给他们看，他们说这照片上的花在哪儿？我就告诉他们，就在你的家门口呀！看看这花儿，看看那景，再看看我本上的画，乡亲们说我们家门口好漂亮啊！我让村民和村干部看到他们家乡的美丽，看到城市周边的垃圾和污水，联想到未来农村就是城市人向往的生活环境，他们就会深情地对我说："我们农村还真的是很美啊！"

在今天的社会中，我不喜欢天天向农民说社会这个不好，政府那个有问题等。现实中我更加喜欢向农民说社会好的一面，改革开放给中国带来的希望。如果我们过多地向人们传播不文明的东西，人们的思想也同时会被不文明的东西占据。美与丑是并存的，美的东西说多了，丑的东西自然就会少。

现在农村的审美观是向城市看齐的，这是严重的错位。农村有农村的美，城市有城市的美，就像 18 岁少女的美与 60 岁老人的美是不一样的。

可能因为我是个画家，我在工作的过程中尽量会把乡村的心灵、生态、生活、环境之美潜移默化地展示给村民，把他们心中早已休眠的美再次唤醒，同时也感染着与我们一起工作的政府领导。他们说："孙老师啊，你说得太好了。我们看到你拍的照片，看到发达国家的环境，这不是我们 30 年前的乡村吗？唉！我们对自然之美、对建筑之美、对乡村之美，真的是麻木了，您说的对，农村就应该像农村。"

农村问题我以为就目前来说还是基层建设问题，目前的费改税对基层干部是不利的。2005 年彻底取消建设工和义务工，这是中央政策上的失策，也是专家、学者们不了解情况所致，村民和村干部一致认为这不切合农村实际，是城市人自以为是地在为农民争取"国民待遇"。从那天后，农村道路、学校、水渠里的垃圾就没有义务工处理了，政府也没有钱给村委会做这些事，今天我们再到村里看看就知道这里都快变成垃圾场了。一个原本有高度社会责任感的农民群体开始瓦解了。

而农民现在又在做什么呢？麻将与赌博取代了曾经的义务工劳动。农民今天的生活基本是：正月里喝酒，二月里赌博，三月里玩灯，四月里插秧。

北京延庆堆臼石村的刘书记就曾说过，中国农村要是按这样的路走下去，农村纯朴的道德规范将受到很大的影响。未来这里人与人之间有可能会变得更加冷漠、自私、没有教养，其实农村有农村的生存习惯，有自己的生活方式。

堰河村闵书记说，费改税是好，我们农民减了不少负担，可是费改税不应该让村这一级组织悬空啊。没有村委会这一个组织来做事，农村的事绝对做不好。农村的事还要由我们来做主，要因地制宜。如果不实事求是，政策变来变去，靠农村一户一户不到一亩的土地，地散、心散的农民，绝不会奔什么小康的！我说了一句，散球！他们大笑，说我襄樊话说得不错啊！

打桩过后胡煜和我探讨茶坛项目，还提了设计费的事。镇政府领导觉得费用高了，说胡不能在这挣钱。嗨！他们想哪儿去了，要想挣钱还要到这地方啊？我对胡煜说，我不管钱，我只管把茶坛做成一件能传世的艺术作品！你不用管钱了，你只管做事，实报实销。我们是做事，有人要挣钱那不关我的事，我只要能生存就可以做事！

我知道这事很难办，也早有心理准备。人生哪有平凡事！什么叫层次，什么叫境界，不是看大事，而是看小事！

3 月 4 日上午回村，修改了垃圾分类中心的设计，图纸最后确定了，明天就施工。下午市文明办郭主任、县文明办詹主任来时说："我们做了这么多年精神文明的宣传，讲了二十年的垃圾和农村不文明的生活习惯，也花了很多钱，就是不见效。可是你没有花钱，不到半年的时间就让农民主动来做这些没有经济效益的事，真是不可思议。看来我们的工作方法和沟通还是有问题啊！"

就在这天"五山模式"实施后的堰河村迎来了第一批襄樊的客人：袁霄斌、孙林、章辉等 5 人，明天还要来人。他们就住在山里，自己带了帐篷。山上很冷，我又给他们要了两床棉被。

他们的到来给农村带来了新的生活方式，村民们想看，又不好意思走近，他们远远地看着这些城市人怪模怪样地忙着。他们在野外住帐篷，帐篷有很多颜色，这些颜色散落在绿色的茶乡，好看极了。村里的很多老人、妇女和小孩都偷偷看他们，看看城市人来干嘛？他们又是怎样生活？从距离看，农村与城市其实很近，可是他们的生活方式和价值观为什么会相距这么远？

这些看上去的小事，其实都是我与薛斌特意安排的。这里的农民对城市人、对城市、对现代文明不了解。这就是城乡差别，也是城乡文化与时尚的差别。

垃圾分类中心图画完后，村民对我说："孙老师啊，你不是说垃圾分类后就是资源了吗？你怎么叫垃圾分类中心呢？"我笑了问："那你说叫什么？"他们说叫"资源分类中心"，我笑着说："就听你们的。"我真的为他们的进步感到高兴。

那时村里没什么钱，于是闵书记就发动村民到河里运石头来建资源分类中心。村民思想通了，行动也就积极起来，于是资源分类中心很快就建好了。

村里目前还没有一个开会的地方，更不要说大礼堂了。闵书记很有办法，他让家家户户从树林中搬来大石头，于是树林中就有了一个用石头排成的"村人民大会堂"。

这时我也开始了我在五山的创作《我的乡村我的画》。此时我在想，这幅画是要抽象、还是具象？作品怎么画不难，而是难在怎么想。

3 月 6 日，我从任会计家搬到村避孕生殖室住。早上起得很早，写写毛笔字，打打自己编的太极拳。朋友们问我怎么起那么早啊，我开玩笑说，不起早我怕工作人员来一不小心把我给手术了。

晚上，襄樊来的朋友们在烤全羊，余书记，闵书记及爱人、孩子一起参加了。这次活动对镇村干部的观念是一次冲击。村书记说这很好玩，大家在一起很开心，唱歌、吹牛、骂人都可以，很自由！余书记说这是一种非常好的娱乐活动，可以发展，很有新意！

农民自己算了一笔账，来了 8 个人，买了一只羊、二筐木炭、六斤茶叶、木耳、蘑菇，还买了很多农民家的筐、篮子、草帽。3 天吃了 5 次饭，共花了 1600 元，来人觉得很值。农民说这里有 70% 的利润。农民对我说：这不是很赚钱吗？这件事在村里传开了，大家也知道人们为什么会来堰河！

村民说的最多的是城市人很傻。

到底是谁傻？过几年堰河村的人就知道了。

第二天清早，我画了一张速写《早春二月》。十一点襄樊来的朋友们走了。

我一个人静静地站在山坡上看着他们的车远去，虽说我在农村，可心里还是喜欢与城市人打交道，不习惯与农民的交流。这时又剩下我一个人。人有时会产生一种莫名其妙的感觉，就在这一瞬间，我忽然强烈地思念我的家乡，想念我的爱人和女儿。我在风中和初春的气息中，孤独感油然而生，堰河流淌着仿佛不是水而是我思念的忧愁。

清华仝志辉来电话说，“五山模式”他感兴趣的是“建双联制”，他想自费来这做调研。我很高兴他对我们的项目感兴趣。上午想再去看看马鞍山，我之所以想再去，是因为我的家乡也叫马鞍山，是安徽的马鞍山。我们定日期跟村干部和群众讨论双联制，这是村里的大事，要慎重。

中午有一个农户要把家门口的粪便池改成荷花池。闵书记要我去看看，池子就在我住的屋檐后，我看了，没有说什么。我想听听闵书记怎么说，闵说应该做成鸭蛋形，就用镐在地下画了一个鸭蛋的形状，农户李能吉开始按闵说的形状做。书记问我是否好看，我说很好！村里的环境在慢慢发生变化。

闵说农村的干部要做事就天天有事，要是不干事就天天没事。一会闵说去看看亭子，骑着摩托车带我到村三组。其实我昨天已经去看过了，只说了一些小事。我问他们的想法，他们说，亭子四周的树太大，周边垃圾太多……

是的，他们心里很清楚怎样好看！我想农村的变化是要时间和空间的，他们有一点点变化就非常可喜。这半年来，他们渐渐知道了，不管做什么都要好看。有变化、有意识就了不起，村里只有每件小事都做好看，村子才能美。

我在村里的第九天晚上，季发怀老书记（1972—1982年在任）请我们吃饭。路上熊村长对我说：“农村最难的就是现在有很多地都荒了，这种现象越来越多，我很心痛。种一年地不如在外打一个月的工，农村真的没有出路吗？”

路上我们看到了一些妇女在大树边洒肥料。我问熊村长，这些大树原来是村里的，如果现在这些树还是村集体的，你们还会施肥吗？熊说不会的，这些山本来也是集体的，我们根本管不了，现在给个人承包了，就好了！

我在农村时时刻刻都在考虑，现今的农村是分还是合？我说不清。因为我不是研究政策和体制改革的，知识也非常有限，没有想过应该怎样做。可我在农村生活久了，有些事不想还不行。乡村干部和农民天天问我“我们农民应该怎样才能致富？现今的农村就是我们的小康之路？”我摇摇头说不知道！

我确实没有想过！

老书记用最尊贵的礼节招待我们，晚上一下上了33道菜。今天晚上我烟酒都沾了，因为高兴啊！这里的人开始接受我们了。

我即兴做诗一首：

乡间一碟豆，谈笑一斤肉。

帘外一首曲，醉后一方休！

喝酒时我们又说到农村的发展。老书记说集体好，他72岁了每天也能挣十几元，如果没有集体他们这些老人和五保户在生活上就不好过了。农村的发展是有矛盾，一会说集体好，一会说个体好，其实各有利弊，不过农民的日子现在确实好过多了。

是啊，农民和村干部都想知道农村经济的路怎么走。绿十字也要选择一条属于农民、属于五山的乡村之路。我在想，如果我都不清楚，又怎么带领村民走上幸福之路呢？

现在做NGO的人一说到农村工作就是“参与式”，好像这种形式是万能的钥匙。这方法用在城市很好，用在农村效果不显著，不能简单化。其实现在农村的“一事一议”，还有传统上的家族祠堂、熟人社会之间的道德规范等，这些形式都是有效的乡村民主，已经做得很不错了，几千年以来乡村自治本身就一种公众参与。

在农村首先遇到的就是观念和文化、现实和文明之间的差距。在农村做事要说理，有时也要“不讲理”，要有法也要用情，不然为什么有人说，农村干部是天下最小的官做天下最难办的事呢？

3月8日上午9点开一个座谈会。我特别邀请了历任村领导和村里的党员、骨干分子。我想在这推行联产联地股份制，用的是农民喜欢的名词——以生态园为平台，推行双联，建立村规民约（建房、垃圾分类、农民义务工、建设工、部分天然植被林恢复、生态实验田、教育和培训）。别看现在谁都说好，要实施起来还是非常不易。

我先说了南水北调、农村环境、堰河的今天和明天，主要说了联产联地，说了奉献，也说了农民只有靠自己才能改变自己的生活，改变生活的环境。

村领导也说开了。今天是五山模式的开始，村里没有太多的钱，政府又没有多余的钱，村里的公路、水渠、小学、供电……谁来做？老天爷不会做的！那谁来做？只有我们这些领头羊！农村这种公益和自救的精神不能丢！农村还没有环保局、环卫局……这就是现实！

会议主题围绕着环保推动经济，包括村产业结构调整，一建双联制的村集体经济模式设想进行了讨论。来了 16 个人［天艺（现更名为“玉皇剑”）茶叶公司董事长张于学和经理尤帮立也来了］。一进门就有一个村民对我说：“你们不环保了，把瓜子皮吐到地上了。”我一听就笑了，他们已有一种以前没有的意识，这就是潜意识里的一种很小的变化，我很高兴！

以下是群众谈话片段：

这些城里人就爱吃草和山果，来买了不少东西，土鸡、羊、木炭。你们吃羊的方式让我们感觉到，生活并不是有钱和没钱，而是一种方式，你们过得很潇洒。你们城里人吃到了活的猪肉，活的鸡很开心。我们村要一家一个项目，要有项目才能富，要用环保来开头。

有文明的环境才有文明的经济，民俗旅游项目要有一个管理机制。我们要用诚意做生意，一只羊 300 元，买的人要感到不贵，卖的人又很满意，要有回头客。

怎样才能让群众自愿加入呢？尤老板说，农村干部要有决心，要有文化，没有一件事干不成。要等政府的钱，事情很难做成。

天艺董事长说，五山没有一个能吃、能住的地方，服务态度生硬，不懂礼貌，这就是软环境问题。我们要努力做好大环境，这对我们创品牌极为重要。我们的玉皇剑在市场竞争中没有品牌，5 元就能买一斤，要是能做好玉皇剑的包装，可能还有品牌。现在我们自己的品牌渐渐地失去了诚信度，五山现在开始用别的品牌，比如现在就有用“信阳毛尖”的，可悲啊！孙老师所以选堰河，就因为现在环境很好，可是未来怎么样？我们就不知道了，这是我做公司担心的。我们不要只做形式，这不是政府的事，是我们自己的事，更不是孙老师的事。我们自己要用心，我们不能只讲不做，只讲不做就不是堰河人！

老书记说，环境不好就有非典，有禽流感。我们是文明古国，讲话也要文明。垃圾分类做好了，我们再做什么？我们就做家庭美化，从家开始，走致富之路；从村起步，做一个花园式的堰河村。花卉需要一个好环境，一个让人愿意来看的环境。有人来就有市场，就有钱。

一位老党员说，我个人想法是要有一个好领导班子，基层领导机构是关键。这些年有教训也有成功，这就要体现集体力量。老百姓说环保难搞，我说好搞，要靠我们自己搞，搞得好了，就有人来买茶、买羊、买鸡蛋啊！你说好不好？老百姓说，好！我们做好了，我们就不会污染下游的村，我们要给北京人喝上好水，我们就安心了，因为北京是中国的首都，我们很自豪。大家一起同心协力共同建设堰河村。有专家教授指导我们，有你们来帮助我们，我们就一定能做好。有你们的星星之火，我们村就有希望了。

大家一口一个环保，一口一个垃圾分类，一口一个一号文件，应该说大家都有了一种意识。这就可以看出大家对环保的认识，环保成了这里的口头语了。下一步就是学校了，要在学校进一步教育和宣传。垃圾处理没做好，就等于什么都没有做！

会开到很晚，大家谈得很尽兴，很长时间没有这样了。闵书记说村里也开始新的创业，今天我们说得很多，都是村里的事，是我们自己家的事，我们堰河人说到一定要做到！

绿十字工作人员很少，我们很少直接与农民交流。我也不了解农民，农民的事太复杂了，特别是“三农”遗留下来的问题太多，我没有办法，政府现在也没有很好的办法。所以这里要用新的路经，主要就是做村里核心人物与精英的工作，建立绿十字与村、组、农民一体的绿色通道。

我们很多人在乡村只找精英和能人，而不找核心人物，那是很难能开展工作的。精英只是一个村里的聪明人，能工巧匠，他们知名度高，可是他们没有号召力。核心人物一般是村书记和村主任，还有退下来的老干部，他们可能没有文化，可能没有技术。但是，他们的人品和道德没说的。核心与精英区别也就是品德与才智。

我很清楚乡村是自治体系，在农村只要把几个人说通了，全村就通了。我不会像晏阳初，带了400多博士到河北定县，我也没有那么大本事。绿十字也不愿派很多专家与志愿者在村里去工作，今天乡村不是人多人少的问题，而是转变观念的问题，是找到核心又要找到精英的问题。

晚上一组的党员请我们吃饭，我原本不想去，好累。这些天建茶坛、调整“五山模式”，以及村里一些细微的小事已经在悄然地发生变化了，我都要想、要记，每天还有大量的设计和与群众的交流的工作……最后想想还是去吧。

吃饭时听他们说，田河村发生了一件天大的事，农民把林业局的人打了，把摄像机扔到水里，还要局长下跪，有一百多人在围攻林业局的人，原因是农民违背计划进山伐树。林业局的人要执法，摄像。这事发生在我刚刚去过的老杨那儿，非常麻烦，又在两会期间。闵书记说老杨是几十年的党员干部，怎么会做出这种事呢？在我这绝对不会发生。余书记很头痛，难怪好几天没来这了。我说 13 日要离开，你们要抓紧落实垃圾分类，他们想把小组长和保洁员合二为一，我觉得可以。

其实在农村的很多事是以他们特有的方法来解决，打架就是其中的方法之一。这种方法在农村比较管用，谁打赢了就听谁的。还有的方法就是不用讲什么理，就是村干部说了算，有的事是老人说了算，还有大家讨论。农村的事还真不能像城市那样，太民主什么事也做不成。

我们说到一建双联制，闵又说了他的想法。一建是建生态园，以土地、资金、人工、生产资料的形式加入，这一点我们没有分歧。双联，一是联产(是不联地的个体运作方式，生产资料私有，就现有的承包经营，只是在计划、质量、村里的管理等方面联)；二是联地（是土地和生产的集体经济，生产资料集体化)，运作方式就是一头联市场，一头牵农户。这两种运作方式是既保证了农民土地承包的经营权，又能在市场中找到产品的出路，进退自由，运作可集体化经营，也可保证股东的利益，个人底线承包，经营运作以股份制方式参与决议。这就是我们想做的所谓模式，模式也罢，试点也罢，对我们都不重要，重要的是能否推广和复制。我想所谓复制分三种，一是直接复制，二是间接复制，三是全面复制，到全面复制时试点就能叫模式了吧？

这里有必要说明一下，这里指的集体经济，是以村民股份为前提，而不是以城市企业下乡。乡村集体所赚的钱就留在村里，会给村里修学校、修路、建敬老院，城市的企业所创造的利润要带回到城市，他们不会为村民留下利润，可能的话，会把污染和放弃的矿山留给农民的子孙后代。

我就是想走政府、农民、NGO 一起来建设新农村的探索之路。这种模式推广的关键是需要实事求是的工作态度，意义在于有极大的可复制性、推广性。

农村不能是 9 亿个个体户！个体经济是一个过程，经过这 23 年漫长的道路，分久必合的农村已不再遥远。农村就是农村，农村必定要以土地论市场、生存、发展。离开土地谈农村的发展就显得有点别扭了。

“联产联地股份制”就是在土地、生态、经济、运作上求得一条可持续的发展之路。

分田到户后，堰河村民很少有集体活动，而这样的活动渐渐地把他们的心聚到一起

村里的垃圾分类池快砌好了，我每天要去几次。来五山有半年了，这可是我的劳动成果啊！如果地球村的事是一个特例的话，那么堰河就不再是特例了。这儿的人开始理解环境与文化、经济与发展之间的关系了。

而从长远来看，农村的问题不是来自城市化和环境，而是教育。我曾和堰河小学的三个老师聊天。全镇有 30 多所学校（含教学点），有一个学校只有 6 个学生，一到四年级，6 门课，只有一个老师在教……我们说九年义务教育，我们只看到学校的教室，有教室就象征着有教育，可谁来教？教出什么样的学生？这是教育的关键。就教学经费而言，上海每个学生一年是400元，而中西部地区不足30元，我在农村的小学看到粉笔不用到最后手都抓不住了，是不会丢掉的。

我们为孩子捐资捐助，可有多少人会为这些老师想想啊？有什么样的老师就能教出什么样的学生。关于农村教育我问过老师们，他们说教学公用经费应该在100元，要想改善应在200元，要想留住好老师要300元……

我想在学校开设书法、茶文化、环保课，校长说可以每周给我两节课。茶乡不知道茶的文化，不懂我们中国最有礼仪之风的茶艺，不知道品茶，简直不可思议。这一切我们必须要做，从学校开始，再影响村民。

3月12日下午在五山镇礼堂讲课，来的大多数是镇党员干部和镇街道干部。人不多，这里的人还没有村里的人多，不过他们对信息、外面的世界和环保还是比城里人关注得更迫切一些。

所谓城市人，传统意义上是户口簿上的非农业户口，而实际上农村人与城市人的区别还真不能从这点来看，而是要从每个地区经济发展程度、文化生活水平等来看。县和乡镇基本是中国农村转向城市的过渡期，这里的人们中有一些在农村还有地和房子，在城市也有房和工作，重要的是他们的直系亲属或亲戚基本在农村，户口也还在农村，他们家里的装饰和生活习惯一点没有进入城市的感觉，他们这时是两栖人，80%是农民，20%是城市人，本质上还是农民。

县和县级市里居住的人们渐渐地脱离了农村，这时他们的户口已在城市，生活方式在慢慢调整，这时他们穿的衣服样子和色彩正好在城市和农村之间。他们的亲友分两种，40%是农民，60%是城市人。如果我们细心一点观察，还是可以看出在他们身上保留了极多的农村特点，比如吃饭希望吃肉，喝酒保留了农民身上的豪情，点菜是满满一桌。一般意义上说，从农民转变成市民从教育和生理学上来看，大约需要三代人。中国具有能真正称得上是城市人数量较多的城市极少，上海、香港、澳门、杭州、北京等比较纯正，余下的基本还处在农转非的过渡时期。

农村与城市最大的区分是时间。农村一年中有大半年没事，走亲戚，很多时间花在红白喜事上，生老病死一项也少不了；城市人就不可能有这么多时间。农民是希望生活越来越热闹，城市人是希望越来越简单。

城市人越来越多，可是人情味越来越少；城市中一个人的存在大约与320人相关连，而农村一个人的存在约有10000人相关连；城市人参与红白喜事一户一年约15次，乡村每户一年约在 110 次；城市离婚率是 23%，而农村最多在 0.2%；城市人的钱存在银行取利息，农村的钱存在亲戚手中友情互助……

农业与非农业户口之间的差别极大，我们不可能用简单的户口来说明城市和农村，只要我们融入这两个世界就能清清楚楚地看到他们的差别。

绿十字的的主要工作就是传递先进的环保理念，转变落后陈旧的思想，这个工作是最重要的一步。现今的干部认为目前农民的思想工作最难做，我不认为。人生活习惯的改变一般要三到五年，而人观念的转变往往在一瞬间，我们不是有“恍然大悟”，“听君一席话胜读十年书”，“茅塞顿开”吗？说的就是这个理。

这个工作我在地球村做过，有经验，也有信心。要想做好一件事，思想不通，有钱有力有人都不行，这就是灵魂不能用金钱来换取。

开始讲课我给大家看三张照片，中国人在法国、泰国、美国的不文明行为。我又读了一段一个在中国读书的韩国大学生写给中国人的一封信，信的前面我写了这样一段话：有钱不代表强大，文凭不能说明文化，知识不能表示进步，发展不敢说是持续。看看吧，看看我们的中国，这个韩国大学生写得很真，说得很辛酸，这让我们每个中国人汗颜！

我来到贵国的这五年，许多原先贵国在我脑中的美好印象现在却消失了。我其实也很难过。贵国在历史上是我们大韩民国的文化老师，大韩和整个东亚的民族都是贵国的学生。我们的大多数礼仪制度、人文思想都起源于贵国伟大的中华文明。所以我以前一直把贵国当作全亚洲真正的“文明之邦”，“礼仪之邦”。可当我真正来到贵国后，却发觉我想错了。贵国在一些基本的礼仪和道德上甚至还远不如那些比贵国贫穷得多的国家。无论我在上海街头还是北京街头，我都很少看见有人能够排队上公交，路面上往往很肮脏，行人随手把垃圾和废水扔倒在街头都是很随意的事，更让我惊讶的是贵国人居然会随地吐痰！

这在其他国家都是很粗鲁和失身份的事情，可贵国却能大大方方地做！有一次我在上海南京路上看见了一个美丽少女当着她男友的面把痰吐在地上，这样的女孩如果在韩国那是一辈子也嫁不出去的，我们也不可能有这么粗鲁大胆的女孩。还有就是贵国卫生习惯太差，往往贵国国民在非夏天以外的季节每星期只洗一次澡，这在爱好清洁的国家是无法想象的。世界上普遍是每人每天都洗一次澡并洗头。爱清洁也是一个人体现个人修养和文明的重要方面。此外还有没有谦让，爱吵架。我在贵国街头，公车和商店里经常看到有人为了一点小事吵起架来，甚至还有男士主动和女士吵架的，难道贵国国民真的就没有这点风度吗？中华文明的宽容在哪里，在韩国、日本和新加坡吗？我很难过……

我从心里感谢这位留学生，谢谢你是用心在爱中国，用一颗流泪、流血的心为神话中的中国祈祷！为未来中国祝福！

后来我又给他们看了五山镇环境污染的照片，我问，这能代表中国人的文明？台下再也不说话了！

那天的课我也很受感动！其实在讲课的同时我自己也在不停地教育我自己。

晚上召集村干部开会。我说，三农的问题就是我们基层干部的问题，三农问题是什么？是我们没有方法，是我们没有事业心！我对村领导提出抗议，你们要有一个好的工作和生活习惯，每天要看一小时书和报，开会要记笔记，早晨要起早一点，跑步和打拳，你们是村民主心骨啊！这也是未来农村发展的需要。

闵书记说："孙老师要下个月才来，这一个月希望我们能找到自己的位置。"

我交待了这段时间的工作内容：

垃圾分类分三个组，分类要具体处理，卫生巾成了问题的焦点。村书记说这是一个问题，我们又不好意思说，再说这是垃圾还是资源？是干垃圾还是湿垃圾？我一下也说不上来。我看着他们笑，最后决定烧了！到底谁去对村民说，我们看着妇女主任！不约而同都笑了！

中水回用。其实这是一个集家庭粪便（室外）、小便（室内）于一体的沼气池，并作为在村口公共场合景点的一个设计方案。这是堰河村一个关键性的工作，也是未来五山和汉江流域农村水源保护的重要一环。保护好村里的水源就是保护汉江流域的水源，也就是保护北京和天津的水源，这既是小事也是大事。目前要准备资金，7月中旬动工。

联产联地，即一建双联：建生态园、建农村的集体经济，依托市场建公司，这是重点工作，地点在堰河三组。6·5世界环境日活动，将由中国科技馆和绿十字、堰河村一起举办，这对村里来说是一次非常好的机遇。

在退耕还林的基础上，进一步深入，开始在村里实行封山育林，恢复生态，并开始按每亩100元进行补偿，为创建堰河的生态农业跨出第一步。

在村里做有机农产品特别是茶叶和小农农庄试验，用事实来教育农民。

通过这几日和大家的交流和接触，乡亲们对可持续、生态、有机、环保等有了很浓厚的兴趣，所以要每周学习一次。只有干部有了更多的知识，才能教育大家。这事余书记说由他亲自抓，要和运大姐联系，她在环境教育方面有办法，有热情。她还有很多资源，这个工作离开了当地环保组织是很难开展的。

我说，我们这个组织很团结，你们要做好分工，这是一个组织能否做好工作的关键，希望你们能保持和改进！今天我就回京了，明晚的村民垃圾分类动员大会是关键，也是我们这半年来工作的成果，我不参加是因为我已经完成了我的使命，具体怎么做是你们的事。我深深地吸了一口气说：祝你们成功！

第二天上午村干部会后去看了垃圾分类池，已完成了二分之一，很漂亮！

9点我第五次离开村庄。村里给我带了今年的新茶，还有一些土产。

闵书记在路上一个劲对我说，孙老师，今晚就召开村民大会，开始垃圾分类的启动，这是你最想看到的，你明天走不行吗？

我还是要走，因为那是他们的事。我吸取在地球村的教训，但其实心里还是有很多不舍。

到家后，我给挚友“自然之友”的君晖去了封邮件，想说说心里的话。

君晖：你好！

对不起，我刚回京，在农村有半个月了，回家第一件事就是洗澡。这十五天没有洗了，没办法，农村和城市的生活差异还是太大了。

为什么很多人只在城市研究三农问题？为什么很多人爱做一些短期项目？想想也是。我去过农村我能理解。就拿吃饭来说，烧饭人的手上还有泥土，黑色的指甲一直伸到你要喝的汤碗里，你说喝还是不喝？我还是喝了，可是我心里还是很不适啊！

大伙在房间聊天，一口又一口地吐痰，你说还是不说？他们给你用的棉被硬得像块木板，你能说不用？你看到厨房里的抹布用手一挤，那水就像糊糊一样，你吃饭的碗筷就用这抹布一遍遍地抹，这饭你还吃不吃啊？冬天农民一个月不洗澡是很正常的事……就这些，还有很多专家和学者对我说，你不用改变他们，他们有自己的文明，自己的生活方式，我们不要用城市的文明去改变农村，这话很可笑！

很多人说要和农民心靠近一点，要坐在一起。我心想：那样就行吗？心靠近是一方面，可是要真正生活在一起我想一般人是做不到的。

我在农村，思维变得也很现实。农村工作是干出来的，不是说出来的，更不是文件发出来的，是在干的过程中不断解决基层干部和农民的思想观念问题。“三农”是一个几乎解不开的结！

不早了我想睡了！伙计，你何时回国啊？

孙君：

真好啊！孙君你就是那种“贴着地面行走”的人，是特别实在地做事的人。要是多些像你一样的人就好了，现在你一个人分成八瓣也不够用啊。有时候，做事的人都在闷头自己做工作，彼此不知道对方的存在。我的意思是，或许，也应该，还有些别的类似你这种家伙的人，虽然为数稀少，但毕竟存在而彼此不知。如果有缘认识，彼此也许可以形成合力，效用就会更大些。另外想到乡村建设学院的事，真是功德无量，累死 10 个孙君，不如培养出 100 个 X 君 Y 君。你倒真的应该多参加这些讲课、培训的工作呢，我觉得。多保重，加油啊！

君晖写于荷兰

3 月 22 日上午接到堰河村闵书记的电话，他很兴奋地告诉我，他们村开始实行垃圾分类了，现在垃圾车还没做好，用的是小板车，村民热情很高。我听了很兴奋，是啊！我真的很为他们高兴，这也是我所希望的。就是我不在的情况下，他们也能完成目前还看不到希望的垃圾分类，农民能做到是非常难得的。地球村当时也是因为有合作三方出钱，有知名的廖晓义女士，有地球村品牌，有我在那不停地推动，而堰河村什么也没有，他们只有对未来的希望。

4 月 9 日下午，五山余书记来电话说他今天向县委周霁书记汇报了五山工作，县委领导非常高兴，说 20 日一定要见我，主要是对全县生态文明建设进行指导。这件事对推动“五山模式”有很重要的作用。

为了积极推动项目，五山派两名村书记去河北定州晏阳初乡村建设学院参加培训，余书记也要来北京见见温铁军，问我怎样？我说好，他心系农民，在三农问题方面是中国的顶级专家了，如果你能请他来五山，对“五山模式”的推广和我在五山的工作将起到奠基石的作用。

后来我和王佛全去看望五山派来的村书记，并对他们进行了采访。听了他们的汇报我很高兴，他们说得也热情洋溢。在陪他们去延庆县地球村培训基地时，我心里有一点担心，怕他们看了地球村之后没有信心。但相反地他们却信心倍增，说地球村这么好的硬件，这么好的社会资源都做不好，我看谁也不怪，就怪村干部。我听了很高兴，同时我也告诉他们，地球村面对的问题你们同样要面对！

我记得印象最深的就是闵书记在离开时说的话，地球村今天的破败，关键是村干部之间的不团结，书记是上级派的，村主任是村民选的，这里不是他们自己想做，而是地球村人想做。

第六次

筑坛祭茶心中有神

| 2004年4月22日 |

在我踏上1389次火车之前的半个小时，还是心事重重：工作这么长时间了，没有任何外来资金和支持，心里总是不踏实，对工作人员、志愿者、合作者，总觉得亏欠太多人情。

即使是这样，绿十字依然以极大的热情在推动。这些有着社会意义和社会实践价值的事在一件件向前推进，实在不易。我常想，到底是什么支持着我们，我们为何又要如此执着呢?

有时我也说不清!

4·22世界地球日有感：

每至斯日心臆沉，
五洲四海灾难深。
绿坛虽然浇筑起，
但需同奉绿歌声!

绿色行者叶榄于昆明

叶榄发来他的有感，我才知道今天是地球的生日。

到五山镇途中，余书记打了三个电话问我到哪了。“五山茶坛一切准备就绪，只缺你这个东风了”。余书记说。

5：40 到五山镇。吃饭时我说：“还是先看看茶坛，饭可以热热再吃，茶坛没有多余的时间了，28 日开坛，26 日一定要完工，现在已是 22 日晚上 6 点了。”晚上还要与余书记谈 6 月 5 日的“关爱生命之水，南北真情互动”的展览。这次展览要传递给北京什么样的信息？是“绿色文明”，是“新三农，新发展”，还是“绿色文明从农村说起”？

我与余书记都不是很清晰，不知道是不是事情本身就做得不清晰，还是万事才刚刚起步啊？

4 月 23 日上午到镇办公室见王富安。他是一个很有才、专业技术非常好的人，因为身份问题，在镇政府是个编外人员。电脑收发 E-mail、维护、拍片、写稿件、发通讯等基本由他完成。可是 3 月初他又再次被分流，镇领导谈话说“你没事就不要来镇里”。他心里很痛苦。

我在想技术这样好的一个小伙子，不能被录用，而办公室有关技术上的问题又总少不了他。嗨！这是编制、还是体制的问题？我心想：有一天我们组织有经费了，我一定请他到北京去工作。现在很多人不知道人才就是实力，就是财富。尊重人才，尊重知识，就是发展啊！

9 点多，王富安还没来。我和余书记谈话时，说到费改税，我们之间有一段非常有意思的谈话。我看到余这个镇党委书记在看《圣经》，就问他为什么要看《圣经》？余说：“哪是我想看啊，我们这里黄垭村，村民不交税，总是和政府闹别扭。也不能说他们都不对，可是我有时又必须从大局出发，经过一段时间后才知道，这个村是一个以天主教为信仰的村，村里有一个很虔诚的教徒，叫胡学文，他已经半身残疾了。全村大多数人都听他的，为什么他有这么大的力量？老百姓认为不论他是对是错，一切都代表主的意愿。这事让我很头痛，我还是先了解一下天主教，了解一下他们的信仰。”

薛斌说，其实他不太懂《圣经》。基督教和佛教有严格的区别，中国的佛教、道教是修身养性，是以自己为中心，以自己修成正果、得道成佛，是需要，是得到。而天主教正相反。天主教是给予、是奉献，就像耶稣把灾害和痛苦留给自己，把幸福和财富给予别人，让世界充满爱。这个村的教徒本身没有真正领会主的意愿。

余说：“我在看《圣经》，就是想在《圣经》中找到一些宽容与互爱来打动教徒。

我想天主教总不能教人不讲道理吧？我也不信有理还说不过无理的？我不管是用什么办法，只要能利于工作，我就用那种方式，这就是我工作的原则，也是实事求是的原则。同时我也想了解天主教这种信仰为什么在人们生活中有如此之大的号召力和感染力？我在想是否有借鉴之处？”

我开始明白，余书记为何支持建茶坛了。茶坛不仅仅是中原文化的图腾，它更深的含义就是：要在茶乡村民生活中建立一种信仰，是对自然的敬畏，对他人的关爱。在农村生活中如有热爱集体、自约自律、心安逸静、互助奉献的乡民，那五山人民定能步入一个真正的文明时代。这也是我想建坛的意愿。哈哈！这叫英雄所见略同啊！
五山就是要通过改善环境和生态教育带动绿色经济，提倡绿色行为。通过五山建茶坛的过程和仪式来体现这个地域的“新的文明、新的经济、新的生活”，建茶坛就是注入“新三农、新农村”的理念。

第二天上午到茶坛看，坛上面的石头铺得差极了。我找到魏工头，不客气地说：“你知道天坛、地坛吗？”他点点头。我说：“茶坛是你们村的天坛，也是地坛。你为天、为地在做事，你能马虎吗？你能有这个机会来做五山茶坛，那是你一生中的幸事，你知道吗？”

我声音很大，是有意让其他人也知道。他不说话，很认真在听我发火，干活的人也都停下手中的活。我从鼎、塔、莲花台，说到镇守四方的青龙、白虎、朱雀、玄武又说到通往茶坛的神道，说到五山山顶的土、五山脚下的水，说在正时取土、九时开坛……说完我看着他们。他们的眼睛告诉我，他们听懂了：那是为天神做事，为地神服务，一定要认真，活要细。我要他们都知道茶坛不是一般的盖房子、盖猪圈。知情才能明理，这是我一贯的手法，就是叫人口服心服。

我的话没有说完，就看到有人伸舌头，有人在重新摆放手中的石块。魏工头大声说到：“我知道了！”我想这以后我基本上不用担心施工的质量了。

下午我准备去堰河村时，又想去又怕去。想去，就是想看原来垃圾遍地的村子变化了吗？资源分类中心怎么样了？怕去，是怕垃圾分类真的像闵书记说得那样好吗？堰河村的村民烦不烦我？我心里还是觉得给村民们带来了麻烦，这是真心话，有时我自己也没有足够的信心！

快进村了，薛斌忽然说："快停车！看，垃圾桶！"车停了下来，薛斌的照相机唰唰唰的照个不停，村里的垃圾桶什么样都有，桶、筐、纸盒……一看就知道这是村民自己家的，桶里基本上没有垃圾。我们来到季大爷家，大爷看到我们很热情，又是握手，又是拥抱，这种亲热在农村我还是第一次感受到。

大爷说："你回家了？"我愣了一下，可很快反应过来，说："回来了，回家了！"我心里真的觉得回到堰河就有回到家的感觉，这里有我太多的记忆、太多的感悟、太多的经历……我高兴地拉着大爷的手走进他家。

我问大爷："垃圾分类习惯吗？"大爷开心地笑了。大爷戴着一副眼镜，看上去不太像农民，黑黑的头发，棕色的肤色，很健壮。他笑着说："怎么会不习惯啊？太习惯了！就是顺手的事呀，孙老师你看我家门口没有垃圾了吧？"他拉着我走向门前的田边。我笑着说："不去看了，一定不会像上次我看到的样子。"说着说着，我和大爷还是来到田边，真的很干净。我看着季大爷笑得比我还开心，大爷说怕弄不好，在地下挖了一米多，把多年的垃圾全挖出来了。啊？我开心极了。我高兴的是在堰河提出的垃圾分类开始真正进入农民生活了。我高兴因为在北京延庆县堆臼石村（地球村）垃圾分类停下了、不做了的时候，却又在堰河看到了希望。

只要能分类不管什么桶都可以

从地球村到堰河村之前，心里很不踏实，心是躁动的，自己也常常问自己，农村做垃圾分类能行吗？北京和上海的市民都做不好，农民行吗？用垃圾分类这件小事来带动农村的经济，用经济推动农村的文明，用文明来持续发展的生态链有希望吗？我是不是太理想化了？

王佛全任《绿色家园》杂志的记者时，在2003年曾写过一篇文章，到今天我还记得，也很让我伤感，文章是《延庆堆白石地球村——幻灭在拯救边缘的绿色乌托邦》。文章中有这样一段描述：

……

这是环保人士们按照自己的绿色生活方式而建立起来的乌托邦。

堆白石度过了它历史上最辉煌的时期，而今又慢慢沉默了，夹着成熟的生活的气息恢复了它往日的宁静。来观光的人已经很少了，村子里的人大部分也都外出打工了。但是曾经的一切已经深深地改变了这里，那些地球村很火爆时留下来的建筑物、展厅，都在无声地述说着曾经发生的一切。而村里人至今仍在坚持着垃圾分类，每年花4000元雇用一个保洁员，这在财政状况并不好的堆白石，难能可贵。在同样的村庄中，这更是寥寥无几。

从垃圾分类开始的起点，是堆白石成名的原因之一。在农村实行垃圾分类，这在很多城市都难以做到的事情，在这里却变成了现实，而且真正融入到人们的日常生活当中去了。

绵延的大山，挡住了世间的烦乱和嘈杂，给这里留下了满山的碧绿，潺潺的溪水，成群的飞鸟和仅有40多户的山村人家，在大山里日出而作、日落而息，过着世外桃源般的生活。

2003年的冬天，堆白石地球村沉寂了下来。延庆的气温很低，当北京的雪化了的时候，这里还是一个冰雪的世界，从山上流下来的水结成了美丽的小冰雕，但这一切已经没有人赶来欣赏了。冬天的地球村，更寂寞，更荒凉。那些原来的展厅堆起了灰尘，已经长久没有人打扫了，没有人气的屋子显得更冷清了。

孙君推开了那间他常住的小屋，里面的摆设依然如旧，只是恍然如梦一般。面对着自己曾经亲手做出来的一切，他没有说一句话。我和他一起到地球村的时候，一路上他都不断给我讲那时的故事，唯有此刻他沉默了。

他重复得最多的一句话是，堆白石做到现在而没有继续做下去，非常可惜。

很多人都把堆白石的没落归于孙君的出走。因为一些分歧，孙君离开了地球村，他的出走给正在建设中的地球村很大的打击，很多工作因此而停了下来。加上村口 110 国道的维修，进村的通道给切断了，非典的肆虐使得人们几乎不敢出门，那段时间去地球村的人在开始慢慢地减少。

偶尔有几个人去光顾，但已经没有当初的氛围了。

走进李铁柱挂有“民俗旅游接待户”牌子的家，他依然保留着那段热闹的日子留下来的纪念。正屋后面是一排用来做客房用的房间，里面还有一张张的客床，厕所的门口上还订有“卫生间”的牌子。院子里打扫得很干净，整洁的客厅，阳光充沛，桌子上摆着女主人亲手做的两只毛茸茸的大狗。这是在地球村建设的日子里学会的一点手艺，那时候孙君晚上就教村里的妇女们剪纸，做玩具。

在地球村的办公室里，还挂着两个镜框，里面贴满了村民们的剪纸。

我在村口碰到了村里的妇女主任，她又回到她的店里做生意去了，她一脸纯朴的笑容，用手搓了搓捂在黑红的脸上。

村支书一开始就想着这件事不成功，现在堆白石的落寂似乎更有理由让他相信这种试验的失败了。

但是，曾经的一切已经深深地影响了这里，人们不会忘记那个像过节一样的季节。村民们依然保留着良好的生活习惯，环保村的基础设施建设也完成得差不多了，可以容纳三百人吃饭的大食堂也建起来了，排污池正静静地躺在那里等待着发挥更大的功能。可以说，堆白石现在已经具备了一个很好的条件，缺少的是一个能够把这一切带动起来的人……

正如人们常说的：冬天已经来了，春天还会远吗？此时我又想起一段往事。

1999 年—2002 年 10 月，我当时是这个项目的负责人，前后做了近两年，村里人叫我村长。2003 年因女儿要考大学，就回老家了。这一年 110 国道又要修路，曾经很火爆的地球村一下变得很寂静。这以后我也很少来，因为我觉得这个项目做得不尽人意。

我是 2002 年 10 月离开这个村的，人们习惯叫它“地球村”。相别 7 个月，我因故同封宁再次来到这个村庄时，心里很难受。当天晚上我们来到村书记张瑞军家，同书记村主任进行了一次交流。

封　宁：村长啊，春天村里来了不少人吧？

王村长：哪儿，没有什么人。也不知为啥，一下就没人来了。

张书记：我早说过，这里什么也搞不成，农民就是农民，做什么也不行。孙老师就不信。这不，我说中了吧？

封　宁：你们自己要想想办法啊。垃圾分类还在做吧？

王村长：没有钱不做了。

张书记：孙老师在时，我们还知道怎么弄。他一走大家心就散了，我们也不知道怎么做了。

封　宁：孙老师也不可能永远在村里啊！

王村长：我们哪儿不想做？可是我们怎么做？既没有钱，也不认识人，家里还上有老下有小，怎么办？

封　宁：那总不能这样下去啊，这么好的一个村，这么有知名度，得想办法啊！

王村长：唉！当村长是我人生的最后的选择，农村啊，什么也做不成！

……

自始至终我没有说话，我始终在听着他们说，心里不停地问自己，这几年我们给村里留下了什么？为什么会因为我们的离开，村庄陷入了一种难以自拔的境地？我一点没有指责村干部的意思，而想起廖晓义、宋庆华对我说的话，“你在村里不能什么都管，你不能成村长了”。我当时还听不进去，觉得农民知道的东西太少，知识少，智慧也少，我成了村里的中心。今天听到他们的对话，心里渐渐产生了一种无法用语言表达的内疚啊！

我们在这里的几年时间给了他们方法，却没有给他们思想；给了他们鱼，没有教他们怎样养。今天我的心情非常不好，感到是我对不起他们。

村里的人还都认识我，见到我就说，孙老师回家了？

大娘还在桥头纳鞋底，妇女主任已辞职做运输了，王主任大多时间开他的汽车。河岸两边多了一些以前看不到的垃圾，垃圾池很多也坏了，里面也没有垃圾，有几个变成了农民的鸡窝。以前大队部是最热闹的地方，现在大门上紧紧地扣着一把生锈的大锁。我们原来住的地方是一个很有品味的地方，县委和镇里的很多会议都在这里开，现在大门上已爬上了很多蜘蛛网，那把锁上黄黄的铁锈随着雨水都流到了大门的木板上，黄黄的一片……

与此同时，我已在五山进行着“五山模式”的实践。有时我总感觉有一种什么力量在支持着绿十字，让我不停地往前走。那时我还停留在地球村失败的阴影中，并没有反思“谁是主体”这个问题。今天听到他们的对话，再一次使我陷入了比离开地球村时更加痛苦的境地。

这次夜行地球村，我虽一言未发，可在回去的路上我还是不停地问自己，五山该怎么做？4月13日要回堰河村看他们垃圾分类。如果他们承诺把村里弄干净，那我又要在村里进行长达三年的实践。地球村－五山？两个村不停地在我脑中晃动，我应该选择一种什么样的方法在堰河村开展工作呢？希望我离开五山时不要再有遗憾！

现在我还不知道结果，我只知道地球村的方法失败了。

回家后，我与绿十字的同事开始认真研究“五山模式”，更多的是寻找城乡之间不同的生活方式与文化，调整我们的工作方法，转换绿十字在实践中的位置，协助政府推动村民积极参与家园建设。

绿十字在堰河村每月只能待5～7天，不能像在地球村那样生活在当地，我们要留给农民的是时间和方法而不是依赖和等待。现在很多项目是具体执行人一旦离开，项目就结束了，新文明也会随之消失。

绿十字应该留给五山什么？最好的就是生活方式、文化与信仰，因为那是生存与发展的动力，这种动力是留存在血液中与思想中的，而不是只图于表面的文明。

我们已经离开地球村了，可心还停留在与他们的交流上。我看到他们无助的眼光，听到他们无奈的言语，在想：“五山模式”该走哪条路？我想到那段“村长”生活，其实很多事让你无奈、让你心痛，但很多事又是我不能左右的。

回到家已经很晚了，从地球村到五山，转眼就是4年，地球村是个教训，五山该怎么做？我心里好像知道了。

就是在这样的思绪之中，我又来到堰河村一组。在小学校门口的一户人家，看到三个很不一致的桶，我就对主人说：“我们来就给你们添麻烦，要你们做垃圾分类，不方便吧？”这位35岁左右的妇女微笑地对我说：“不麻烦，不麻烦……”连着说了一串。她又指指门前说：“你看门前很干净吧！你上回开会问我们，有没有信心，我们都说有信心。孙老师你说我们做得好吗？”

我笑了，笑得很惬意。是啊，我在会场说的一句话，变成了近一千多人的自觉行动，并让上千村民在积极实施。当你看到他们的行动和成果时，能不高兴吗？这才是真正的行为艺术，是一幅让我，也让全村开心的画！

我是一名画家，这些年总有人问：孙老师，你画得这么好，为什么去搞环保啊？其实他们不知道，绘画有两种：一种是架上绘画（指油画、国画、水粉画等）；另一种是架下绘画，大多指的是行为绘画。我把这种行为艺术引入到人们的生活，让艺术、环保、美丽进入家庭，进入人们的心灵，我也称它为“心灵艺术”。

很多年前，我们就在传播“让环保走进我们的生活”的理念。去年我们又提出“让环保走进我们的家庭”，今天绿十字又再次提出“让环保走进我们的心灵”，这就是质的变化，也是我这些年的变化！

3 月 14 日—4 月 23 日，历时 1 个月零 9 天，村里的环境卫生比我想象的好多了。

我碰到二组的一位农民，60 多岁，他一看到我就拉着我说：“孙老师，你到我家门前看看好吗？”我说：“为什么啊？”老头板着脸说：“上回你在村里讲课，说到我们家门前有很多垃圾，很脏，让我在乡亲们面前很没面子。这回你一定要去看看！”“是吗？”我假装有点不信。老头儿拉着我就往他家走。几步路就到了。一看，嗨！真的很干净，我向他翘起了大拇指，说：“大爷，你真了不起！说到就能做好！”再看那老头儿，笑得像一朵花似的。那笑是荣誉，也是尊严，更是自信和快乐！

这一个月发生的质的变化，农民自己也能感受到。只要每个人做一点点小事，村里就会发生巨大的变化。所有来到这个村里的人，都不敢相信这里是农村，特别是周围的乡村更是觉得不可思议。垃圾问题在中国的城市和乡村已经是一种普遍现象了，成了一个难以解决的问题。可是在湖北这个村，在多数没有文化、没有受过多少教育的农民中间，却实施了垃圾分类，这点就是现代化的城市也做不到，农村为何能做到？

来人有参观的，有看热闹的，有不相信的。领导来，都市人也来，不起眼的堰河村在悄悄发生变化。这一切，当地的农民和干部都亲眼看见，所有这一切是举手之劳。

农民在这一个月里自信了，开心地笑了！

我对农民们说，你们做到了！

我一直在说“成长”这两个字，成长不是吃“四月肥”，是一个自然的成长过程，不要急，不要催，更不要附加太多的政治色彩。村庄的干净不仅在表面上，更要在心灵深处。现在社会更多是关注面上的干净，而不顾心灵的干净。这种现象渐渐在改变中国人的世界观、价值观，我很不喜欢，也不愿与这样的人为友。

4 月 25 日上午的座谈会，由镇里刘副书记主持，主要内容是茶坛取土、取水、祭祀过程和意义的讨论。建坛到底是什么程序？我真的不知道，今天在会上要我说，我只是凭感觉应该这样做，建坛才有价值。我利用这个机会，对五山镇所有的村书记和主任，阐述了做一、想二、看三的想法。做一是做堰河村，想二是想帮田河村，看三是看村接下来的建设。这个“三”才是我做“五山模式”的真正目标。

今天“祭坛”是很重要的日子。9 点钟，我们分五路去取土，建坛需要五色土。正好五山有五座山。其中一路有我、薛斌、杨光泽和王士学。一路上感受颇多，我觉得我在做一件与天地有关的大事，很神秘，也很神圣！

10：25 我们一行到了邓坪村的百日山。这里海拔 460 米。我们开始取土，按要求对所有行程进行严格的记录：孙君，北京绿十字负责人、画家；薛斌，志愿者、摄像师；杨光泽，襄樊电视台记者；王士学，邓坪村前任书记；黄军，五山镇林业站司机。

由村里威望最高的前任书记王士学领路，司机黄军开着一辆破北京吉普，开往百日山。山路崎岖难行，路在间断修。司机开得很溜，像游戏一样，还有一点西部牛仔的感觉，很野、很洒脱。10：48，车直骋百日山中，从山的东侧登山，基本无路。行至 15 分钟，见到一个用石头垒砌的大山门，王书记说是山寨头门。山寨原是解放战争时期土匪垒的，基本是圆形，直径约 45 米，每隔 10 米有孔，说是放土炮之用。寨中间基本平坦，虽然岁月已逝，杂草丛生，可在寨中依然能感受到战争年代的残酷和艰辛。我们继续往上走，在险峻的山壁边缘，又看见一个寨门，叫二寨门，很险。入山门之道只有一人宽，道边就是百丈深渊。山寨门是大小石片砌成，进门之后，仍是小道。小道边有参天古树，依山而存，峻拔奇绝。顺小道向右，在丛林之间，活动空间就更小了。听说这才是真正的山寨，一夫当关，万夫莫开！

这儿已有石砌的山道，上行约 8 米路有残断的阶梯、石板，一片破落。面南朝北，在茂密的树、竹、草之中，又见一个很小的由石头砌成的小拱形门。说门，其实就是几块石头堆砌而成，十分简陋。门里不大，约 8 平方米，没有顶，只有遗存的残壁断墙了。正中间明显放着一个盒，上书“祖师爷”三个字。这就是在民间传说的天师张三峰巡游天下，歇脚百日山之处。

此时是 11：15，天阴无日，有点闷。大家很累，坐、躺、靠，在等待着 12：00 神圣的取土之时。我站在百日山之峰，感受到一览众山小，风光无限好的喜悦。

11：57，薛斌大喊时辰到了。杨光泽可能是职业习惯，顺手以最敏捷的速度打开摄像机，手法很洒脱。王士学老人话也不说提着锹直奔我跟前，问挖哪儿的土。我四周看看，张天师之室是一个石房，虽在百日山之峰，可无土可取。我指着石房的右侧，拿过老书记的锹挖了一下，行！还有一点土，杨光泽大声说等一等，我还没有对焦，薛斌那是一台数码相机，就在说话之间，我听到一阵“唰唰”声，40 张照片已经拍完。司机看着时间 12：00 准时，大喊一声：“取土！”我拿着装土的塑料袋，黄军用手扒草，让王士学书记挖土，这里土很少，基本是树叶，杂草腐植物。大约 5 分钟，九斤土装满，准备收工。

忽然手机响了，我一看是短信，上面写的是：“行动是筑构希望与理想的根基，云游四海，筑坛祭祀，祝您成功！”是我的朋友，一个知己。谢谢！

4 月 26 日中午，各村的茶农、茶场给茶坛捐了很多好茶叶，做得很认真，全部用小红袋装好。我一袋一袋仔细地装到大瓶里，村民还写了很多祝福和愿望。11：30 我又把茶场交来的茶瓶用蜡把口封好。12 点整，准时由我和杨书记、小袁（撰写主持词的文书）、村民正式在茶坛五山之土下，埋下了茶瓶，也埋下了 3 万多父老乡亲的愿望和祈祷！

五山镇位于鄂西北山区，行政归属于湖北省襄樊市谷城县，是个一脚踏“三国”的边陲山镇，因境内有云雾山、马鞍山、邱家山、李家山、百日山五座大山而得名。五山茶坛，要取五座山顶峰之土各九斤，用五河之水各九斤，采当年之头茶上中下品各九斤，各镇、村、家庭采茶九两九钱九分，推举村里年龄、威望最高的老人当代表。整个过程要在中午 12 点准时开始，要拍片、记录，要有时间、人物，要有装配和运输的全过程……要让大家都知道并重视这个过程，因为这是一个庄严的仪式，开坛在上午 9 时开始。

五山茶坛是这样设计的：茶坛保持原来的基本形状，在坛的四周，砌上护坛的四方神（青龙、白虎、朱雀、玄武）。坛面的外围种上 999 株茶树，中间矗立着一座宝鼎茶坛。宝鼎茶坛下面埋有五山之土，洒五河之水在宝鼎茶坛周围。茶坛上建立天圆地方的乾坤架（因为钱太紧张，乾坤架第二年再建），坛与地面有 9 级台阶，台阶前有 36 阶神道，阶梯两边有两座非常凶猛的“怒天吼”，呵护着神圣的茶坛……对坛我是陌生的，可是对坛的意义我是清晰的。

人们带着喜庆、希望祈祷，一拜天，二拜地，三拜茶祖，祝愿茶乡风调雨顺、五谷丰登。县里领导也亲自参加了开坛仪式，并为茶坛撒上了五色土。宝鼎茶坛之中放着一杯今年评选出来的茶王泡制的“玉皇剑”茶。县里领导为 2004 年的茶王佩戴了茶王绸带并颁奖，接着还进行了丰富多彩的文艺表演。玉皇剑茶艺表演队首先表演了茶艺，小学生们跳起了茶舞，茶农们唱起了茶歌……在建茶坛之时，我总在想，人家会不会说我在搞封建迷信啊！

没有办法，我准备请谷城县委主要领导参加开坛大典，他们很支持。我想，这不应该算是迷信，应该是对自然的敬畏吧。

选村里年龄和威望最高的人，主持这个过程。一个信仰构筑的过程，需要农民从对自然的实际感受和认识中，逐渐升华。这样的信仰，就是活生生的自然与活生生的生命之结合，是可以延续下去的，是有希望的！

五山茶坛的开坛仪式要隆重可又不要太过，因为建设新五山的过程远远比仪式重要得多。过程是真实的生活，仪式只是形式。

我为五山茶坛写下“茶坛”二字

4月28日9：29开坛大典在五山镇田河村茶场正式拉开序幕！

建坛最初对我而言，只是一个设想，或者说是一种梦想。筑坛祭祀，是一种信仰，是一种文化，也是一种文明。孔子的学生典在回答孔子的“人生最有意义”的问题时说到：“安邦定国，云游四海，筑坛祭祀。”

今天五山镇党委余书记，面对五山三万茶农大声宣布：“开坛仪式现在开始！”

这时我才真正意识到，茶坛对五山未来的意义。建坛，意义不仅是建一个用土石筑成的物体，而是真正能在人们的心中刻下烙印。

在开坛仪式上，我们主要做了几件事：开坛仪式，祭拜天地，对今年评选的茶王颁奖，茶艺表演及老百姓的文艺表演。我希望这是一个活的过程，一个与每个人息息相关的过程，一个有生命的五山茶坛。

为什么要在这里筑坛？我自己也说不清。北京有天坛、地坛，还有现在的世纪坛。五山的茶坛，可能就是五山这块地域山水和人在召示着我，一切皆有可能！

对堰河、田河步入小康示范村和生态文明新村来说，文化要代表文明，知识要推动进步，发展要步入持续，生活要与自然和谐。所有这一切都是在农村现有的体制下完成，这就是“五山模式”的内涵和精神。建茶坛，其意义就在于通过改变人们的生活方式，净化人们的心灵，同时也有对大自然的敬意和回报。

站在五山上，五千年的华夏文明，从夏商周到春秋战国、唐宋元明清……一条九曲五道弯的汉水在春夏秋冬中养育了这些守护家园的人们，也培育了中原人的性情。看看这绿油油的茶园，看着蜿蜒伸向远方的公路，听着脚下汉水的流动声，面对这圣洁的茶坛，百姓的祈祷有了一种神圣的意味。

这个茶坛建设费用原定7万元，在坛上四周还有一个很高大的乾坤架。后因为政府没钱，就简单做了，最后只花了3万多，其效果也差多了。我在农村常说做事不仅仅看形式，关键是看内容。五山茶坛就是内容多于形式，重要的是茶坛在五山茶人内心世界有分量就可以了。

事越做越大，我的心也越来越高。

这时我想起一个人，就是20世纪对世界影响最大的十人之一，中国的晏阳初先生，想起他在20世纪20年代的乡村建设中倡导的九大信条：

1. 民为邦本，本固邦宁。

2. 深入民间，认识问题、研究问题，协助平民解决问题。

3. 要与平民打成一片。

4. 向平民学习。

5. 与平民共同商讨乡建工作。

6. 不要坚持自己的成见，应当因时因地因人而施。

7. 不迁就社会，应该赶上社会。

8. 乡建是方法，发扬平民的潜在力，使他们自力更生。

9. 言必行，行必果。

这些都是晏阳初平民教育思想的闪光点，有着深刻的历史意义和现实意义。

他提出以“除文盲、做新民”为宗旨，以“民为邦本，本固邦宁”为核心，以“文艺教育救愚、生计教育救穷、卫生教育救弱、公民教育救私”的四大教育为手段，以学校、社会、家庭“三位一体”连环进行和整体推行为特征，以铲除“愚、贫、弱、私”四大劣根提高大多数农民的“四力”，即智识力、生产力、强健力与团结力，造就一代“新民”为奋斗目标。

绿十字今天在这里筑坛也是有意识的，只是我想做的是“事”，而晏阳初提出的是“思想”，他还把思想付诸实践，影响了世界。

想不到80年前就有人提出了“愚、贫、弱、私”，提出了即“智识力、生产力、强健力、团结力”，真是伟人。这些思想开始慢慢在我的头脑中流动。

我有一些朋友告诉我，说他们来到湖北谷城县，印象就是脏、乱、差，城市不像城市，农村不像农村。然而一走过石花镇大型企业“骆驼蓄电池厂”，却给人耳目一新的感觉。人们不禁要问，这是哪里？

五山有今天，首先因为有余书记。其次又有余书记热情推荐的堰河村和田河村的村书记，说他们想做事，就是不知道怎么做。他们是余书记的知音，那肯定也是我的知音。

我看村干部做事有四种情况：跟着走（堰河村闵书记）、赶着走（田河村杨书记）、愁着走（何家湾张书记）、批着走（下七坪村任书记）。

天下的事说难，难到“难于上青天”；说易，易到“得来全不费功夫”。这里正是有这样一群干部，才可能有好民风、好民俗、好民心。这对于我就是最好的资源，这个教育还要继续做下去。农民世世代代的生活观念和生活习惯要想在几个月改掉谈何容易。

只有做到“知情”、“明理”，才能“参与”，参与了，垃圾分类了，环境好了，经济好了，文明了，健康了，就收益了。所以“知情”和“明理”的过程还要多做一些。

他们是用心在做！

垃圾分类是上个月（3月14日）开始做的，到今天（4月25日）才1个月11天，村里不管大人、小孩、老人和在外打工回来的人，都知道“垃圾要分类了”，基本接受了这个理念。

现在村里只要会走路的小孩都会知道垃圾分类。垃圾分类，这是小事，却也是天大的事。在北京、上海、广州等大都市来说就是非常难的事，同时在美国、德国、英国、日本等又是很简单的事。

村里做垃圾分类，没有钱买统一、漂亮的垃圾桶，每户自己装备。好不好看无所谓，又不是为了检查，也不是为了拍电视广告和参观，什么桶都可以，只要能分垃圾就行。我对村干部说，村里垃圾分类刚刚开始，村民就如此支持，我没有想到。村干部也说没想到。

确实，现在对农民说事很难，村干部的权利越来越小。可是这件事对农民来说一二年内是没有经济效益的，为什么他们会做呢？

我的提问让大家静了好一会，也让我沉思了。不论有文化或没文化，穷人还是富人，人的天性就具备了“真、善、美”，只是长期以来这种天性被抑制了，被遗忘了，被人类无止境的欲望给抛弃了……今天，我们摇醒了他们的本性，唤起了他们的良知。他们的心灵燃起了这种文明之火，生活就是另一种景象。

在村垃圾保洁员座谈会要结束时，我说了几点意见：村里还有几户不愿做垃圾分类，对他们不要强迫。这是一个过程，不要太多干预，强拧的瓜不甜。几十年沉淀的垃圾，希望村里通过最基层的民主“一事一议”讨论，出半个义务工，来彻底挖干净村口和公共区域，要有垃圾分类桶。

对村民的环境教育要从成人和小学生两个层面来抓，学校教育要放到重要的议程上。环境教育要从小抓，积极发动小学生参与垃圾分类活动，并以此督促家长。

同时，要尽快找到垃圾后期处理的方法，这是垃圾资源化和分类持续下去的关键，要让农民明白他们所做事情的意义。

垃圾分类刚刚开始，一切都很新鲜，关键是要坚持下去。垃圾分类要变成村民的生活习惯，就非常难了，地球村就是最好的例子。

要真正改变几百年养成的生活习惯，绝不简单。我们日后会遇到很多想不到的问题。我们要努力让这种文明，不成为政治运动，而成为一种文明的生活方式、生活习惯。

当天晚上，余书记把梁镇长和我喊到他的办公室。晚上他们还喝了一些酒。因为喝酒了，梁的脸特别红。他对我说：孙老师你放心，我还欠你 7000 元，就是借钱也会给你的！余也说孙老师放心。可是我不信了，因为他们二人总是不停地在忽悠我，说给费用，过去几个月，还是没有，再追问吧，他们比我还穷，弄不好一激动我还得给他们钱。

事后我想了想，这可能是他们商量好的，一个唱红脸一个唱花脸，要知道能在乡镇当书记和镇长并能玩转的，那可不是一般人，个个都是了不得的人，这些人弄个县长市长当当不在话下。他们一方面要对付上级领导，一方面要对付农民，还要对付乡镇一个个的能人，特别的十里八乡的刁民和恶霸，他们像孙悟空一样，什么法宝都会，今天要对付我那还不是小菜一碟啊！

这几天总看到余书记心情不好，他的表情是放在脸上的，有一天我还看到余和一个干部吵架，没想到一个很有文化的人也会发火骂人。晚上我问他，余一脸苦相说："乡镇综合配套改革干部分流不好做啊，谁都不愿被分流啊！"

我很同情地说："你们费改税去年不是搞了改革吗？干部不是分流了吗？那时我看你忙得焦头烂额，很为难。当时不是说好分流政策 5 年之内不会有变化，还签订合同了，大家才积极响应，怎么现在你又在搞干部分流了呢？"

嘿嘿！余干笑了两声，摇摇头对我说："你问我，干部也问我，我只能告诉你，这是上边的政策，是'深化乡镇综合配套改革'。上边叫我们怎么做，我们只能怎么做，我们是党员，党叫干啥就干啥。我们这些基层干部，真的很难。上边文件天天下，政策天天变。昨天县里的领导又来了，说领导班子成员从 19 名减到 15 名。镇长这一职不能没有，书记要兼镇长。我一听头都晕，又怎么了？"

孙：政府被精简掉的干部是怎么议论这件事的呢？

余：我用八个字来形容我们的基层干部，可爱、可惜、可怜、可怕。

孙：怎么说呢？你的体会应该很深啊！

余：（深深地叹了一口气）这些年来中国的稳定、持续高速的发展，城乡差距越来越大。农村在如此不平等的国民待遇下，依然时刻在默默地为中国的繁荣做贡献。这些具体和辛苦的工作，哪一步离得开这些基层干部？今天说要这些人走，就走。他们真的很可怜。

可爱。这些干部很老实，很本分。他们理解政策，执行党的政策，不吵不闹。在改革面前，他们做了奉献。我说他们可爱，可是又有谁能知道他们是家里唯一的经济来源呢？他们回家之后又怎样面对妻儿老小呢？这些谁又为他们着想过呢？

可惜。基层有能力、有本事的人本来就少，留下来的大都年龄在40岁以上，青春奉献给了农业事业。农村这些年不停地变动、合并，特别是目前国家给乡镇这级干部的待遇很低，极不公平，很多人都离开了。农民是二等公民，镇政府也是二等政府。我是为乡镇这一级未来发展的人才感到可惜，为这些留在这个岗位上很无奈的人可惜！只要这一级政府在，就要发展，发展就要人才，否则就彻底不要这级政府。

可怜。这些分流的人从农村已出来很多年了，村里也没有地了，没有任何社会保障，工资在三四百元，上有老下有小，没有技能也没有年轻的身体。他们只要被分流，就会变成社会上真正的弱势群体。我心里真为他们担心，未来他们怎么办？

可怕。干部大量的分流，其实为农村留下了潜在的不稳定因素，有很大的潜在危机。目前，我们这个镇经过二次分流之后，有点本事的人走了好几个。农村要发展，就要接受新的理念。中央又对农村问题如此关心和支持，可是就现有的人才、技术、知识结构，又怎么能贯彻中央的科学发展观呢？不发展就是倒退，倒退就是危机，我说可怕一点不过分。三农问题就目前的村镇一级政府的稳定就很是问题了。

余书记的八个字把“三农”问题中的危险说得很到位了！我们在解决农村问题和税费改革以及种粮补贴的时候，是否也应该实事求是地为农村的二等干部考虑一下呢？农村问题不在农村，也不在农民，明白人都知道在政策、在上边，可是受到伤害的为什么一次次都是农民呢？这太不公平了！

4 月 29 日早晨，我无意间看到中央电视台播出在《人民日报》上刊登的关于对“五种非法占地”的规定。这五项规定是：不准以绿地来占用耕地，不准以退耕还林占用耕地，不准以公园和广场马路占用……中央对三农问题开始从宏观转向微观了。这五项规定是针对上有政策下有对策而制定的。农业、农村、农民真的有希望了！

此时，县一位管农业的领导来了，我和他说了中央的这五项规定。没想到他说：没有用！今年年初温家宝总理就下发了关于禁止占用农村耕地的紧急通知。不下发还好一些，文件一转到地方，却造成了各地、市、县以各种手法、手段占用农业耕地的狂潮。中国又再次掀起了农田开发热。

我听了瞪圆了眼睛。是啊！江苏、浙江、北京郊区，市、县、镇都有大片大片的工业园区，高新产业开发区。为什么中央的规定大家都置之不理呢？也正是这样，才造成了中央再次下发《禁止非法占有农业耕地》的规定。

土地管理法规定“征用基本农田或基本农田以外土地超过 35 公顷的，都需报请国务院批准”。一些地方便想方设法让基本农田荒芜，使之变成“基本农田以外土地”，然后化整为零，分批报批。据江苏省淮阳某村民反映，他们那里的乡村干部征占耕地，把稻田的水渠强行堵塞。天旱收成不好，村干部就故意将良田瞒报为荒地，弃耕地，以达到顺利征地的目的。

领导说：“你别摇头，你在农村待了这些年，你心里最清楚农村的情况。农民要致富，靠什么？靠这 1 亩不到的土地？”我摇摇头，他见我摇头，就接着往下说：“安徽小岗村 1978 年实行土地承包掀起了一场中国的改革热，中国先富起来的是农民。20 多年下来了，他们总结出了一句，真是说到点子上了：农田吃饭，种菜温饱，打工致富。农民现在要的不再是温饱了，而是致富。孙老师你说田里种什么能致富？”

我想都没有想就说：“种工厂！”领导笑了！

“那你们这样做不怕犯错误吗？”我问他。

“嗨！”领导深深地叹了一口气，说：“有什么办法呢？你要是只听中央的文件吧，一会要建设四个现代化，一会要带领农民奔小康，一会要建卫星城，一会要建小城镇，现在又要建小康示范村……建得好到处宣传，宣传劲一过就扔在那儿了；做得不好的更是把一个烂摊子丢在村里。现在我们明白了，只有针对自己的实际情况，实事求是地制定适应我们这个地域的规划，那才是奔小康，才是解决‘三农问题’的根本。”

我想说什么，可是又说不出什么，不说又觉得心里堵。当你真正面对农村的实际情况，有时真的显得像白痴。

4月30日与村干部和村民聊种田补贴的事。

我说费改税再次让农民心里踏实了。这回中央拿100个亿直接补贴种田农民，也就是直接让农民增收，落实到位，认真执行，农民一定对种田更有信心。我的话还没说完，大伙就说开了，孙老师，你太不了解情况了。钱是补了，每亩大约补30多元，可是化肥每100斤已经由20元涨到24元，磷肥每100斤由原来的15元涨到19元；农药、药品都涨了。米洛普片原来1.2元一瓶，北京还是这个价，可是我们这里涨了一倍，2.4元……所有这些平均涨了25%。实际上是明补暗亏啊，中央为什么不能宏观调控呢？说来说去还是苦了农民。

村书记说："费改税、种田直接补贴确实很好。很多不种田的人又回来了，这是好事。可是这样一来，我们村又出现新的问题了，比如原来种田不赚钱，不少田都荒了。政府要求各村不能有荒田，这样又把荒田分给了种田的农户，这回种田有甜头了，还有钱补。今年每亩30多元，明年可能还要多一点，后年可能补的更多，抛荒的人又回来了，又想把那些被分走的田再要回去。还有更麻烦的事，就是政府陆续分流的干部回到村里，他们一离开政府就是农民，年龄大了，又不能外出打工，没有田怎么过？这些田里庄稼的退还、签订的时间、人口的调整、农田的修整、电线的架构等费用又由谁来承担？中央的政策虽然好，但都是一刀切，可是农村有许多具体情况啊。做事不能想到哪儿就做到哪儿，应该细一点，我们在基层做得很艰难啊！这些问题只要略知道一点农村情况的人就能想到。"

村长说："五年内将要免去7%的农业税，今年免3%，又有补贴，这对农民来说肯定是件好事，对稳定农村、发展农业相当重要。按照现有的政策，明年肯定是丰收年。我们农民盼着丰收年，又怕丰收年。1990年、1991年丰收后的第二年都大减产。1990年粮食每100斤为40多元，1991年降到30多元。国家合同定量收购价为24元。那时很多粮站缺少资金，迟迟不收。有的收了不付钱，又打白条。我们没有一点办法，找政府，找领导，谁也不管。想想很心寒。只好卖向市场，有的只卖17~18元，江西有的地方还放火把粮食烧了。我们这里就有农民批评政府说'共产党雄赳赳，只管种不管收'。

"今年中央对种田的农民直接补贴，为的是减轻农民负担，结果生产资料又开始涨价。政府没有做好调控，农药、化肥、磷肥平均上涨了23%~25%。这让我又想到每次粮食增产后的谷贱伤农。中央想的很好，报纸上说的很好，可是，一到实际情况就是不好，受伤害的还是我们。这不，现在每亩表面上补一点钱，可是细细一算，现在每亩要损失20元。中央做事要做得细一些，不能全国人民说农民穷就补钱。补钱是好，可是补了钱又不能控制农村生产资料，等于没补。现在干部又要分流，目的就是要减轻我们的负担，可是这些人回到村里又没有田，怎么办啊？今天号召大家种田，给了很好的种粮补贴；明年大丰收，丰收后又会怎样呢……”

我好担心，农民更担心。

我在会上说：“我担心村基层管理力量会相对落后。中央取消农业税480亿，支持税费改革396亿，100亿用于农民种田，60亿用于农村中小学危房，只是农村公共基础设施建设、公益事业上一直没有资金投入。我说的只是农村硬件上的投入，对农村改革和“三农”问题而言，村这一级干部的生活保障、待遇也需要提高，而思想观念的改变、文化水平和管理水平的提高更为重要，也是目前解决“三农”问题的关键。我以为村这一级不能取消，农村分田包干之举本来就是一盘散沙，不要以为有钱什么问题都可以解决。”

20世纪90年代以来，我国农村不少地方政权出现结构性退化，其表现方式与杜赞奇描述的民国时期的国家退化几乎如出一辙。一方面，在增强国家能力的旗号下，各级政府对于农民经济资源的索取能力增强了。但是同时，中央政府削弱了对地方政府特别是基层政权有效的政治管制权力。

中国在改革初期人均收入不到250美元，那时有人说一些中国人之所以崇洋媚外、没有信仰、道德下滑，就是因为没有钱；如果中国人均能达到1000美元，所有问题就会迎刃而解。今天我们向全世界宣布我们达到了，可是问题解决了吗？谁都知道当今的社会中人的信仰是什么，是钱！所有的问题比以前更为突出了。富有能解决所有的问题吗？答案自明。

中国农村如果走向可持续的道路，就不仅要致富，更要传统文化的弘扬，要乡民的道德和信仰，要人与人之间的互爱，要青山绿水的自然！

上海曹锦清教授提出了解决“三农”问题的三个意见：第一是建议建立农民组织协

会。这绝对是好办法，农民要有保护自己利益的权力。可是我觉得实施起来有难度，因为成立协会一定要有主管单位审批，还要一家企业作发起单位。如果你不要主管单位那就是企业，就是一个经营的单位，很显然把经营和协会两个功能合二为一了，又如何操作呢？第二是取消全部农业的负担。这一点中央决定在5年内减免农业特产税和农业税。第三是取消七所八站和重复机构，随着这一次的“农村乡镇综合配套改革”，这个问题已经有所调整。就五山镇而言，事业编制由最初的120人缩编为36人，4月又再次分流，要求只留18人。可以看出中央还是下了力气的。

曹先生提出的这三点中，后两点政府正在执行中，可最关键的第一点我看还是有点悬！

村一级机构非但不能取消，还应加强。应该把优秀的人才输送到农村，现在的农村文化知识结构不可能与城市文明接轨。我们谁都知道改革开放的总设计师邓小平说：“农村不稳，地动山摇；农民不稳，政治局不安！”

我觉得可以以现有的村委会为基本架构，发挥合作社的作用，在党的领导之下，做农民合作社更加现实一些。

就拿五山镇实施“五山模式”来讲，如果没有村一级组织，仅靠一盘散沙的个体农民怎么可能做到呢？在农村成立农会，过不了几年它可能也会慢慢演变成现有的村委会的功能。

温铁军有一段话说得很在理：我不赞成对农村有太大的变革，中国的问题不能和世界上任何国家比，人口、耕地、资源就决定了中国在一段期内不可能有所变化，更不要说什么达到发达国家的大话。为什么？13亿人口中有9亿农民，人口基数不可能下降到发达国家的10%以下。现有的耕地面积是19.5亿亩，这些年随着开发力度的增强，耕地面积还有所下降。美国平均每个劳动力所对应的土地面积是中国的828倍，在美国800公顷以下的农场基本不挣钱。那我们平均每个农户只有0.4~0.6公顷，他们是我们的千倍，就利润而言是不可同日而语的。

20年之后中国人口将近17亿，农民的土地资源按1993年以后超市场化的加速，平均每年减少2000万亩，我们按少点算每年减少1200万亩，20年后减少24000万亩。现在是9亿农民有19.5亿亩，20年之后就算中国实现了50%~60%的城市化率，那农村人口依然是7亿农民对17亿亩土地，实际土地还少了2亿多亩。也就是说20年之后中国的农村还是不会有多大变化，没有变化就是倒退！

有人说要取消市和乡镇一级机构，由省和县来直接管村，我觉得这不可能，非常不现实！不要说省一级了，农民就是想见乡镇的领导一面也像见皇帝一样。一个省一个县有多少村啊，那是多么大的地方啊！

城市有火车、公交、地铁，有现代化的信息系统，有与此文化和技术相对接的教育，还有完善的公检法，农村有吗？农村只有一群老弱病残、留守儿童，还有守了几百年的土地。

现有的机制应该说比较健全。存在的就一定有它的合理性。当然，局部的调整是有必要的。乡镇不是要拆并，而是要赋予它权力，让它恢复其功能，发挥其作用。

村书记接话说，对我们村农民来说，一亩地补 30 多元，够做什么呢？农民就是这样想，今天补 30 多元，明天就等着补 50 元，后天就想着补 70 元……这并不是好办法，更不是根本的办法。

中央关心农村，进行粮食直补，钱直接给农民，不信任村干部，这本想鼓励农民多种粮。中央想得很好，可是农民不领情，现在不少农民让冬季小麦 80% 荒地，超过历史上任何时候，不种地中央照样补钱。还有一些地方，农民把地租出去，让外人种，他坐拿中央补助，而那些租种土地的种粮大户并没有得到中央的补助。村干部笑中央出决策的专家太天真了！

中国有句古话，叫“救急不救穷”，这有点像灾区发补助，不是长久之计。中国的扶贫是越扶越穷。“大斗养仇人、小斗养恩人”，制定粮食直补政策的人不太了解农民啊！田里的活还是要靠干、靠汗、靠科学、靠文化，那才是持续、踏实的事。别想着那几十元，何况补的还没有贴的多，想偷懒，想异想天开，散球！

是的，中国不论城市还是农村，缺的是实干、有理想、有文化、有奉献精神的人。

在五山能够积极响应并行动的只有堰河和田河，很多村的书记不理解，有不少书记和村长还反对。什么是垃圾分类，什么是可持续发展，什么是微生物农村，什么是生态农业？这些都是我们村书记和村长需要知道和消化的。干部是村民的主心骨，干部不说，群众不动。如果没有做事的村干部，没有这几个文化程度高、有奉献精神的人，五山就不会有今天。

思想不解放，观念不更新，工作不主动，即使中央有再大的支持、再好的政策也没有用。

5月20日中午接到五山余书记的电话，他告诉我昨日去黄垭村看了半身瘫痪的胡学文，那是一个一直与政府较着劲的人。他与胡聊了两个多小时，很感动，也很可怜这些农民。这次谈话给了他很大的启发。我们对农民了解得太少了，在工作上有太多不到位的地方，有的事，对我们来说是小问题，可对农民来说就是大问题！

余对我说胡原来身体很好。50年代人民公社要挖河渠建电站，因工作量太大，腰肌劳损受了点伤，可他当时没钱，就这样越拖越严重，最后成了半身瘫痪。现在他更穷了，什么也没有，可他有思想，有了主的爱，有了很多人没有的精神财富，正因为如此，他是一个高尚的人，一个健全的人，一个有爱心的人。

因为余的到来，胡很感动，他没有想到一个镇党委书记对他、对农民、对耶稣会如此的了解和关切。在交流的两个多小时里，他们相互感动着。余对胡说，我们做干部的要为人民服务，可是我们很多干部离你们太远了，群众和党之间应该是鱼和水的关系，现在不是的。

我与余书记应该说是好朋友、是知己，我们之间有个共同点，就是觉得在这一生中能做一件有意义的事就知足了。

堰河村的闵书记对我说，他与书记是好朋友，都是做事的人。

村里的村民对我说闵书记是非常实在的人，在他面前没有困难，只有道路。他经常对农民说，干是唯一的出路！

很多人不知道做事的方法。我一直以为做事要先做人，人就是“五山模式”的第一因素，所以我在五山投入最多的就是做人的工作。

“知情、明理、参与、得利”这八个字还要针对不同的层面，不同的人群。

我对余书记说，镇里干部的工作我做不了，这个工作只能你来做了。

我对闵书记说，与村民沟通我还有很大的距离，他们说话好多我听不大懂，农民家的柴米油盐、一日三餐我不可能比你了解，这个工作还要你和村委会一级来完成。

我要做的事就是从群众中得到信息，把底层的看法、意见传递给上层的余和闵。我要把这个需求通过讨论、判断加上我的理念，再交给他们。

2004年8月3日，村民方洪军率先在村里凤凰山庄开了几百年来第一个农家乐。这个农家乐的意义在于从此堰河村历史上有了能给“五山模式”起表率作用的点。我预感堰河村从方洪军的农家乐开始，“五山模式”可能会发生质的变化。

第七次

我回家了！

｜ 2004 年 9 月 18 日 ｜

早上 9 点整，襄樊城忽然警笛长鸣，薛斌脱口说今天是国难日！我双眼紧闭，在心里为不幸的中国人、为东北遇难的同胞们祈祷！

警报还在响，我们就出门了。我想问问当今的人们，是否还记得 9・18 东北沦陷之日？襄樊的大街警报在响，人们都在各自忙着，卖音响和磁带的依然播放着一首老歌“在希望的田野上”。隔壁是一个歌厅，门窗缝里隐隐约约冒出施特劳斯的“圆舞曲”……

我问了一个很有干部做派的人：“不好意思，我从外地来襄樊，为什么你这儿拉警报啊？”干部看看我，又看看天说：“可能是防空警报，常常这样。”

我问了街上一位出租车司机：“今天是 9・18 吗？”对方警觉地说：“是，干吗？”“问问为何拉警报啊。”“防空演习啊！这都不知道。”那人一边走一边对我说：“弱智”。

我又问了一个学生：“小同学，今天是 9・18 吗？”小学生爱理不理地说："是的。"我又问："为什么总响警报啊？"小学生告诉我："可能修警报吧！"

我问了11个人，都说不知道。

最后我又回头问出租司机："你知道9·18吗？"他笑了笑说："不知道。"我又问："你知道东北沦陷的日子吗？""不知道！""你知道9·18这首歌吗？"这时他说："哦！有一点印象，今天是9月18日！"

薛斌说："在网上有韩国人曾说：'韩国人拒绝日货100万人网上签名只用了10分钟的时间；而在中国要征50万人的签名，都非常困难！因为中国这个民族是只有个人荣辱的，而没有国家荣辱的……'我认为，韩国人说的不对，但签名确实没有完成，我深表遗憾。"

我很吃惊。真的就没有人知道今天吗？人们是忘记了，还是睡着了？

我走在这个城市的大街上，看到四周在开心打着麻将的人，对国难日没有什么反响，此时在我脑袋里怎么也挥不去的是"东亚病夫"四个字。这四个字不是在身体，而是在心灵。

我们临时决定不去五山，先去老河口，看看那位姓陈的木刻民间艺人。艺人的工作间设在李宗仁第五战区指挥部旧址，在门口挂了一块黑色的牌子："抱朴斋木刻作坊"。

这位木刻民间艺人在今天的襄樊就是最后的绝唱！因为这种艺术没人喜欢。

陈老要十分钟才印一张画，印刷厂一分钟可以印一百张；再说现在的人喜欢张曼玉、孙燕姿，陈老的珍贵文化就真是绝唱了，不知道还能不能再谢一次幕！

晚上16：50赶到五山镇，放下行李，又赶到堰河村，正赶上运大姐带着会员露营。运大姐带来了很多人，多是绿色汉江的志愿者。看到他们，我又感觉看到了希望，看到了黑暗中的黎明。民俗旅游开始了，晚上还进行了文艺表演。

22：40回镇政府，接到宋贞真（宋任穷女儿）电话，说想把一个美国慈善机构介绍给绿十字，还说到云南茨平有一个很穷的村，自然环境很好，我表示可以去看看。

23：00和两位作家交流，五山要拍电视剧，是拍五山生态农业、有机茶园、茶坛等。我说思路不是很清晰，主题也不好。我说还是要关注生活，深入生活，在生活中反映农村问题……

24：00回房休息。

也不知道为什么心里总是牵挂着这片原本和我没有任何关系的土地。一进入五山镇，就有“回家”的感觉。从4月22日筑坛之后，到9月18日有半年之久了，半年前的事觉得就在昨天。

我最高兴的是农民们看到我说的第一句话：你又回家了！

余书记说：一建双联，一建是建生态家园；双联是市场、农户互联。我和闵正在考虑堰河村的模式，是什么模式，我、薛斌和余书记一直在探索，在找更好的出路。

余书记说五山模式符合农村现阶段的发展，它是在“三农”问题和城乡二元结构的前提下进行的。这就说明五山模式与现有的政策和环境没有冲突，我们是面对现实求发展。我准备开一个村镇干部动员大会，现在农村也不交农业税了，田分了也不用管了，那干部干什么呢？农民现在八个月闲下来后干什么呢？五山模式就是让农民有事干，就是要不断建设自己的家园。那干部做什么呢？推动乡村绿色循环经济，恢复生态环境，推动绿色产业。此时，闵书记已开始着手把闲散的劳动力、闲散的资金组织起来，推动“一建双联”，分久必合。

第七次来堰河时，我在整个建筑环境之间找到了一种语言，一种和它们之间对话和交流的平台。茶庄推翻了设计院和我以前全部的方案，因为他们觉得我们的设计不是他们想要的，我只好重新设计。不知道为什么我的心里没有一点抱怨，我觉得他们有自己的想法了，这个非常好，也是让我很欣慰的地方。这就是感觉、感悟、感情、感动的过程，是对生活了解的过程，也是从最初的感性过渡到理性，又由理性回归到感性的过程，这样才能达到老子“天人合一”的境界。

按理说天艺茶庄的手续不合法。镇书记说堰河村的村民真好，他们很善良，具有奉献精神。这十来亩耕地，特别是三面环水、四面环山的地，更是难得。他们的手续还不全，老百姓只要一闹，就建不成了。村书记说，占这块地我可费了很大的周折，先是村两委要统一思想，后开村民大会，再召开村民“一事一议”。村民还是很支持的，就这一点，我们就更应该为村民做事，做好事！

开始，我心里还不踏实，因为这是耕地，中央三令五申，杜绝占用农民耕地……

人有自私的一面，也有无奈的一面，还有很现实的一面。这些话我一直放在心里，对大家没有说。对村的规划来说，这是最佳选地。从时间来说，要报规划根本批不下来。我心里很明白，农村的事有时只能先做后报，天艺茶庄没有第二条路，这是“五山模式”中的亮点。不是因为建房子，因为这里是以茶为主体的经济，茶叶就是这里的希望。占用耕地就占吧！这些话我可不敢和环保人士说，不然要把我骂残了！

今天绿十字完成了天艺茶庄的建筑设计部分。茶庄风格界于传统和现代之间，材料主要采用砖头和石头，功能以实用、持久、廉价为先。这不是一个自然中尽显风光的茶庄，而是山水掩映中的最为普通的建筑。其妙处在于与自然环境浑然一体，绝不张扬地突出自己。堰河的天艺茶庄在一块砖、一块砖的往上砌，堰河村也一天比一天绿了，通往汉江的水今天又比昨天清了。

其实这次来五山主要目的就是为了堰河村建茶庄。这是由本村的茶商和政府共同投入的项目，也是五山镇茶叶经济的大项目。而这一切都要绿十字来完成设计，在设计中要体现其风格，并充分考虑功能，做到符合生态标准。做成地域标志性建筑，非常不易。我认为应注重实用功能，明沟防湿、中水处理、景观再现、沼气利用、污水回用等都要考虑到。材料以红砖、石头和部分自然基石为主体，建筑要融入自然风光。

天艺茶庄的尤帮立曾在送我去襄樊火车站的路上对我说："与你接触后，对我启发很大，特别是建茶庄，让我知道图纸的重要性。我们农村没有图纸，就是口述，说个大样，就建成什么样。襄樊设计院做的样，大家觉得非常好，就是太贵了，做不了啊。这个图好，是我们自己设计，由你指导的，心里有底，还真学了很多知识。"我笑笑问："哪些知识？"

他说："比如建筑就像每个人要有自己的脸，特别是有个性的脸，才能让人记准。你说，中国传统建筑非常经典，现在开始能看懂天艺茶庄中的现代与传统的内容了，凭这一点大家都说我是专家。我们学到的只是建一个好房子，现在知道没有好的环境就不是绿色建筑，也不是文明建筑"。我听了心里真的很高兴。

堰河村闵书记是一个悟性极好的人，对天艺茶庄的希望就是一句话，要建成襄樊地区独一无二的建筑，只做第一，不做第二。我问为什么？他说因为有你，有你我就有做第一的信心！我心里一惊，因为我怕做不到。我只能说我尽力吧，尽全力不让堰河村人失望。

闵书记身上有一种自负和倔强的性格，这一点在别人看来是缺点，在我看来是优点。堰河村正是因为闵的倔强，村民的房子没有全部搬到马路边上去，集体经济没有全部卖给私人，村里还有大队，有办公室，村两委是健全的，这一点非常重要。这对村民来说就像一个家庭完整的主心骨。村民大大小小的事直接找村干部就可以了，所以这个村几乎没有上访的，给我印象很深。

闵书记在很多问题上有自己的一套，那就是他知道农民想要什么，农民能做什么。

当然政府说得对时，他也是坚决执行的，这种平衡关系，闵把握得很好。

政府说要分产到户，堰河却留下了集体林木；政府号召马路经济，马路边建房，他坚决反对；政府号召发展是硬道理，卖山、卖树、卖河、开矿等，他开始种树、护山、修河……

一句话，就是他知道农民生存和生活的希望是土地，有山有水就是农村最踏实的希望。

我在与谷城县委组织部陈启合部长讲到堰河村的未来时说到：堰河村不求面子只求实在。堰河村做不了大事，但堰河村做的事告诉我们，大事必须从小事做起。我第一次来五山就认识了陈部长，在五山乡村见到最多次的干部就是他。对农村，陈部长情有独钟的一面也有做法不妥的一面。

天艺茶庄能进行得如此顺利，这首先要感谢五山镇的领导。中国人有句古话，“朋友易得，知音难求”。在“五山模式”中，没有余书记和梁河桥，就不可能有今天的堰河村。在我们第七次去五山的时候，我听到了余书记说的一句话：五山未来的发展速度和GDP不一定是最好的，可是我们经济社会发展是可持续的，环境是最好的，未来发展空间是最好的，农民生活质量是最好的。我们在贯彻科学发展观，领会是很深入的，我相信未来的五山一定也是美好的。

有这样的理念、这样的境界，五山、堰河、茶庄是第一就不难了。

在进村小路边上，昨天还有的一个破轮胎和半截玻璃瓶也没有了；屋檐下原本被农民捣掉的小燕子窝又有了；三岁的小孩手拿着果皮问妈妈，这些垃圾该放哪？农民经常会因农忙而没有及时清理垃圾，他们就端着垃圾问村干部，你们不清运，我们这些垃圾往哪儿倒啊？

什么是文明？什么是文化？什么是生态建筑？我认为一切不能注入到人的灵魂，不能在农民衣、食、住、行之中体现的，都是废话、假话、空话。堰河村刚刚起步，天艺茶庄才开始打基础，这里同样也有很多很多问题；但这些问题都是发展中的问题，只是过程中的问题，很正常。

在堰河村有这样一句话，不知道垃圾分类就不是堰河人。试想，这与小康示范村、生态文明村、绿色茶庄、环保、三农问题、三个代表、科学发展

观有直接关系吗？堰河村所有的一切，都是围绕着农民生活为主题进行的，这里的一切已不是政治口号，是在推行“先生活，后生产；先生态、后生活”的理念。就像在村口竖起的标语，“发扬勤劳、善良、奉献的中国农民精神！”这是久违和多年不见的精神，这种精神让我为之一振，为之惊叹。这就是我们要建生态茶庄的意义，也是现今堰河村最本源的精神文明！

堰河村的天艺茶庄

第二天上午我赶到堰河看天艺茶庄的现场定位，还看了县城为村里做的规划，顿感无力！好像是随便从什么地方找到的现成图纸，根本谈不上设计，既不实用，又无美感，更谈不上风格，而且造价很高——听闵书记说要 20 万的设计费。

下午余书记说：“我陪你们看看五山镇，也让你们全面了解五山生态环境的情况。我在五山镇 5 年了。这 5 年常常都有不想干的想法，可是回头看看这几年的工作，看看这 110 公里的路，看到生态文明村的变化，来过这么多的人，我就很高兴。我有一个愿望，就是想在近期用两至三个月徒步走完五山镇，这也是我这个书记的愿望，这样我也就安心了。”

余还说 5 年中修 110 公里的路需要 1400 万，这其中 600 万是上级和政府调拨的，村贷款借钱筹 300 万元，有 500 万是在村民支持下筹齐了。村民用钱、用义务工、建设工，共同完成了这 110 公里的水泥路连通五山各村。我们的农民很了不起，五山就是靠这些农民用自己的双手建起来的。

晚上吃饭，闵书记说，这几天农村太忙，垃圾桶满了，村民又用筐装；筐满了就没有地方装了。农民生气了：保洁员怎么不来啊，垃圾往哪儿扔啊！

我听了很高兴，说明农民已经不习惯乱扔垃圾了，这一点城市人都没有做好，可是今天农民做到了！

9月20日县委组织部陈启和部长来堰河检查工作，因为9月28日全市的"小康示范村现场会"要在这里开。陈部长检查三件事：第一是绿色生态茶庄，即使房子盖不好，图纸也要有一张。第二件是太阳能灯装了没有，闵说："没有钱。"部长说："借钱也要装，不然28日我们来看什么？下午你就办。"余书记说："陈部长说办就快办，借钱也办。"第三件事就是把道路、柴堆整理干净，要让大家看到新的面貌。然后开始研究领导的车从哪儿进，从哪儿出，在哪儿说话，在哪儿吃饭。

组织部在基层的影响很大。老百姓是这样评价的：组织部是啦叭裤，上面小下面大；宣传部是萝卜裤，上面大小面小；政法委的直筒裤，上面下面一样粗。

在农村推广生态文明村，没有物质文明，怎么谈精神文明和生态文明？余书记说："小康示范村要建立在生态文明村的基础上才是最高境界！"陈部长听了很满意。在回家的路上余书记说，组织部要推"小康示范村"，宣传部要推"生态文明村"，各部门都推自己的事，其实完全一样。他更喜欢"生态文明村"这个提法，因为小康离农民还是太远。

闵书记等他们都走了，就一个劲的说，办、办、办他个球！没钱怎么办？

我没说什么，一面是政府希望我能推动生态文明村建设，一面是村干部觉得超出他们的能力。村里的发展尽量要实事求是，一旦脱离了实际，很多事就会适得其反。我不想多说，因为很多事我还是不要介入。

农村的事很有弹性，就像农民建房，有钱可以建，没钱也可以建；有钱能娶媳妇，没钱也可以娶。一个村就像一个家，大家的关系很好，一家有难大家帮。当然，一些信誉不好、好吃懒做的人在村里就是彻底的贫困户了，而且大家也不会同情他。

所以在农村信誉高于一切，也就是说做人比赚钱还重要，这与城市人的价值观是完全不同。

晚上余书记说，你把衣服换换，明天全镇机关、各村委开重要的会议，你要做重要讲话。我说我没带衣服啊。余书记说，十几天怎么不带衣服呢？我看你不是带了一个大包吗？我说那里都是书和资料。余唉了一声就回房拿了一套衣服说，你不要介意，先用着吧。我通知服务员把你的衣服洗了。

一件雪白的短袖衬衣，一条深蓝色的直筒裤，我换上后整个房子都亮了。余书记说感觉真好！镇里的一位女干部说，她要换丈夫了！我赶紧扶住墙，没有倒下。

几天后“‘朗讯杯’关注生命之水，呵护绿色”北京考察团来五山，一行35人。荣老师、封宁、张文琰、薛斌、高老师、李元潮都来了，我高兴极了，家里来人了啊！余书记做了细密的安排，晚上在“农家乐”吃饭，还有表演。特别是孩子们表演的茶艺，很有品位，让北京的小朋友感受到来自茶乡的文化与生活。

绿十字最初来的是时候，村镇干部总是对我说，城市真好，哪一天农村要是像城市一样就好了。我说城市没有草垛，没有树叶，没有猪、鸡、狗……

我想，农村与城市的两种景致，两种美丽，是两种不同的文明。城市就像男人，乡村就像是女人，男女是不可能一样的。今天来的很多人，包括专家和学者，还有政府官员依旧认为农村应该城市化。他们认为世界都应该城市化，或城镇化。我是坚决反对的，因为我认为农村和城市绝不能相同，就像现在的城市建设越来越雷同化了，许多小城市失去了独有的特色与魅力，抛弃了传统的文化。于是，我只好从农耕文明到现代文明、从人对生活的基本要求到人的终极目的，一点一点引导村镇干部，让他们知道，中国有自己的国情，不可能马上把农村变成城市，更没有必要把农村全部变成城市。

我们要从中国农村的实际出发来谈发展，就是要把农村建得更像农村，即田园诗歌般美丽的农村。只有这样，未来的农村才有可能成为最好的一片净土。城乡差别只有拉得越大，相互依赖的关系就越大。当然，我说的这种差别不是要拉大城乡收入差别，而是要在生活环境上，做到城乡的差异化，使城乡成为互补关系，这就是未来农村发展的经济动力。

群众和干部经常与我交流，这个过程有几年了。干部和村民渐渐地对环保、生态、垃圾分类、绿色农业和生态建筑等社会最流行的名词开始理性地了解。他们说到这些名词时都能有模有样地道出一二来，这让很多城市人和来这里参观的人刮目相看。

渐渐地，农民开始意识到原来自己的家乡很美，秋叶很灿烂，鸡鸣狗吠也是美妙的音乐。

记得在3月初春来时，我在几家很脏的农民家门口，对他们说，能不能把垃圾清理一下。农民说不用，习惯了。我想了想又说你能不能种点花啊，农民说种花很简单，马上就去弄。于是他们按要求种上了花。我再次经过他们家时，我看到的是花，花开得很漂亮，而以前的垃圾却没有了，我笑着说："门前垃圾怎么没有了啊"，农民说花开了，有花再有垃圾就不好看了。我听了心里有一种说不出的感觉，也给了我一种预感，什么预感呢？

真与假、美与丑、善与恶是不能并存于一体的，这就是花与垃圾的启迪。原来堆放垃圾的地方开始种花了，因为有花，垃圾就自然消失了。

余书记说，以前我们认为树叶很麻烦也很丑，现在不是了，秋天就是有秋天的美，特别是秋天的雨季更是一种诗意！一阵沉默之后，余说，秋天的雨夹着黄黄的落叶，随风徐徐地落，真的很美。这是秋风扫落叶，黄金铺满地。

这是我来五山最干净的一天。全镇在昨天动员之后，干部群众认真执行了政府指示。下午我和梁镇长检查了，嘿，我突然觉得这片土地就是一个新天地。

可是这里也还有太多事要做，就说农民的房子吧，城里人和专家都说难看，可是谁又会给他们设计或教他们盖好看的房子呢？我又没有时间，每次去五山都能看到几栋难看的房子又盖好了。因此，需要对农民进行基本的审美教育。农民只是看人家怎么盖他就怎么盖。如果我们付出一点点时间就可以帮助他们，盖出与乡村风景和谐的漂亮房屋，他们慢慢就会知道什么样的房屋是美的。

第八次

难在第一栋房子

| 2004 年 10 月 12 日 |

在襄樊赵建荣老师那儿看到图纸已被天艺茶庄老板尤帮立改到面目全非，最后没法做下去了。马上给镇余书记、闵书记、尤帮立发了一条信息：你们要建最好的绿色建筑，做一个生态艺术品，请你们不要随便改图纸，不然房子就由你们自己设计吧！

我知道我走后他们一定会不停地改，这就像一场观念斗争，是一场观念和审美的磨合！

每做一件事都是对农民的教育。其实他们在观念上认可的还是城市模式，而绿十字推行的是田园式的现代化乡村。

之后，薛斌开车，约上赵建荣一起到五山，来到茶场，我一看他们砌的墙，差一点没气趴下，根本谈不上什么艺术，完全是一个农村最劣质的施工队的“杰作”！我一看就上火，骂开了：尤帮立建什么破工程？见了村书记又骂：你不懂不要乱说，你还能比我懂吗？

画不好我可以收起来，不给人看；可盖房子，好不好看，我怎么能收啊？我最怕这样的事，这个房子少说要存在 30 年，我孙君就会给人家骂 30 年！我知道结果，可是我不来设计又有谁来设计呢？我真的很无奈。

闵书记见了尤帮立更是气不打一处来“叫你看着看着，看看这是什么房子啊？这是人干的活吗？”闵又转过头来对郑工头说：“你脑子怎么长的，砌的这是什么墙？”

红砖要找漂亮的那一面砌，可是你们砌的什么啊？一看就是只为挣钱，不是用心在做事。我又说工头老郑，缝、沟、砖……你就说得好，做得一点都不好！

一个上午都在吵架。工地负责人老郑是本地工程队的工程师，建过很多房子，说我设计的东西好丑，全部就改用红砖了。他表示，清水砖？哪有城市的样子，都是过时的东西，不好！“孙工！”（这是我在五山茶庄的另一个称呼），老郑说：“这些红砖太不规整，没有一组墙能砌平的，能好看吗？”我说：“我只看大感觉，不在意局部。你说最后粉刷，用欧式扣件贴一下，漂亮极了，可是你知道这房子 5 年以后的结果吗？建筑的外面只要贴上瓷砖就注定是次品，那些欧式扣件 3 年就破落不堪，粉的墙皮东落一块，西丢一块，你没有看到吗？”

我接了一口气又说：“你想想，李宗仁将军在中国的南避暑山庄建的薤山别墅为什么这么多年还是那么好看？明清民居建筑为什么几百年还是那么干净？就是因为用清水墙，门窗边有墙砖围着。我不想只两三年好看，我想十年、二十年、甚至一百年好看，你知道吗？”郑工看了我半天，最后直点头说：“有道理！有道理！”我又说：“再说我还想省一点钱做环境和内装修呢。你想农村盖完房子，屋里一贫如洗，四周垃圾成堆，你说行吗？这不是文明新村。要做得屋里屋外一样好看，卫生干净，将来有钱了我们再装修一下，你说呢？”

“孙工，我知道了，确实我们把钱全用在盖大房子了。其实我们住也用不了这么多房，盖个一百平方，玻璃、门窗、屋前花园、家具就都有了。我知道了，知道了。这房子全部用的是最难看的红砖，这行吗？我有点怕，我怕以后不给我钱，我找谁啊？你到时一拍大腿就走了，我呢？”

我没有说话，拉着老郑的手来到墙面前，操起瓦刀就在砌过的墙上修墙，清掉砖之间的泥，过了半个小时，在场的薛斌，赵建荣老师等都说：“对！对！对！这样就好看多了。”老郑把工地的工人全喊来说：“就按孙工说的这样砌。”他说这很简单，就是费时啊。尤帮立说：“孙老师，你看这一块。”他拉着我来到一面墙面前。嘿！这面墙砌得很好啊，为什么又不砌了呢？

尤老板把手一摊，很生气地说：“原来你定好的全部砌清水墙，砌得很好。领导来说，怎么这样砌呢？你们是在偷工减料，不行，要全部粉墙！村支书也傻眼了，那怎么办啊！孙老师又不在，领导说了还能不听？那就不砌清水墙，瓦工们一听可高兴了。”

每个领导来都会说自己的看法，哪一个都不能得罪。这几个月每三四天就有领导检查，真累、真烦！这些领导为什么就不知道他们的一句话会给下面的人带来多少麻烦啊，真叫人头疼！

第二天上午去茶庄检查施工情况，基本达到我的要求。尤老板来，又继续谈主楼构造。每次谈到房子，我们之间都会发生争吵，再加上老郑总是站在他那边，这就让我觉得很累。

比如说大门吧，总共 16 间半的房子，他非要做一个 5 米宽的大门。我说太大了，门占了 1/3，门大就显得房子小。老郑说要气派，门就要大。我说：“你们是想突出茶庄还是突出门啊？”尤老板说：“做生意就要做好门，招财进宝。另外，后门不能有窗子，要开了窗户，财气就会跑了。”我一听，吓了一跳，赶紧把后门的窗户堵上了。尤老板脸上露出了笑容。尤老板镶了一颗金牙，一笑那颗牙在阳光下就有光芒，很显眼，那笑容就有种在数钱的感觉。

中午县委组织部陈部长陪市委组织部雷副部长来堰河检查“小康示范村”，为的是要在这儿开现场会。市、各县分管领导及宣传部等近 100 多人要来这里参观。为了这次检查，也不知有多少领导来做前期准备了。一路上镇领导唉声叹气，叫苦不迭，今天领导叫这样做，明天领导又叫那样做……忙得头都晕。闵书记说他这几个月什么事都做不成，整天陪领导。

晚上我们在一起聊天，镇党委书记说，牢骚归牢骚，晚上还是要组织书记、村长开会，交代明天怎样向领导汇报工作。余宝军说，领导来检查是对我们工作的肯定和支持，就是时间不够用呀，要不然我还想做一些事。

余说这些年来我们投入了不少钱，做了很多工作，可回头看看刚做好的事就落后了，群众又不满意了。可垃圾分类，这是多难的事呀，而绿十字在很短的时间内就说服了群众。现在农民自己要求垃圾分类，这就是观念转变了。这些观念比钱重要，也是不能用钱来衡量的，观念比钱更有价值。

“五山项目”得到政府（市、县、镇、村）认可，并很快纳入政府工作计划、村支两委的工作重点。在十个月的时间内，五山镇政府专门下了两次文件，把此项工作提高到比计划生育还要重要的位置。2004 年又专门下发了《关于开展垃圾分类处理专项督办的通知》的 10 号文件。文件中这样写道：督办初步定于 10 月 25 日开始，集中一个星期左右时间，逐步对单位、村、组检查。检查结果不仅在全镇通报，而且纳入年终干部考核。我想这也许是中国农村第一次把垃圾分类纳入干部考核制度。

圣人制定法律，聪明的人遵守法律，愚蠢的人违背法律，我与余书记做的就是制定乡村“法律”的圣人。我常常开玩笑说他当镇党委书记可惜了，他笑着谦虚地说：“正好、正好！”

这期间余宝军一直不愿叫“五山模式”。他说“五山模式”是你们 NGO 或社会的叫法，政府不能叫，我们还是叫“生态文明村或小康村”。我说一个项目应该有它自己特定的名称，就像孙君、余宝军，人们一听就知道是谁。而“生态文明村、小康示范村”是通用名词，全中国的村都能这么叫，这是什么名字啊？余笑笑不说，我也不再说了，于是政府和绿十字各叫各的项目名称。

我与余宝军、闵书记各自代表自己的利益，余是政府的利益，我是 NGO 的利益，闵是村里的利益，我们之间有时合，有时不合。在不合的时候，我基本是不让步的。

垃圾分类对增加村民的经济收入还是很遥远的，可为什么能在五山迅速推行呢？

我在西湾、下七坪、黄垭、田河、堰河进行户访，问他们怎样看待村里搞垃圾分类。村民回答得都很简单，这是好事呀！原来村里很脏，到处是垃圾，门前门后、田间地头无处不见。现在好了，到处干干净净，比城里还干净。他们看到堰河村那么干净，都很羡慕，真希望他们村也能和堰河村一样。村民不停地给村干部压力，村干部也开始考虑本村的发展了。

我在陪一些记者来堰河采访时正遇上李大爷，他见我来了，就一定要我们去家里坐一下，我笑着答应了。

我们跟着到他家，他从墙角拿了把椅子放到离我们较远的地方，我笑了笑，又把椅子移到离他很近的地方坐下。其实生活中农民的感情是很细腻的，他觉得我们是专家和学者，与我们有距离，所以他很自觉地把椅子放远。当我又把椅子移近的时候，他的眼睛是笑眯眯的，会觉得我们是他们的一员。

他烟头在地上按了按，看看确实灭了，才走到屋外，把烟头放进七八米远的垃圾桶里。在场的记者看着这个细节一句话都没说，回到住处才对我说，这才是真实生活中的文明！

在堰河村原来是希望用垃圾分类来推动绿色经济，从生态农业到生态产品。然而一年多过去了，村民并没有多少经济上的收入，更多的是人力、物力的投入。但垃圾分类已融入了他们的生活习惯，这一点可能是绿十字最大的成就，也是我最值得骄傲的地方。

很多村民说，这是闵书记要我们做的，这几年他带着我们村民干了不少好事，只要他说要做的事就不会错。闵黑子（闵书记的小名）有本事。

“五山模式”就是在这样的条件下，艰难地往前推进。这些条件就是余书记、梁河桥、闵书记、运会长这些干事的人在一起推进一件事。余书记说五山有今天应该要感谢茶叶专家刘显庭和前任镇党委书记陈炜波，是因为五山人杰地灵，才有可能更好地发展。五山是幸运的，要在其他地方早就停下来了。

河北定州瞿城村，北京昌平兴寿镇、怀柔神堂峪镇，南京六合镇、高淳，安徽马鞍山翟里镇……要建“生态镇”、“绿色村”的口号满街都是，可是一到做就很难有务实和实干精神了。机遇并不是天天有，机会却是绝对公平的，一定会给那些不停努力和实干的人留着。

堰河村在按规划一点点推进，谈不上科学。农村工作规律性很差，为什么？就是没钱。不过十个月来，两个村在没钱的情况下，靠村民双手的努力，镇政府用了吃奶的力气一点一滴支持着两个村的发展。特别是堰河村的村民，把梦想一厘米一厘米地延伸：垃圾分类、环境整治、沼气改造、茶庄建设、有机茶生产、兴修河坝……我有时都不敢见闵书记，一个一米八的汉子为村里的发展，为了钱，常常暗自落泪，我心里很难受！

规划在农村是最没谱的，有很多事没有落实，又有很多事是提前完成；很多是后来领导要加上的，更有不少是为了应付领导检查临时做的。从中央一号文件之后，政府很多工作有了新的改进。比如，村里要有各方面的标语，内容很贴近生活。建沼气池是好事，那是政府要做的事，老百姓很欢迎，村干部不能推诿，堰河村群众现在抢着要建。村里要建文化中心是宣传部要做的，很快推行了，群众很欢迎。比如农家乐就提前一年，而茶庄就推迟建了。

这里的一切渐渐地超出了绿十字的规划中，这是为什么呢？有时我在想，假设有资金（10万）注入会怎样？假设带来马上就能让农民致富的项目又会怎样？假设余书记调离又是怎么样？我不知道，农村就是农村，农村与城市是两个完全不同的建设和规划的体系，生活、生产也完全不一样。城市是“集体”的概念，农村是“个体”的概念；城市的发展有金融的支持，农村的发展是靠田边地头一点点的收入；城市的大学生和高中生多找不到工作，农村——如堰河村 26 年了，几乎没有一个大学生回到这里，特别是乡镇主要干部每两三年就要调换一次，乡镇只是一个中转站……

所以农村很难有一个长远的规划。人不稳定，心就不稳定，规划自然也就随着四季的变化而变化。

第二次来五山的时候，“五山模式”就已经基本有了定位。那时我的心里充满了信心，同时也有很多担忧。

充满信心是因为有余宝军、梁河桥这样有改革心愿，希望“三农”问题有新转机，渴望农村税费改革之后乡镇机构工作职能有所转变的领导。我的担忧也是因为余宝军。因为在余宝军的潜意识中，不能满足现有的工作和工资，在 45 岁之前，他还应该有新的选择。我们在交流的过程中，他多次说到，对做官没有多大兴趣，每天的事就是：开会、吃饭、喝酒、汇报、检查，想再往上的可能性不大。小官我又不想当，所以对做官就没有兴趣了。现在他就想再用一年的时间把“五山模式”、“五山日记”、“五山茶经”做完、做好，也算在乡村工作中划上一个完美的句号。我想“下海”、想“经商”，他女儿要上大学，现在的工资也只能对付。将来女儿还想要出国，没钱怎么办？她必须在 45 岁以前下海，否则就没有机会了。

我说：“你有这么多工程，难道没有一点灰色收入吗？”

“不敢！”余说，“我曾对镇村干部说过：给农民修马路的水泥谁敢多卖一分钱，就开除！这是没有商量的，我们镇正因为是这样，所以在全县五山的马路修得最好，水泥标号最高……我不想靠这些发财，太危险，我想当一个干干净净的官。钱多就多花，没有也能过。”

这就是我担忧的，因为我了解余的心思。余说：“有一位外商朋友想请我，台湾老板想把公司做大，已和我谈了，让我做总经理，我想试试。”

我问，他能给你多少工资？他说：“他们请台湾管理者，年薪是 30 万，我怎么也不会少于 10 万吧？不然对我太没有意义了。我现在的工资一年也只有 2 万多。我想做到明年五六月份，完成中水、茶庄、沼气改造、环保展厅、茶经、五山日记、凭风亭、茶坛，再有一个电视剧，我就能安心地离开了。这样将来到任何一个地方，我就有人生价值资本了。”

也正是这样，我在一年时间中来了这么多次，目的就想把这件事推向一个高度，不然这件事就会夭折。这件事只要基础做好了，就可以了，因为堰河村书记要做，堰河、田河村农民要做。文明、富裕，不仅是余和我想要的，也是堰河村、田河村的农民想要的。

通过余宝军、闵洪彦两个镇村书记的现象说明中国“三农”问题主要缺的是人，是有事业心、有实干精神、有文化、有思想、有觉悟的人才！“五山模式”如果说成功的话，那“人才”占了99%。

14日的早晨我到堰河跟领导一起接待了一大群上级领导。闵书记汇报，开始还有点紧张，结结巴巴的，后来就好多了。他的大致意思是：

1. 堰河村党支部的堡垒作用，请领导放心！

2. 堰河在走生态经济、品牌战略的路子。

3. 堰河人从小事做起，从垃圾分类开始，促进了村民的文明，养成了好习惯。因环境好，带动了旅游茶叶经济。

4. 请领导放心，我们要依靠科学的发展观，把堰河工作做得更细、更实、更新、更深！

哈哈！最后几句话可是余宝军和我昨晚嘱咐的，还真派上了用场。这就是平时政治工作或观念转变的结果。他说完身上也湿透了。

看到闵书记讲话我笑了，一个原本说话很自然也很本色的人，硬是给同化成官味十足的人，环境的力量真是太大了。

施工停下了！茶庄的建设越来越让我无奈，离我的要求是越来越远了。特别是施工质量太差，我气得快站不住了。没办法，这是在农村，我只能面对他们。

我去看正在建设的茶庄，有佛像的那面墙，我怎么看都不对劲，就把老郑叫来。我对他说，现在我就是做4格也要2.88米，还差28厘米啊。我要他再下三块砖，郑工坚持不干，说除非闵书记加我钱。我是做活的，你是做艺术的，是吃饱再做事。你的笔画一下就是高楼，我要用好几年去盖啊！这些是你们的事，反正我按图纸做！

我问图纸，老郑说找不到了，我气得半天说不出话来。

我对老郑说“你的工程很不合格，我没叫你返工，也是怕给你带来损失，可是这是一面最重要的墙！你就砌三层砖不行吗？”

“不行！不加钱，我宁愿不做，我只认钱，帮我干活的人也只要钱！”

老郑的话把闵书记给弄火了，脸颊红里透黑，翻着眼睛对老郑喊：“你不做就滚回家！”

天艺茶庄是在吵闹的过程中建起来的，很无奈，我对此没有一点办法。

谷城规划设计院赵程刚副院长、还有一个设计师和我一起在西湾、田河、堰河、黄亚村选茶场的地址，下午5点多钟到堰河。对堰河茶庄，赵院长发表了很多不同的意见：

第一，房子的方位不好，应该坐北朝南；第二，应该是开放式的，那样就与自然融为一体；第三，走廊应该是2.1米，现在1.5米太窄了；第四，四周的走廊应该是回廊才显得完整，主楼不能像穿裙子，从中间穿过去，要有一个点突出；第五，离马路太近；第六，四方形太难看，这样的房子谷城很多，没有独特的风格。

茶庄设计赵以为极不合理、不科学，需要调整。我听着基本没有反应，因为图纸与具体实施之间有很大的差距。特别是农民的审美观念、施工技术、资金的短缺等都在制约着实施。设计不考虑这些就没意义了。

赵程刚院长有一些想法很在理，走廊我马上改成1.8米，走廊主楼改成框架式，不能像穿裙子一样。其余的我就改不了啦，这房子能盖成什么样，现在只有天晓得，还有一个人晓得就是老郑！

茶庄设计了10个月已改了无数稿，每改一稿都会有很多次争吵——设计者、投资者和施工队之间的争吵。问题的关键是每次都是施工队获胜！而在城市正好相反。

这就是我面对的农村。

记得3月份去田河村，听说经费不够，给学生们吃的米有霉味。余书记知道后，大发雷霆，责备他们以后绝不能再发生此类事，可是校长小声回答：“如果不买低价米，饭都没得吃，怎么办啊？你给我吗？”

余书记转过头对我说了一句话，让我至今都难以忘记：“我们未来要面对的问题就是农村的教育问题。我们这里还算是比较好的地方，人均2600元，这里的教育都这样，那西部或更穷的地方怎么办？”

同在蓝天下，同是九年义务教育，为何城市和乡村有这么大的差别呢？现在城乡人均收入比在3.6:1，而教育竟然相差10倍！不可思议。

有这样一句话：再穷不能穷教育。可在我看来这句话应该反过来说，我们穷的恰恰是教育。

是啊，校长外出打工了，教师卖茶叶了，教学水平实在是令人担忧。我生活在都市，都市的孩子是什么样的教育啊！特级老师、贵族学校、家教、科技馆、少年宫，周末的美术、音乐、英语、奥数兴趣班；而在年人均收入2500元以上的五山农村小学还是如此寒酸。我把这件事告诉了朋友们，他们与我一样，一声叹息。

在堰河小学我与校长一起晒太阳。已是秋天，空气中有一股浓浓的稻谷香。我们俩靠在一面破墙上。他说，我们这里还好，在马鞍山村有一个小学，只有七八个学生，一个老师，从一年级带到三年级，那才叫艰难啊！

未来城市与农村的问题，不会现在显现，而是20年之后。那时中国农村可能有钱了、幸福了，可因教育的滞后，农村的科技、文明、文化必定会阻止农村奔小康。我所说的小康不应该只是有钱、有房子、有电脑，而是有文化、有品质、有理想和信仰、有优美的环境。如果仅仅有钱那就像现在的暴发户，就像现在某些有文凭没文化、有知识没信仰、有钱没道德的新一代。

这次五山之行基本完成了茶庄生态建设的框架设计。这些天，我深深感受到城市与农村之间观念的差距，强烈地体会到人与人之间的文化、审美的距离，这里不仅是指农村，同时也指城市那些学历很高的人。

堰河村的问题目前是什么？

垃圾分类做得还不够细，对垃圾的后期处理还有待深化。

我不赞成马上推广“农家乐”，如果管理不好，会有很多麻烦。在农村，每户的利益非常重要，这一点在地球村就曾遇到。

村里有人打野兔、野猪等野生动物，还津津乐道地向客人介绍，吃的人更是没有感觉，这是严重的问题。

完成五山茶庄工作就要返回了。余书记说：“每次你来五山我都很忙。这次再忙也要陪你在城里转转，唱唱歌，跳跳舞，放松放松，晚上我送你上火车。”路上，余书记说，他月初去杭州考察作了一首诗，也不能叫诗，因为从来没有作过，我读给你听听：

偏安一隅南宋国，万千佳丽难吞戈。

靖康血耻早已过，彩蝶纷飞绕城廓。

我笑道：“你这最后一句‘彩蝶纷飞绕城廓’写得非常棒！很形象、很美，突出了杭州有‘爱情城’美称的特点，好诗！”

下午我们在唱歌时余书记对我说，这次去杭州感受很深，特别是和你接触之后，对美的概念大不一样了。在杭州我看到六和塔、钱塘江、岳庙、古树秋色，觉得非常美，原生态的自然之美；杭州的一草一木都与三潭印月、许仙白娘子的美融为一体。杭州之行也使我在这四十多年中第一次写了十首诗，这叫有感而发，也叫借景抒情吧！

这一点不仅仅是余书记，闵书记和堰河村的村民都在接受乡村自然美的概念。一个不爱美和不爱花的民族是一个不善良的民族，这是小道理，也是大道理。可是有时要想转变一点点都非常艰难，特别是还处在相对贫穷的农村就更加艰难。

前些日子，余宝军对我说，以前我们看到秋天地上的树叶感觉是垃圾，很脏。现在思想转变了，有了秋风扫落叶，黄金铺满地的念想。我笑了，笑我把美的眼光与视觉付给了一方地域或政府，余书记转变了，一方土地就美了。

有一点我不明白，就是中华民族的审美能力在随着社会经济的进步而逐步倒退。我们回头看看中国明清时期的建筑、用具、家具过了几百年了，依然经典。我们再往前看看唐宋时期的诗歌、词赋、雕塑等文化遗产到今天还在深深地影响着全世界；春秋战国时的诸子百家，哲人圣人层出不穷，他们也为我们留下了大量的精神遗产。河北定县翟城村普通农民住房的建筑工艺的精美会让你想到100年前的国人对生活和美的态度。而我们今天的城市建筑很多属于建筑垃圾，农村建筑更加谈不上实用功能和美观，所以农民每十年就重建一次，这是中国民间财力巨大的浪费！

傍晚我在镇社区看茶庄选址。时间晚了，有一个茶老板非要请我吃饭，并叫了五个老师陪我。吃饭之前，茶老板问我：“孙老师，你认识我吗？”我愣了一会儿说：“记不准！”茶老板喝了一口酒说：“我听过你的课，还做了笔记。”“是嘛？你爱听？”我问。“爱听爱听，讲得好！从那以后我就天天找社区干部，吵着嚷着要垃圾分类……”哈哈！我笑了，还敬了他一杯。

在真诚沟通和良好互动的基础上，规划中的各项生态工程建设得以顺利实施。“五山模式”也许不可能直接解决五山农民的所有问题，但希望在剧烈变化的社会背景下，激活“农业、农村、农民”宛如一潭死水的困局，激活即将沉睡和迷茫的灵魂，尤其是广大农民内在的生活和生产积极性，通过小事牵动大事，来改变观念、改变生活方式，谋求政府、民间环保组织和农民所共同渴望的可持续发展。

第九次

人在北京心在村

| 2004 年 10 月 22 日 |

每次在襄樊我总觉得有点孤独。一个人行走在农村的路上，我总想到在中国大地上独自行走的绿色行者叶榄，十几年了，他又是怎么过的呢？不可思议。每次去农村我总是与叶榄交流，这第九次之行，叶给我回了一首诗：

为绿苦何怨，因爱走四方。

心怀大自然，何处不家乡。

五山期间，让我最开心的是，封宁、老高和荣老师带了 25 个学生，还有中国科技馆李元潮来五山。我兴奋之余作打油诗：

中秋两无声，绿染小康村。

堰河遇故人，欢乐把酒樽。

来了五山就不想回北京，因为每次来，就有新感受，这种感悟在城里是绝对没有的。叶榄常常给我发一些很让我深思的句子："我理解兄长的难处，慎重如始则无败事。"

惠黎基金会在北京的负责人樊英在此次襄樊之行途中给我发了一条短信："诗人徐刚在《地球传》里写道：生命永远在流浪的轨迹上，那些交叉就成了我们的情结。随它去吧，如此看人生，一切便释然了。"

人应该属群居动物，人也是以类聚。这时的我不知道应该以城市类聚？还是以农村类聚？我明显在情感上向乡村转移，这种转移含有一定成分的同情和怜悯。我也知道这些感觉中感性的成分太重。

离开五山我接到余书记短信："《五山茶坛》文章改了一篇。有个问题要注意，茶坛的意义重在弘扬茶文化，尽管有信仰的含义，但不可过于强调，否则会有人认为我们在搞宗教活动!"。我立即回复："好，我同意!"

在"五山模式"实施的过程中，我们就是这样不停地沟通、辩论、讨论模式的可行性。"五山模式"做到今天，应该说我是幸运的，绿十字是顺利的。12 月 11 日自然之友理事康雪邀请我到"天下讲坛"讲座，我想让余书记来一起讲，目的就是让大家知道中国农村并不是我们想象中的悲惨，更不是遍地村霸村匪。我只想告诉大家一个真实的农村。

这几天襄樊亮点设计师赵建荣老师总不停地给我发信息，说茶庄设计图已做好，他们也不来取，怎么办？我要他与余书记说，余已和村里说了，可是他们就是不来取。还有，如果来了不给钱，给他们图纸吗？

还有好多烦心事。太阳能灯好不容易买了六盏，可有四盏不亮。那边天天打电话来，说灯不亮老百姓就埋怨他们乱花钱，花 3000 多元买的灯不亮……村里还有 2750 元没有给太阳能灯厂，还有 2500 元没有付给设计师……

"五山模式"快成了"五山问题"，我就是在理想与钱、人与人、生活与理念的不断摩擦之间去工作。好在我与五山镇在发展理念上没有太多分歧。我从来不在意小事，也不爱操心这些事，因为我不想让这些小事影响我的心情。这些小事我知道也假装不知道，对我而言大事就是确保"五山模式"完成。

很多小事不要太计较，这些小事我以为就像人生病，小病过几天就好了。

在这之后，就回了北京。有一天我突然接到一个电话，对方是女性，要我猜她是谁？我在想能这样问的人一定是我熟悉的。我很快猜出对方是襄樊市宣传部部长马黎。马黎笑问怎么能猜出她啊？我也很意外，因为我们之间在一年中几乎没有通过话。不过

“五山模式”是我人生中非常重要的实践，而“五山模式”缘于马黎，缘于2003年8月28日汉江的游船，缘于我们的“君子之约”。

谈话中我能感到她超群的工作能力，踏实的工作作风，“五山模式”应该说是在她的关心和支持下开始的。我去了五山九次，只见过她两次，而且只是简单的礼节性见面，但我能明显感受到马部长在工作中所具有的渗透力。她告诉我，同时也批评我说：“你为什么每次来襄樊不和我联系呢？”她非常了解我的工作，她在NGO工作了很多年，并有过很骄人的成绩，这点我深信。也让我感觉到我们之间的距离不远，为我们的合作提供了好的背景。

她说：“孙君，我们都到堰河村认个亲戚吧，那儿现在很漂亮，处处能看到你留下的影子，这很让我感动。”我说好啊！堰河才一年多，要是再有两年，堰河、田河就不一样了，文明和发展还是需要时间和实践的。

我要她办公室的电话，马黎告诉我，打手机最保险。她又想了一会儿说：“告诉你我家的电话吧，那样更保险。”我们第一次见面时，马黎就像朋友，一个到现在还留在记忆中的朋友，我们之间的感觉很像是老同学。

下午我正在画画，画《晏阳初》。阳光真好，照在画室里，画室里散发出好闻的松节油味道。

12月4日用一天时间完成了五山讲课初稿。在内容上我最后决定以五山日记形式来讲“五山模式”的过程，因为我面对的主要是北京的NGO，他们要听真话，要想知道怎么做、怎么理解NGO与底层之间在观念上的沟通、怎么理解政府与NGO之间较为微妙的利与名之间的交换，更重要的是北京绿十字怎样说服农民去垃圾分类？可是这些话题太大，根本无法说清楚，用日记的形式来说明“北京绿十字”是用什么心情和信心去对待做事的，是怎么样由感性转入理性的。

有些话面对面不好说，我在日记中就可以说。我们没有行政权，没有金钱支援。我们只有一点点精神和知识，就这一点点东西也会让很多干部看到社会中需要的价值，中国（农村）特别需要这样的价值。

12月上旬余书记来北京绿十字办公室讨论“五山模式”。因封宁提出叫“模式”太大了，成熟了才能叫模式。接下来，引述当时大家谈话的内容来说明这个问题。

孙光玥是一个思想很敏锐的人，她的一段话明确了“五山模式”。“五山模式，成功不成功不要紧，就算是失败了，又能怎样呢？只要对农村有好处就可以了，政府和专家爱说什么根本不要紧!”

孙君:“是不是模式并不重要,我们只是想做一件事,这件事总得有一个名称吧?我叫它‘五山模式’,就是一个名字,不叫模式叫什么?那为什么不能叫模式呢?”

封宁:“五山模式是可以推广的,现在只是试点。”

光玥:“五山模式是一种方法,模式是方法而不是内容,是合作方式。方法是关键,方法和内容谁是第一位,结果是一样的。”

余宝军:“我同意,这个模式应该是方法,是向别人推广的方法,而不是内容。”

孙君:“我们的方法就是生活,就是走进乡村!”

余宝军:“就是走进乡村。好!这是特点,我认为三方合作非常重要。你说的生活那是内容,还不全。”

光玥:“我们的方法就是从小事做起,就是走进乡村,三方合作,教育农民,重建生态。”

余书记:“走进乡村,三方合作,融入生活,重建生态。”

宋庆华:“不能用教育农民这个词,教育不是交流,教育就是传播,NGO 把教育看成一种不平等的感觉,不好!其实我们在教育农民的同时,农民也在教育我们!”

孙君:“晏阳初在定县时,经常说到开启民智。”

余宝军:“开启民智这句话好,乡村实践不仅仅是现在有人做,80 年前就有人做。‘五山模式’是沿着前人的路继续在走,我们就叫‘走进乡村,融入生活,三方合作,开启民智,重建生态’。”

闵书记:“离不开政府和党的支持,这是工作的关键。”其实闵说的是真话,在中国做事还真离不开政府,可是政府又有那么多的问题,政府对 NGO 那么不信任,在政府看来 NGO 是非政府,非政府就是反政府,所以我说五山政府能接纳我们就很了不起啦。

余宝军:“五山成败与否无所谓,只怕给绿十字抹黑。要把握火候,大不了不叫模式。我们不管它是成功典型还是失败典型,只要能出名就行。只要五山出名了,茶叶就出名了。我们只要生态经济化!我们又没有做坏事,怕什么呢?是怕给绿十字带来不好的影响,还是慢一点。”

此时我在想“五山模式”的核心是什么?

12 月 11 日上午起床后,饭也没吃就忙着改幻灯。这次幻灯做了很长时间,能用深

堰河村民

入浅出的方式说明“五山模式”。最后我还确定以“五山日记”的形式来作为这次演讲的主题，把实践与梦想在日记中述说。因为日记很真实、很感人、也很直接。

我是一个很粗心的人，可是到了该细心的时候还是很细心的。

受“天下讲坛”之邀，下午 2：00 在北大资源大厦 711 室讲课，内容：五山乡村实践与梦想。

北京大学可不是一般的地方，来听讲座的人形形色色。正因为这样，我把题目定为“五山实践与梦想”。“五山”是地名；“实践”是在进行中，还说不上是成功和失败；“梦想”是一种愿望，是绿十字的企望。

同时邀请讲课的有：

余宝军，湖北襄樊谷城县五山镇党委书记，“五山模式”的积极推动者。主讲内容：税费改革之后的五山之路；作为地方政府官员对于新时期农村工作的分析与探索，分享农村改革的心路历程。

闵洪彦，五山镇堰河村书记，生态文明新村的实施者。堰河村是“五山模式”的两个试点之一。主讲内容：以村民的视角、亲历者的身份讲述当前农村所面临的种种机遇与挑战。

这是有 NGO、政府、农民、专家、大学生共同参与的对“五山模式”的一次深层次的对话。

一个村的乡村建设一下要到北京大学的“天下讲堂”来讲课，这对山区的一个村来说是不可思议的事，特别是村书记还要上台讲课，在北大的讲堂那更是不得了的事，镇、村和绿十字都很重视。

五山实践对于绿十字应该说收获颇丰。在一年多的时间中绿十字由感性认识转入理性认识，由都市人的文明走入农村现实中的文明，更多的还是通过乡村生活了解到理论与现实之间的巨大差异。这种差异对于我们就是宝贵的文化和知识，就是我们这些没有生活在农村的那部分人的本源文明。

五山实践让我不断地想起 4 个人，定县乡村实践者晏阳初、社会学家费孝通、“三农”问题的改良者温铁军和李昌平。

会上闵书记把千里之外汉江水也带来了，这是未来流向北京的水。水烧开了，泡的是五山的有机茶。

人陆续来了。上海陶康华教授第一个到，从上海赶来参加这次“天下讲坛”。中科院王小亚，社科院龚益，《半月谈》主编王永前，21 世纪可持续发展中心陈琨，国务院发展研究中心研究员、社会发展部副部长林家彬都来了。《农民日报》张蕾是第一次见面，《中国环境报》步雪琳也是第一次认识，社科院于法稳研究员，清华大学和北京大学教授，《劳动午报》、《晨报》、《中国青年报》等报记者都来了。

地球村来了很多老熟人：金微微、宋庆华、栗利、薄树莲、石林、边映男、王华宇、李莉等。

这次活动留了 40 分钟对话时间。地球村李莉就“耕地、水泥路、垃圾不能填埋”等提了问题。我认为她是一个一点都不了解农村的人，所以才有这样的提问。

余宝军说：“水泥路？我们还想让农民走几辈子土路！红砖我知道不好，可是不用红砖用灰砖，我们那里没有，农民难道不盖房吗？耕地？谁不知道只有工厂才赚钱，只要农民一事一议，村两委没有意见就可以了。县管不如村管。我们很多人说了解农村，刚才那位地球村的人就不了解农村！再说垃圾，我们能卖的就卖了，卖不掉的只能埋了，你们北京不也埋吗？难道北京能埋我们就不行？你们提的问题在我们看来很幼稚。”

会议结束后，余书记、闵书记还给我、龚益、封宁颁发了堰河村“荣誉村民”的证书。我是第一次拥有“村民”这个称号，在延庆地球村我可是“村长”，现在成村民了。其实在我心里，自从第三次与大伙一起踏入五山这片土地的时候，我认为我就是五山镇堰河村的村民了。这种身份的转换已经得到镇村干部和村民的认可，说明我给自己的定位对了。

在回家的路上我收到社科院龚益研究员的短信：“首先祝贺你的成功，五山实践，着实不易，若无孙君，绝无此戏。”“五山模式”是一个以绿十字的行动和观念为中心，靠众人的智慧实践来完成的，这里余宝军、闵洪彦应该说是核心人物。

这次“天下讲坛”的收获是把两个人的名字弄明白了，余书记、闵书记总共六个字我写错三个字。这就是我做事的风格，生活中的小事我做不好，工作我还是很小心的。

今天在会上有很多人提出：什么是“五山模式”？有可复制性吗？是农民自己想做的事吗？他们能有自己的协会吗？镇政府能否就“五山模式”做一个研究所？搞生态文明村都像你们这样占用耕地，那还叫生态吗？中国农村有这么多地吗？政府一再规定禁止使用红砖，你还整个房子都用红砖，你的行为文明吗？

会下，有朋友对我说：五山才刚刚开始，叫模式太大了，比如“深圳模式、苏南模式、大寨模式”，那是一个很大的系统，而五山呢？

天下讲坛，百家题、千家言！好！这样的讲坛我才认为有实质性的意义。这些话题和建议对绿十字来说是不易听到的，也是我们在今后要小心注意的问题。什么叫研讨？这就是研讨。在这之前我打电话给陈琨老师，说我想请他参加“乡村建设的梦想与实践”讲坛，陈老师说你找我，我可是会提意见的。我笑了，我说我知道，才请你的啊！

我一直以为有问题是正常的，解决问题的过程就是推动着过程的发展。

“天下讲坛、绿行天下”这是我给讲坛的题词。

谢谢“天下讲坛”为“五山模式”提供的平台！

谢谢到会的朋友们！

谢谢工作人员和绿十字的志愿者们！

会后，收到一位陌生朋友的来信。

孙老师：您好！

有幸聆听和了解您及两位书记在五山的有效行动，使得当地的农民能接触到“文明”和“生态”的理念，并直接改善了他们的生活质量，很钦佩你们！

对于那些对你们的行动及细节怀疑和挑剔的人，最好的回答是让他们做出一个实践，使五山的农民在现有的基础上提高生活品质和可持续发展的后劲。他们有这样的行动力吗？有这样的勇气吗？恐怕除了口头的语言和挑剔的劣性，他们什么也没有！

所以，行动最美！

今天从图片上看到了您的两幅杰作，很美。不知什么时候有幸能欣赏您的其他佳作？

再次感谢您的邀请。祝一切顺利平安！

李欣平

欣平：你好！

这些年我已习惯了别人的批评。那是讲坛，批评和争论也很正常。说就说吧，我会认真思考的！

我在很多文章中多次说到文明如果不注入到平平凡凡的日常生活之中，那就不是文明。如果中国68%的农民不能文明，32%的城市人是口头文明，那文明还有意义吗？

文明是大事吗？不是，文明就是小事。我在学校做联合国EPD的教育项目，就是希望文明和道德能作为环境教育的切入点，培养一种“莫以善小而不为”的中国传统美德。这叫“爱国从资源分类开始，文明从点滴小事做起”。什么是爱国？你分类了，就是爱国；你诚信了，你就爱国了；你做了一件很小的善事，那就是爱国……

我们现在社会就是缺少一种简单、诚信的文明。没有这些就是没有信仰，没有自律，没有一种社会的公益品德。

我很高兴你能来。你的孩子很可爱！

有时间来绿十字看看！

再次表示感谢，谢谢你对我们做的乡村建设的理解！

孙　君

在“天下讲坛”中不少人问什么是“五山模式”？能否用最简单的一句话告诉我们？我愣住了，一下还真说不清。后来我、余书记、闵书记和杨光泽在一场辩论中渐渐清晰和完善了“五山模式”的基本概念。

“走进乡村，三方合作，融入生活，开启民智，重建生态”，这就是“五山模式”的内涵。五山是地名，模式是方法，二者加起来就是五山的工作方式。

“五山模式”不同于很多模式，试点是堰河村，也可称为生活模式，叫“抓生活，促生产”。从生活层面入手，在吃饭、喝茶、扫地、走路中体现了一种新的生存状态。这种模式的成功就是习惯成自然，自然达到持续，能持续“五山模式”就活了，这就是科学发展观。

做“五山模式”的过程，其实是学习的过程也是努力开启民智的过程中。首先开启了我个人，得到收益最多的还是我，农民是我永远的老师。

只有当你融入生活之后，才能慢慢地体会到这份意蕴。在北京的几天，与闵书记、王富安在一起，经常能听到一些让我很感动的话，“我没有水平，可是我也没有水分。”“你们（北京人）不能浪费水，这可是我们的口粮啊!”“五山模式”是从感性走到今天的理性，这个理性就是与五山人共同完成的。

从 2003 年 12 月 19 日的第 1 次考察到今天的变化，并不是我能预料到的，因为这是一个没有一分钱注入的项目。在农村没有钱做项目，也没有背景，我不敢有太多的想法，一切只能在变化中找规律，摸索前进的道路。

绿十字刚刚建立，没有说话、展示的平台，原来做的地球村因历史原因又不能说。在这种情况下“五山模式”就是唯一的试验田。既是试验田，就不清楚是收获还是破坏!

随着来五山次数的增多，工作成就感也越来越多。这时我的想法也就多了，工作的内容也越来越细，五山离不开我，我也离不开五山。我明显感觉到五山的工作进展与我当年在延庆县的地球村很相似。延庆地球村在实施一年后就在社会上产生了很大的影响，环保、环境教育、农家乐、生态环境是延庆地球村的主要内容，也是今天五山堰河村的内容。我不停地担心，担心这二者之间的相似之处。

那时我与绿色行者叶榄、自然之友李君晖、社科院龚益、上海师范大学陶康华交流很多。特别是薛斌和孙光玥是我工作交流的主要对象，表面上我们笑呵呵，内心却一直惧怕重蹈地球村的覆辙。

“五山模式”做的几件工作是地球村未曾做的：一是有个完整的规划；二是这里有个主动性很强的村干部；三是我在这里只是助手和旁观者，村干部和农民是主体；四是理论工作与实践同步进行；五是专家和学者与“五山模式”的实践结合游刃有余，我的工作就是根据这里的需要调配五山需要的资源。

五山乡村实践明后年就会有一系列的活动：出版或发行《新农村——五山日记》、《五山茶坛》（有关茶方面的书）、《参与式发展实践手册——五山模式》、《五山的故事》（反映有关农村生活、三农问题和农村生态环境的文章、小说或电视剧）等作品，这些工作都由地方政府和村委会共同完成。

自开完“天下讲坛”之后，余书记与闵书记就没有睡好觉，感到压力很大。闵对我说：“孙老师这事（五山模式）搞大了，要是真的来人参观怎么办？”余对我说：“孙老师，你看这工作越做越有深度，工作的局面也打开了，这事闹大了！”因为“五山模式”还有很多不完善的地方。我为什么请他们来北京？就是想让他们能看到做这件事的价值。余书记想做到明年6月就结束“五山模式”的工作，这是我内心最大的不快和不安。我没有正面说他不能走，因为他那点工资确实让他有很大的生活压力，他想下海也是可以理解的。

我收到很多邮件和短信，其中有一句“‘五山模式’成功与否不重要，重要的是‘五山模式’给了我们一种新的工作方法，加油啊，绿十字！”

国务院发展研究中心的林家彬说：“我在‘五山模式’中看到农民、NGO、政府之间和谐工作，理念上默契，工作上共同艰难创业，我看到了五山的一种新的理念和新的生态乡村。”

对“茶坛”有很多干部不以为然，认为那是干嘛？是迷信。我说不是！是文化，是绿色经济。信仰是多样性的。有一个镇委书记嘲笑余书记：“你那儿又供了一个神啊（说的是我）。”余说：“那是中原文化。”我们农村缺什么呢？就是缺有文化、有素质的干部！在镇上有一个组织委员对余说：“你说的话要过半年我们才能理解。”

气度左右格局，性格决定命运。现在的不少干部会说不会干，要干也是做表面工作。闵说：有些干部就是急性子，做什么事就是要快，要数量不要质量。

“天下讲坛”让余书记看到了工作的意义。他说，这个工作越做越有意义、越有兴趣了。他对县委领导说，“五山模式”刚刚开始，我哪儿也不想去，让我在这儿再工作几年。我要等“五山模式”划上了一个完整的句号，才离开。

第十次

茶乡故事

| 2004 年 12 月 14 日 |

再次回五山，走进堰河村就生气，茶庄已改得面目全非。我问他们，图纸呢？他们说，一套给了设计院，一套给了茶叶管理部门，他们手里没有图纸。我听了差一点晕倒。没有图纸怎么按我的要求盖啊！

我气得说："我不管了，你们爱怎么盖就怎么盖吧。"

我真的给气坏了，盖的什么啊？你们想毁我的名声啊！

我想可能是因为上次老郑看到我、闵、尤吵得一踏糊涂，心里很不安，他要施工图才盖，可我画的是效果图。请县设计公司出正规的施工图要很多钱，堰河村政府又没有钱。农民盖房是不要图纸的，只要比划一下就盖起来了。我开始也画了施工图，可他们看不懂，效果图还好懂点。对面四家农民的房子只要一张照片就盖好了，何况我还画了效果图给老郑。

老郑很认真地看效果图，他一天天看着这红砖砌的房子，也觉得越来越好看了。特别是这次闵书记去北京讲课，说这房子是老郑盖的，在北京大学的电视上还放了，老郑眼睛都睁大了说："那不得了，可要好好盖。"我又对老郑说这房子将来在全国都会有名，那是他了得啊！老郑好得意。

说这话的时候，心想：我孙君还真是会糊弄人。什么对啊，完全在瞎编！也实在没办法，不把老郑安抚好，这房子还不知道会砌成什么样子呢。只要老郑能把茶庄盖好，我就是叫他皇帝老爷也行！

咳，我成了一个真正的受气包！

我在村里住的招待所里有俩女孩，有一次要我给她们画画，还要照相。照之前我说你们准备一点好看的衣服，化个淡妆。一小时后她们来了，我一看差点晕倒，那妆化得要多难看就有多难看。衣服是粉红色，配了翠绿色的裤子，不知在哪还找了一个礼帽。我笑着说："不行不行！"

两个小姑娘都说好看，我们这里流行这样！于是我按我的审美给她们照。她们看了问我："这好看吗？"我愣了。于是我开始关注城市与农村对于美的标准。这种标准是二元的，城市的美很好，可不属于她们；乡村的美我觉得不美，可那是属于她们的，二者之间有联系吗？

这时我想起我十年前的照片，现在看了就很难看。不过我也看过很多十年、百年前的照片还很好看。慢慢地我开始理解美的永恒性、艺术的生命力。今天我来农村就是想在这里做一些跨越时空的社会实践，比如说怎样用最简单的红砖建最漂亮的房子，百年以前的房子不是也很美吗？那年代没有瓷砖，没有罗马柱，没有铝合金窗……

农民现在的家具是一代不如一代，可是他们还不停地说要建五十年不落后的房子，要做百年不淘汰的家具，可现实中他们的房子还没有盖好就落后了。我说的落后不是在建筑材料和使用功能方面的，而是在审美方面的。我们祖先的审美是跨越时空的，不同地域的乡村建筑各具特色，传递着不同文化背景的信息。无论哪一个地域，乡村建筑莫不与自然巧妙地融为一体。

怎样在两种文明中寻找城乡之间共性的文化？

第二天从工地回镇政府的路上，余说："唉，我现在眼睛里一点看不得垃圾！"这句话余书记经常会说，这种观点在这里很多干部、农民身上都有明显的显现。在这之前，镇县干部都对我说，垃圾乱扔是农民几千年的习惯，我说不是！是你们乱说，中华民族本来就是洁身自好的民族，有最环保的生活方式，还天生拥有资源重复利用的优良品德。我记得 30 年前，中国到处都有物资回收站，中国是最早实行垃圾分类并循环利用的国家。堰河人今天能回归到曾经的文明，再次证明中国农民身上的优良品德。

路过茶庄时，闵对老郑说，你好好做，明天我给你 10 斤猪肉，说完就打电话通知“农家乐”。老郑瞪着眼睛问：“你真的给我 10 斤猪肉？”“是啊！”我笑了，闵书记也会小恩小惠？叫人家建花池，他给人家三包水泥，修个路给两包……

余书记要改造村里旧房，对闵说，你抓紧把旧房改了，谁改得快我就给 10 吨水泥！闵眼前一亮说：“真的？”余说：“我啥时骗过你啊？”闵低下头轻轻地对我说：“骗我的也不少！”

田河村要建茶场，上面拨了 20 多万元（含设备）。我上午先去看何湾村，后到了堰河村，中午去田河。时间非常紧，因为明天上午又要到宣传部，下午一点回京。

12 月 16 日我们到襄樊，顺便去看马黎部长，不巧马部长正在开会，一会匆匆赶来。

在马部长的办公室兼接待室里，余书记一进门就动手倒茶。马部长说：“一看你就不是沏茶人，你别动，我为你们泡茶。我这套沏茶的器具很长时间没有用了，今天孙老师和余宝军来了，我亲自为你们泡茶。”

言语之间马部长非常熟练地煮水、分茶、湿壶……我和马部长面对面坐着，在马部长泡茶的过程和水蒸发的白雾之间看到了马部长对茶的热爱，举止之间很典雅优美。我转身看着余书记说：我就希望茶乡的日常生活中能有茶艺，能让去堰河的人知道茶不仅是经济，还是文化；不仅仅只是“茶艺表演”，还是生活。

过后，我们来到襄樊南湖宾馆，同行的还有胡副部长、办公室韦主任，饭间我们主要沟通了“五山模式”未来的发展，余宝军在汇报，我不喜欢在不正式的场合谈工作，因为这样心静不下来。

席间我们谈到李昌平和温铁军。马部长说：“孙老师，‘五山模式’不能同他们混在一起，要用发展和积极的心态看待‘三农’问题，‘三农’问题是发展中的问题。”这一点我完全赞同。

余宝军说，“是的，给朱镕基总理写信的李昌平，我很敬佩。温铁军为三农呼吁说得很有道理。可到底怎么做？温铁军在定县乡建学院，我们派了三个人去了，还是没有结果。因为学院更多的是维权，也有农会。农会形式我看搞不成。”

有一个领导说：“是想造反啊！”

我看了那位领导一眼，心里很不舒服。马部长说：“现在的人提‘三农’问题，开研讨会，发表文章，可是问题之后是什么呢？那解决‘三农’的方法是什么呢？你孙君就是用行动、用实践、用智慧在做，而不只是想和说。五山就是一次以农民为主体的实践，很说明问题。五山也是襄樊市委明年的工作重点。一生中只要能做一件有意义的事足矣。余宝军必须安心在那工作。”

余宝军笑着说：“我对县委周霁书记说，我哪儿也不想去，五山刚刚开始，我想等五山完美地划上一个句号，再去下海也行。”

余宝军对我的评价：孙君是一个理想主义者，更是一个实践者。不是在书斋里研究问题，而是在实践中思考和寻找答案。从他的身上能感受到一种精神，一种可贵的恒心和毅力。

我对余宝军的看法：一个很现实、能左右格局的人（不太会与人沟通），一个“三农”背景下，想寻求新的“三农”之路的人。他思路清晰，谈吐自信（有时又过于自信），在农村基层工作了七八年，没有丢掉自尊、自律、自重。这非常难得！很多朋友说余宝军当个镇党委书记太可惜了，应该给他一个更大的舞台！这一点我也深信不疑。

五山应该按计划循序推进。晚上我与余书记就系列活动做了初步考虑：《五山日记》现已完成了70%，目前缺原党委书记陈炜波、刘显庭老师的资料；政府方面缺少马黎部长和文明办郭主任的资料。我还希望增加一些老百姓的资料。余书记说《五山日记》应该真实一些，日记就是要反映社会的普遍问题。五山有今天不是哪一任政府所为，是一个持续执政的结果，回避这些就不真实。这个道理我清楚。

项目进行的快一年了，绿十字依然没有申请到任何资助。我身上能用的钱，卖画的钱渐渐地用完了，项目进行到此时，仅仅有绿十字已经不行了，需要大量的专家来帮助，这些费用是比较高，绿十字的员工工资平时在一千多元，有时还发不上工资，还好大家一直在努力工作。此时的我心里很不安，如果再没有资金，绿十字还能坚持多久？

为此我给马黎部长去了封长信。

马黎：您好！

五山的事我尽力了，也有了一点成绩。可同时也觉得村、镇、县这三级有一些让我很不适的地方。我来五山十次，有四次半（5000元）是我自己花钱来的（这次你帮我报了从襄樊到武昌的票，谢谢你！），后面几次都是我用周末时间，用我自己的时间。在这一年半中我只向镇里提出要3万元，这里还含了2万元的设计费（我还欠了人家7000元的设计费）。

我请专家来五山，北京还帮五山做了前期的设计，还请了原中央美院的雕塑家，我付专家费6000多元。这里接待五山来人又花了800多，到现在总共支付给绿十字13000元，一次也就给个两三千。

绿十字刚刚建立，我放弃有钱的城市项目，来五山做乡村项目，是因为我们有“君子之约”。我与梁镇长、佘书记说过好多次，每一次说给可是总不能兑现，信誉很不好。我也知道他们有难处，可是我也很艰难呀……

明年要是还这样我真的就为难了，明年的工作量比今年大。3万的基本交通费和设计费都这么困难，我心里真的不愉快。

不愉快的事只是和你说说，这一年也走过来了。不过我还是很感谢你说以后车费由你出，真的不用了，还是由我自己出。你是市领导，总不能这些小事也要管，那我也觉得不好。你别在意，我只是说说。我还会去五山，因为我是那儿的村民。

我只想说襄樊市不能这样对待邀请来的学者、专家，特别是NGO这样一群无私有爱心的人。这种感觉也让我的同事和朋友感觉不好。我对五山和您言必果，我也希望五山对我有君子之言啊！因为我们还想做大事，想把五山再推向一个更高的层次。

您说我讲的对吗？

孙　君

2004年12月18日

堰河村的中水回用池

绿十字帮助五山做了一个生态建筑，很多人以为房子通风，用太阳能、环保建筑材料，有中水回用就是生态建筑，就是绿色建筑，这理解还是不完全的。绿十字为了建这座生态建筑，用了近一年的时间。建了垃圾分类系统、沼气池分组建设、中水回用设施、有机茶庄建设工程。并对村镇干部进行多次环境培训，开展小学生环保小卫士等活动。只有把环境和生态保护运用到生活和生产之中，建立一个生态的生活方式和生产方式，绿色建筑才能称为生态建筑。

我们把课本的理念融入到现实的生活中，让理念在同学们手中流过，用行动做环保，用生活做环保和文明，这样我以为才是把 EPD 教育项目落到了实处。

第十一次

农民眼中的政府

| 2005年3月6日 |

有一件事始终让我心里不适，就是年前我因为绿十字财务压力太大，给马黎部长写过一封信，批评政府在绿十字资金支持上不积极，在用词、用语上想想还是非常不适，我想马部长也会不适的。

现在想想，马部长也罢，余书记也罢，为了“五山模式”已经做了非常大的努力，这也是我在从事NGO工作以来给予最大支持的领导了。我真是一个感性的人，这一点很不好，为此我心里一直不安。嘿！不说了，遇事还是要豁达一点，要常常提醒自己，还要经常与朋友商议、交流。有什么样的领导，就有什么样的组织。如果绿十字像我，那也太可怕了！

余书记应该是宽容的人，我想他们不会把此事放在心上的！

三思而后行，孙君要记住！

今天是新年第一次五山之行，去年底在北大资源大厦讲座之后，我收到余书记的短信：我们之间的交流深深地影响着我将来的工作，谢谢你。

2005年春节之前，余书记说："今年我们再努力一把，拿下"五山模式"，把《五山茶坛》、《五山日记》、《堰河故事》完成，特别是有马部长和县委周书记的支持，五山一定会有一个好的未来。"

我和堰河村的人都有一个心愿："日子再过得好一点"。

这次来五山是因为"五山模式"在社会上、在襄樊地区影响越来越大了。但我与余有同感，就是工作做得还不够细、不够扎实，心里总是很虚。我们只做了一点点工作，社会就给了很高的评价，心里过意不去。

从北京到襄樊，我有一个很重要的转变，就是要学会利用政府的形式文明来做NGO的事。NGO一般比较反对政府的口号、标语、形式主义等，我在北京延庆地球村时就因为标语与政府官员吵得很厉害，结果一段时间很别扭。这次我与五山合作，镇党委书记和镇长他们很是认可绿十字的理念，我就在想形式与实践应该怎样结合。

我觉得一些环保组织过于否定政府的工作方式，口号与标语还是有它一定的价值的，它有发动群众、鼓舞人心的作用。于是我回到北京又把原来在地球村用的口号改了一下，交给了余书记。余书记一见就笑了："好啊，艺术家弄出来的标语就与我们不一样。"

于是在堰河村出现了另一种形式的标语：

我相信只有当人类向自然的索取可以同人类对自然的回馈平衡时，人与自然才能实现和谐。

经济发展靠市场，环境保护靠公民。

我们不仅拥有一条万里长城，我们还要再筑一条生活中的生态长城。

文明人跨越地球表面，他们的足迹所过之处留下一片荒漠。

人类因砍伐第一棵树而走向文明，因砍伐最后一棵树而失去文明！

人类的欲望就是自然的消亡。

环保不分民族，生态没有国界。

善待地球就是善待自己。

把绿色带进21世纪。

与自然重建和谐，与地球重修旧好。

心动不如行动！

追求绿色时尚，拥抱绿色生活。
我们是农业大国，不是农业强国！
生态建设只求“绿”，不求“速”。
我们只有一个地球，一个人与自然共存的地球村！
垃圾混置是垃圾，垃圾分类是资源。
保护自然，保存希望。
用行动呵护家园，用热情浇灌地球。
人类只有一个可生息的村庄——地球，保护环境是每个地球村民的责任。
让环保走进我们的生活！
教育的荒漠带来生态的荒漠，文化的污染伴随着心灵的污染。
“知情、明理、参与、持续”。
离开八亿中国农民谈小康是不现实的，离开八亿中国农民说中国就不能称之为中国！
没有今天的“三农”问题，就没有未来的“希望”。
发扬中国农民“勤劳、善良和奉献”的精神！

后来这些标语在这个地区出现了很多，我每看到这些标语就想笑，我笑这是环保者的政治、艺术家的政治。

当地农民常常说，孙老师啊，你知道为什么叫“政治经济学”吗？我笑着摇摇头，农民抽着烟、喝着茶、跷着脚在我面前摆起了龙门阵。他们说，三四十年下来，我们理解中国没有经济，只有政治，中国的政治就是经济，所以叫政治经济学，这叫学问。说完就笑着问我：“懂了吗？”我摇摇头还是不懂。

农民又抽了一口烟说，有了政治（官和权力）才会有钱，不然为什么那么多人想当官啊？有钱了就是经济，这就是政治经济，是一门学问，有钱有势就叫“政治经济学”，有钱没势那叫“经济政治学”，您懂了吗？我笑了，我暗暗称农民厉害。

农民还对中央电视台的新闻做了很形象的比喻：中央电视台的新闻是，前十分钟领导开会，后十分钟形势大好，最后十分钟国外大乱，目的就是告诉大家：中国形势一片大好！

这期间我办了大量各种形式的培训班，有几人漫步，有喝酒吃饭，有闲谈聊天，有一起到天主教堂，有同坐一辆拖拉机，不过，更多的时候是在一起开会。以此给乡村政府、学生、农民、精英人群授课，给他们在精神上扶贫，让他们接受新的思想、新的发展观念。这个工作政府是能接受的，因为政府的大量学习和培训内容很空洞，学员不爱听，可是他们很爱听我讲课。于是我只要有机会就给他们讲课。绿十字在这里是播种，每一个听过我们课的人就是一粒绿色的种子。我也安排北京和上海的专家进入五山，五山在这一段时间所接待的专家和学者，可能是此前100年来的总和。

下午4点多到了五山界内。薛斌开玩笑说："又到余书记的地盘了。"余说："哎！不是我的地盘，而是周霁书记的地盘。"说话间车突然慢下来了说："噢，这村工作做的就是不好！垃圾还没有搞好，真让我生气，看来还是要发火！"

我与薛斌看看地里、田边还好，只有两个塑料袋在飘动。余说，"认识你之后，人的审美发生根本转变，在农村、城市都是见不得垃圾，见到就头痛，也不知咋搞的！"

这次与余书记见面，最大的变化，就是他多次和我谈美国著名观察家布朗写的一本书《B模式》，谈到"京都议定书"，谈到本届政府的绿色GDP和全球二氧化碳排放，及中国经济迅速发展的极限最多不会超过6年……

这些书是我们给余书记购买的，也是全世界最前沿的理念。这些理念很快由余书记传给了五山的干部，我们在从不同的渠道传播着绿色的文明。

我非常明显地看到：一个人的变化就是一个政府的变化，一个政府的变化就会影响一个地域的变化，这就是"五山模式"的意义。

5点到镇政府，休息15分钟就赶到"生态茶庄"。没有到茶庄之前，我心里就直打鼓，怕像上次那样给我打击。

来到工地，我眼前一亮，还不错，比我想象要好多了，房子基本按上次说的那样建造，谢天谢地！

我接受上次教训，不要一进工地就发火。施工的老郑和茶庄老板私下说，没有功劳还有苦劳吧！我要先表扬一番，明天在表扬的基础上，让他们做一些调整，哈哈，我认为我在工作方法上也有进步了。

5：35赶往黄埡村，去见那位信奉天主教的胡学文。他在床上一躺就是35年，人残心不残，一心为农民说话。路上余书记说："上午还与市里领导在一起，下午就深入到最底层做工作。你一会儿在北京首都，一会儿又来到偏僻贫穷的山沟，你的工作很有空间感呀！"

在近一个小时的时间里，听完了这个天主教教徒的述说。35年了，他依然健康，眼睛很有神，背板直直的，家里干干净净。特别让我吃惊的是他家有三套明清时期的家具，清清爽爽的靠在三面墙上，正对面是天主教的三幅画，画下有一盒很鲜艳很干净的塑料花……

在回镇的路上，余说：胡学文的35年就是一部中国农民的辛酸史，我们感觉在对待农民问题上，确实犯了很多错误。我们作为基层党组织真的愧对农民啊。1958年大跃进，搞人民公社；1995—2000年的农民税收到了"无以复加"的地步……

我心里一直在想胡学文说的话"我把余书记看成我的再生父母。"话还没有说完，余赶紧站起来，制止胡学文："你别说这些，我会坐不住，不能说了！"胡学文说："我也是一个人，一个健康有思想的人，35年没有哪一个领导来看我、关心我，我天天盼日日盼，哪怕看我一眼，没有！35年啊！我13岁就在南河水库上为国家贡献，腰杆子累得吱吱响……1972年4月20日我就再没有起来了……"

胡学文小学文化，卧床35年，思想却没有停止。他没有健康的身体，却有健全的心灵。听听他的心声：游子们快回来吧，生你养你的五山和往日相比，天更蓝、水更清、人更好，茶园风光多姿多娇，旅游胜地分外妖娆，沼气做饭全面铺展，不需燃料干净美观，硬化道路四通八达，环境优美风景如画，百姓安居各得其所。今日五山不是桃源胜似桃源，游子们快回来吧！

车在不停地向前走，我心依然停留在他的家里。余说，农民真纯朴，真可怜。你只要给他一点点，你的心灵就会被震撼，人的良知就会重新被发现和升华。我的天平渐渐倾斜向生我养我的农民。

3月9日下午4点多，县委周书记、李县长、政协主席也来到五山。我正好在堰河村，我们在茶庄与县委书记周霁和县长见过了。周霁一见到我就说："孙老师，我们又见面了，真的谢谢你为五山带来了一片春天！"我说："说谢谢的应该是我，是我有幸遇到了你们！"

在工地上周霁书记说："我们不仅要建好五山，还要下大力气建好一个'生态、诚信、和谐'的五山。我们想请你做谷城县的环境顾问，好吗？"

他说："我非常赞成您说的'大事要从小事做，从身边做，从生活方式、行为方式和生产方式入手。'而生活方式将决定行为方式和生产方式。所以说改变人们的生活方式就是改变我们对生活的态度。今天你们倡导的'五山模式'从垃圾分类开始，这对中国的农村来说就是一场革命，一场心灵的革命。"

余书记说："'五山模式'关键是做，在做的过程中还要想，在想的过程中又发现很多问题，在很多问题中再次修正'五山模式'。'五山模式'首先是农民接受，没想到他们轻松地接受了，这非常不易。农民比城里人更易接受，现在农民在推动我们全镇的生态文明新村工作，这就是我们常说的'开启民智和三方合作'的结果"。

吃晚饭时，我们约好明天下午2：30去谷城县考察。应该说推动谷城县的工作，对我来说还很遥远，目的是要继续促使五山镇全镇的垃圾分类工作，确保一镇五村的城乡资源共享、和谐发展的理想蓝图。

我很佩服余对很多问题上独到的观点，同时我也觉得余的自信，说不上是好还是坏。还有马黎的政治影响力和谈笑中成事的魅力。在襄樊的土地上我们是君子之交，又是知音，一切都进行得如此顺利，这些都是我想不到的。

与政府、企业、NGO、农民交流，矛盾和观念差异很大。这是我们NGO需要研究的。

3月15日早晨，我就要回北京了。这次来我还带了一位帮我做文字记录的志愿者孙男。我与周霁书记讨论了谷城近期的规划。就谷城高速路的两端进口再次交流，我们谈得很开心。周霁书记兴奋地说："你对两端和街景的设想建议太精彩了，非常适合谷城现状。你的设想客观、现实、简单、大方，而且很国际化，太好了!"周书记一连说了三个太好了!

襄樊是我一生中最好的实践场，是绿十字梦想与现实的结合地。闵洪彦、余宝军、周霁、马黎，还有薛斌、袁肖武、王富安、杨光泽……让绿十字走进了五山。

回北京后，收到了好消息，世界银行北京办事处李莉来电话，说我们申报的"五山模式"培训项目批下来了，项目很有创新性、有实践性、有复制性，很难得。去年我申报的项目，给她们印象就很深，她们一直想给我们找资金，可惜都没有找到。今年6

月，有一个乡村创新教育项目 8 万美元，她希望我们能申报，而且很有可能会得到资助。

太好了！虽然只有 4500 美元，可是对绿十字来说，却是件具有历史性意义的事，这是对我们工作和立项的肯定。我赶紧把消息告诉远在瑞士的孙光玥，她开心死了！

4 月 14 日我和封宁一起到张志新阿姨家。我跟阿姨说起“入党救绿十字”的事，我知道张阿姨是个忠诚的共产党员，她对党的信仰我们是无法理解的。阿姨问我们吃饭了吗？封宁说吃了，中午和晚上都吃的萝卜干和豆腐乳。张阿姨又轻轻地问，是不是又没钱发工资了啊？

我笑笑说还好，我喜欢吃萝卜干和豆腐乳。我不能说实话，一说，张阿姨又要给我们掏钱了。张阿姨听了“入党救绿十字”的事，想了想说，好！我做你们的支部书记，这是好事。爱国就是要从党员做起。有钱的温州人，想入党，符合条件就可以，如能接受“爱国从保护资源开始”就是落实胡锦涛总书记的科学发展观，就是可持续发展！

张阿姨一脸的认真严肃，以后不能说“入党救绿十字”，多难听啊，这叫“入党爱国，持续发展”。哎！对啊，还是阿姨觉悟高，好！

为了发展，为了绿十字的发展，申请成立绿十字党支部。

这是中国 NGO 组织中非常特别的举止，我实在不想做。可是绿十字 6 月份就没有钱发工资了，对我而言，只要能让绿十字活下来，只要是不做昧良心的事，我只能顾这么多了！

新农村建设严格的说失望大于希望。为什么呢？因为新农村建设的先天不足就是没有新干部！

这几年农民的上访率随着新农村建设的升温而提高。农民为什么在这么好的优惠政策下出现不正常的举动呢？就是对干部有意见，就是对干部不信任。

有些地方，农民称干部是“外星人”。这样的干部还很多，在农民家的门前竟然不准出现草垛、菜地，不准晒衣服，不准穿有补丁的衣服，不准养狗、养鸡、养鸭……老房旧村要全部刷白，远远看去像美国白宫。这是什么地方？还是农村吗？这种事只有不了解农村的人才做得出来，只有“外星人”才能说出来。

干部们理解的新农村就是像城市一样，什么都要新的，因为是新农村嘛！在他们眼里，凡是中央提出的20个字之后的都是旧农村，旧农村就是要拆！百年的古建设要拆，古朴的乡村也要拆！自然而秀丽的风光要改造，要做成城市的草坪和花园。农村把真的做成假的，而城市正在逐步把假的做成真的，唉！

我近期不知道参加了多少个新农村的会议，他们最关心的就是中央给了多少钱，说的最多的就是怎样教育新农民，建设新农村。很遗憾的就是从来没有人谈论要教育新干部。

干部好不好，问问农民就知道，就像老师好不好要问学生。我在一次与农民交流的会议上问了30个农民，对干部满意吗？28个农民说干部还不如农民；我又问干部，农民怎样？干部一致说农民需要教育，素质太差。

到底是农民问题还是干部问题，根本没法评说。干部和党员的作用就是全心全意为人民服务，问题是我们做了，可是农民不买账。所以现在的干部在群众中影响非常之差，原因应该很清楚了。

很多媒体和专家问我："你能用一句话概括出'五山模式'的成功所在吗？"
"新干部！"我不假思索地回答。

当我带着"五山模式"试点的工作经验，再与曾经交往过的领导谈推动小康文明村和新农村建设的合作时，他依然说："你的想法是好的，但那是不现实的。'三农问题'还没弄明白，'五山模式'怎么复制？中央还没有弄明白，我可不敢做，做了会掉帽子的。"

绿十字的理念是客观的，是从实践中来的，是符合中央一号文件中的创新、开拓、客观的原则的。可是绿十字遇到的县、镇、乡、村干部的理念则是陈腐的。

继农村开始建生态文明村、小康示范村之后又开始了新农村建设。怎么建？县、镇、乡、村领导的理解各不相同，但总体上一句话：就是城市化。

在北京昌平区一位领导对我说："你说的我理解，也知道很好，我支持。可是在北京让农民垃圾分类，不吐痰，不可能，因为他们习惯了。我们在新加坡不敢吐，怕罚款，我觉得那是一个文明的国家。"

我说："你习惯随地吐痰，请问你在家里吐痰吗？会随手乱扔垃圾吗？"

领导不说话了。

在北京顺义区某村，一个很有历史的百年老村，镇领导指着这个村说："我准备把这个村全拆了，建一个像北京'欧典花园'那样的农民别墅村……"

在北京昌平区有一个菩萨鹿村，村书记说："我们准备招商引资，在村里投上亿的资金建一个甘露园，规模比中山陵还大，里面有佛像、庙、庵。"

我问他："你们这儿有僧人，有住持吗？"

村书记说一个也没有。

安徽省马鞍山市花山区农办的领导对我说："你做地球村，我认为不好，追求人与自然和谐，就是应该让人的行为完全自然和自由化，就应该能随便吐痰、丢烟头。地球村总是要限制人的行为，还叫什么自然啊！"我饭没吃完就离开了，因为我觉得我实在是无言以对。

新农村建设的关键，我认为是在县、乡、村领导的身上。改变他们的观念，就相当于建立起一片绿洲，否则新农村建设依然只是一阵春风，三月来了四月走。培养农民参与的新农村建设，求真务实，从小事做起，做新时代干部，是新时期农村工作的关键。

新农村建设最大的障碍就来自基层的干部，少数干部长期以来一是脱离群众，二是脱离实际，三是脱离市场，不然农民兄弟也不会说他们是"外星人"。

在理念和创新上，干部们还不如在外打工的年轻人，在吃苦和奉献方面不如留在村里的农民。高中生和大学生几乎没有一个人回到村里，而农村唯一的知识群体就是干部。绿十字倡导"开启民智，双向扶贫"，对农民是财力的扶贫，对干部是观念的扶贫。提高干部素质，加深对新农村建设的理解才是新农村建设中最重要的工作，也是最佳选择。所以说没有新干部就没有新农民，没有新农民就没有新农村。

第十二次
给县委书记的信

| 2005年4月27日 |

为了参加五山镇“玉皇剑”茶五窑，绿十字组织了专家团队第二次前来调研，其中包括：

孙　君：北京绿十字主任。

龚　益：中国社科院研究员，“五山模式”理念的倡导者之一，著名社会学者。

林家彬：国务院发展研究中心社会发展部副部长，生态和社会问题专家。

李永青：日本东洋大学博士后，著名资源、环境学者。

封　宁：北京金色啄木鸟总经理。

柳　建：北京市房修艺规划设计院。

王佛全：北京绿十字项目负责官员。

来自《中国日报》、《人民日报》、《农民日报》、《光明日报》、中央电视台、湖北电视台、《中国环境报》等媒体的记者10人。媒体十分心切，迫切要到堰河村，主要想去看看那的农民到底是怎么实行垃圾分类的。

下午2点多车开进堰河村，记者们好奇地看着窗外，我却闭上眼睛不敢看窗外的“天艺茶庄”。

心里真后悔为堰河村设计茶庄。在火车上，记者朋友总是问“五山模式”的很多具体情况，比如干部观念是怎样转变的，五山经济怎么样了，有推广的价值吗？提到堰河村的天艺生态茶庄时，我心一沉，哎！那个房子给老郑盖得让人哭笑不得，问题是那个房子30年不会拆，盖得不好看就是我的一块心病。

进入村庄，彩旗飞舞，张灯结彩，在“天艺茶庄”漫水坝前用了一个巨大的充气拱形门。红色的拱形门在翠绿色的茶山之中，显得特别的好看。拱形门的后方还有很多红红绿绿的标语，再往里就是“五山镇第三届茶王赛颁奖仪式”的主会场。会场的左边是很有中原风格的农民的住房。这种具有地域文化特色房子已经很少了，而“欧式”的房子如今遍及乡村，想想真是笑话！我们可以想象从罗马柱的屋子里走出一个个戴着草帽、挑着水桶的农民是什么感觉？在中国的中原地区，想看到传统和本土的房子反而变得很稀奇了。

右边就是让我很压抑的“天艺茶庄”，当时我的规划和设想都很好！现在看看结果，恨不得钻到地缝里去。好在这次有一个很隆重的“茶王赛”，茶庄周围又红红绿绿地放了很多彩旗、气球，大家的注意力就被分散了。

刚进村，施维（农民日报）就对我说：“我很不赞成这种提法。”她指着路边的黄色标语“城市的希望在农村，农村的发展在城市”。我看了看标语，又看了看她笑了，因为很忙就简单应付了一下。事后我觉得应该认真与她说说。可又觉得，这样的问题，她应该比我更清楚才对啊。

记者们都在堰河村时，正好赶上一群孩子在捡垃圾，还举着一面“环保小卫士”的旗子，跳跳唱唱地和记者相遇了。记者们很高兴，一阵狂拍。刚刚忙完，又看到回收垃圾的人推着板车过来，哈哈！我来这个村十几次都很难遇到，这回记者来全赶上了，这还真给面子啊！

施维的脸部表情和荣娇娇（新华社）、吴力田不一样，很严肃，不停地在问孩子“为什么要垃圾分类？”“你知道垃圾分类的好处是什么？”我认为这样的问题对成人还可以，对孩子就不合适了。我很为孩子们担心，好在那些绿色小卫士笑眯眯的声音慢慢化解了施维的严肃，后来我看到一直都是月亮般弯着眼睛的施维。

接下来就是记者们与“当事人”直接交流了。

这时梁镇长对我说，县委周霁书记和李县长也到五山了，要接受记者们的采访，也想与大家交流一下“五山模式”。

我们就匆匆忙忙看完了村里的资源分类中心，大伙儿还是很真实地看到了垃圾分类最关键的地方。

4：20左右，记者们赶回五山镇。在会议室里除了北京来的主流媒体外，省市地方等媒体全部来了。中央电视台是提前到的，就在这里汇合了。

交流会大约持续了两个小时。我看出这些媒体对“五山模式”并没有多大的兴趣，只有荣娇娇提了几个问题，剩下的大都是眼睛无光。我们的媒体这些年来喜欢看大楼、宽马路、一栋栋的洋楼，可是五山什么也看不到。五山看不到这些，是因为五山的文明在心灵深处，在土壤中，在流动的河水之中！

这样的交流会这些记者见多了，不屑和这些基层的人对话，眼睛里看的是全国的、世界的或是有特别价值的新闻。我觉得吴力田还是很认真地在听、在记。荣娇娇在追问一些细节的问题：目前，民间组织（NGO）与政府之间在合作上是有距离的，而在五山一点都看不出。你们是我见到的最融洽的合作伙伴，镇政府怎么看待“NGO”？

五山镇的党委书记余宝军回答说：“北京绿十字是一个以实践为主体的民间组织。我们从2003年底与绿十字合作以来，给我们在观念和工作上带来一种全新的感觉。比如垃圾分类这项工作，原先政府、文明办、宣传部等做了很多年，就是推不动，当然城市也是如此。可是绿十字来了，不到半年时间就开始推动了，垃圾分类成了农民自己积极参与的工作。我们看到今天的农民，已把这项艰难的工作变成了他们的生活习惯。这种农民观念的变化深深地引起我的反思，这种反省是在工作上、方式上和社会责任感上，同时给我们基层党组织带来了一阵春风。绿十字的工作，不仅我们镇政府，市委、县委也给予了高度的评价，孙君先生还被谷城县政府特邀为顾问……”

事后，余笑着对我说：“孙老师，这次活动让我更自信了。我面对新华社、《人民日报》、《光明日报》的记者一点都不怯场，而且对答如流，以后对付其他媒体就更不怕了。”

晚上在镇政府招待记者们。林家彬、龚益被县委请去为“四大班子”讲课，主题是“新时期下中国的资源与环境，发展与对策的战略和建议”。

5月1日上午10：30赶到襄樊中医院看薛斌。他生病了在打吊针，这次五山之行薛是带病前往，途中又不幸加重。打吊针的时候他竟然还能和美女护士聊天，神采飞舞，真让我感动！要是把这种忘我的精神运用到摄影工作中，中国又会出第二个张艺谋了。

第十二次襄樊之行结束，谷城的又一次城市生态实践也即将开始了。这场实践一定会比五山艰难千倍！市文明办胡科长费了九牛二虎之力帮我弄了一张到无锡的票，我再从无锡到马鞍山。

回到北京，就投入到“生态谷城”的规划工作中，堰河村、五山镇、谷城县，这是一个由点到面的过程，由村书记影响镇书记，再影响县委书记的过程。很快把规划发给了谷城县委书记周霁。

周书记：你好！

有关“生态谷城”的规划经过了三次专家会议，两次顾问交流会，两次网上工作组讨论会。5月26日基本确定“生态谷城”建议书。

“生态谷城”还没有做就引起了很多专家的关注。他们看了之后说，如果谷城真能开始这个计划，那么中国就有可能发生一次真正意义上的农村改革。这样的改革不是轰轰烈烈，而是静悄悄地“渐变”。我同意这些专家的意见，中国不是缺少理念，而是缺少最简单、最诚实的生活态度。政府官员缺少高度的自治，老百姓没有了一种凝聚力(信仰)，企业更加没有社会责任感，经济在严重地超常规发展……当然这些不仅仅是发展中国家的问题，就是在发达国家也是如此。但就中国的国情（人口、资源）承受力来说，中国与其他国家是不能站在同一个起跑线上的。

“生态谷城”要定位在公众参与，绿十字只能是倡议。“生态谷城”是我们引导政府在制定谷城的发展规划，各部门的工作只是做一点点的调整。我们要肯定以前的工作，只是整合资源和做好协调工作。我们的工作重点是用三个月的时间，利用媒体和绿十字等优势加大“知情和明理”的宣传，得民心者得天下。

同时我们要做一件事，就是在谷城开展“资源共享和垃圾回收”活动。再大的事也要从小事做起。温总理说得最简单：“让老百姓喝上干净的水，呼吸上新鲜的空气，有一个好的生活环境。”这一切从哪儿入手？就从垃圾资源化、减量化、市场化入手，从一个突破口进入。我们只要做好这件事，质变与量变的关系我们都能看见！

谷城建议书起点比较高，是在“五山模式”的实践中总结出来的，它唯一的难度就在于我们有没有毅力和决心，还有没有爱国的责任感和使命感。别人有没有，我不知道，我只能说绿十字有！

这次“生态谷城”的建议书预算做得非常紧，理想中应该在25万。参观、交流、系统的培训教材和大型的群众参与活动我都不敢写了。严格来说这对一个县是不高的，因为这是一场攻坚战！但我怕花钱太多，大家有意见，让你为难！因这事的成败各占50%，决定因素还在谷城！

有想的不周到的地方你再帮我看看，做一些调整。绿十字的建议书不仅仅是规划，重要的是参与实施。只做规划对绿十字来说并不难，因为那是在“纸上谈兵”，我又是画家，就更加会“画”了。而一到现实中就完全不是那么回事了。

我很欣赏你说的几句话：“缺什么，不能缺德”；“谷城必须全面提档升级，我们不和人家比硬件，我们比和谐、比生态，那是永恒的文明，是高质量的生活”；“改变我们执政党的形象，干部要心中装着百姓，谷城还会做不好吗？”

孙君于北京

半个月后，林家彬老师来电话，说“和谐谷城”他看了，他还有一些想法，昨天就想找我交流了。

“和谐谷城”项目书还不能叫总体规划书，而是应该叫《大力推动“生态、诚信、和谐”谷城建设项目建议书》。

这是一个系统工程，在县委提出的“生态、诚信、和谐”中，绿十字只能做生态部分，诚信、和谐两部分由政府做。

项目书分四个部分：

背景

目标

项目主要内容

保障机制

另外，组织清华大学学生到五山帮助农民建房一事，已与清华大学徐卫国老师沟通过。

林对我说：“前几天到社科院听郑易生先生说起你，还要我帮助你。看来你做的事不少人还是认可。关于想跟日本合作的项目，我已给日本东洋大学的博士李永青了，希望他能帮绿十字找到一些合作项目。”

我又对林老师说："你们国务院发展中心的"内部资料"很好，信息量大、又新，绿十字要编通讯，想用一点里面的内容，可是太贵了，要800多元。绿十字没有这笔费用，你能不能留给我们一点?"

林老师说没问题，马上通过电子邮件发给了我！20秒之后，邮件就收到了。谢谢林老师和郑易生老师。

我能坚持下来，也是因为有他们的鼓励和支持！

在农村做事，要注意农林基本政策。比如说，建筑工地和公共用地树木的补偿，同一块地两种树，补偿是不一样的。5年的树龄，桃树补200元就太少了，而李树就划算了。

这种事弄不好就很复杂，现在农民上访就是这些鸡毛蒜皮的事，而这些事闹到政府就是大事。农民的事多是小事，是一口气的事，是面子的事，可这些小事又把政府弄得晕头转向。农民上访了，动不动还到北京，而这些事如果由村干部来处理就根本不算事。在农村处理问题不是在不在理的事，而是谁的面子大，谁的权威高，谁的口碑好，谁的辈分高，有了这些，问题就解决了。

免税以后乡镇干部干什么?三年免农业税，对全国3万多个乡镇来说有很大的调整空间。以前收税、交费、计划生育也是中央下的文件，加大收税、收费力度，加强农村基层政权稳定，七站八所、政协、人大等逐步完善。现在免税了，那相对于乡镇干部的政策在哪儿?农民需要善待，那在农村工作的基层干部就不需要了吗?

乡镇干部的不易，这些年我的感受很多。

我知道反思这样的问题，会引起关注"三农"问题人的反感。他们问你到底为谁说话?我现在也说不清楚，我只能用良心和道德在说话！

6月4日从马鞍山坐266次列车回北京。

近日一直在为绿十字能不能生存下来而发愁。上火车前又给房地产公司张亮发了一条信息，问神堂峪项目怎么样了，还有戏吗?张亮回话，目前公司正在与农民做清树补偿工作，快了。我的环境雕塑他们希望能在小区里多做一些，到时找我！

上火车了，我的心里总算安定一点，只要这个项目一开工，绿十字生存就有希望了。湖北谷城项目还在政府讨论中，项目能否做还是未知数。那个项目我做了29万啊！如能交给绿十字就是25万啊。我虽然说不急，表面上不动声色，可是心里希望谷城能早点有信息。为了加快谷城建设的速度，又同朋友开发了"数字谷城"，目的就是暗暗地加速这些进程。

正是因为谷城那儿进程太慢，心里不踏实，又开始了“新翟城实验”。我第八次到晏阳初乡建学院，这里的邱建生、温铁军、小潘等希望我能到乡建学院为翟城村做一些事，把“五山模式”能复制到翟城来。

5月27—29日正式答应帮翟城村工作，这是一个比较容易找钱的项目，特别是“世银项目”可能性很大。翟城之所以能做，是因为那是一个5000人的大村，有历史、有影响。为了乡建学院，村民每户交400元，凑了38万，一口气买了村里闲置的中学送乡建学院，村民的目的就是希望温铁军教授能在村里成立“晏阳初乡建学院”，并带动村民致富。这是一般村民做不到的；而在这里只要米书记说行，就有可能。

6月7日正式聘用王佛全，接替准备出国的孙光玥。之前我问荣老师：“绿十字还能发几个月工资?”荣说：“两个月不到。”我看着荣老师红红的眼睛，心里也急。我说，过几天五山镇再给我们1万元钱，就能保障3个月。现在还有3个月，就赶紧把王佛全请来，抓紧申请世行项目（五山、翟城），编印两期《绿十字通讯》，希望这次通讯能慢慢传递绿十字项目的进程。千万不要等到绿十字一分钱都没有，再去找人、找项目就晚了。荣老师说：“就怕还是找不到钱啊!”我笑了，要真是那样，绿十字就是气数将尽啊!

6月3日林家彬电话告诉我，说他把“生态谷城”项目报告发给“绿色协力”基金，这个基金对这个项目有兴趣，不知结果如何，要能促成，那真是天意!

5月底封宁还给安利公司报了一个“到安利来种树”的项目，这是公益柜台引来的项目。这个项目有4万元的管理费，如果能谈下来，那也可以啊!

计划都很好，规划也有信心，可真的有好运吗？绿十字生活在希望之中！每天躺在床上我就在想，绿十字能做下去吗？这样露宿风餐的日子还要持续多久？我爱人总说我与好日子作对，回北京画画多好，开心又赚钱，回家乡有吃有喝，能过幸福的日子。可是我就是不听，天天往农村跑，自找苦吃!

我哪里不想过好日子啊？可是绿十字做到今天不能就这样丢下啊，堰河村的村民我能不管了？我爱人说：“那我们你也不管了？我们的父母你也不管了?”古人的一句话可能会落在我的身上“树欲静而风不止，子欲养而亲不待”。

我常常无言以答。

第十三次

评估五山、反思五山

| 2005 年 6 月 10 日 |

为了五山项目的科学性，在 5 月 20 日的时候就给北京师范大学赵孟营教授去了一份邮件。

北师大赵院长、李檀和崔俊荣：

你们好。

很高兴绿十字有缘与你们相识，成立以来一路坎坷一路歌。我是一个追根究底的人，就像画画，画一只孙君的手，先看看手是怎么长的，骨头、经脉、血管、肌肉有什么不同，看清楚了，认识了，我才敢画。不然我画出的就不是孙君的手，而是你李檀的手，哈哈！

世界上有多少人就有多少不同的手，也就有多少不同的画法。做事也这样，做社会上的事更是如此，只会比画手更加复杂，方法更多。这是中央美院曹立老师教我的方法，所以我能认识自己的手。

社会学我没有学过，我也说不清，可我心里知道学什么都要解决问题，而不是为学习而学习！

70年前晏阳初先生就强调：不是为研究而研究，乃是为事而研究。又可分作三点说：一是为问题而研究，二是为实施而研究，三是为训练而研究。

我不想让人们说，你这只手画得很美；我是要人们说，这是孙君的手，是一个在做乡村工作的手！

我在绿十字一周年时说道，我不喜欢现在NGO的生存状态和工作模式。社会有明确的分工，科研部门、大专院校和社会团体职能各有不同。现今的NGO已不完全是纯民间组织了，是半官方的组织模式，是会议和研究的组织，是宣传和教育的组织，已不像外国的民间草根组织，严重缺少方法和行动，很容易出问题；可是出问题之后就应该有具体的方法来解决。

国际基金会从国外引进了很多来自基层实践的方法。这些方法非常好，可是在中国不能很好地消化，因为没有一个本土改良，就显得不中不西，还自以为是法宝。没有消化，没有本土化，没有深入生活，只能停留在说教的层面；没有实践，只有理念，没有认真的研究，这非常遗憾。有一些很有实践性的民间组织做了不少有意义的事，可是做了又不能总结，不能上升到理论，不能把失败和成功的经验教训加以研究，这也很可惜，理论和实践是脱节的。项目总是走马观花，真的很可惜！

我们要做事，我们还要把做的事，无论是成功还是失败告诉别人，要很理性地分析，错在那儿？成功在那儿？我想这就是社会学的意义所在吧！

我想我们会很好地合作。合作中也许会有矛盾，会有障碍，但正是有这些，社会学的意义和作用才变得真实可行。认识到这一点，我们就不会有矛盾了。

昨天我从人大出来又去了中央美院，很晚才回家，就没给你发信了，不好意思。今天一大早就起床给你回信，寄上“五山模式”的资料。

我非常希望你们的参与，同时也渴望民间NGO的草根组织变得既有热情，又留存一些理性和科学，这是目前民间组织的一个很大问题。

谢谢你们，希望我们能在6月同行！

祝“五山模式”中期评估报告成功！

“五山模式”一年多下来，做得怎样？好与不好？问题和成绩怎样判断？这些不能由我们（包括政府）来说。我想了很久，还是请国内的专业机构来对绿十字的项目做一个中期评估。在请北京师范大学社会系老师之前，我的态度就非常明确，评估要公正、客观，不然评估就没有任何意义。

这些日子，我一直在为“五山乡村生态建筑工作室”忙，偌大的中国竟很难找到一个专业给农村和农民做规划与建筑设计的单位？真是不可思议。朋友为了帮助我，特意给我介绍了加拿大籍在清华大学任教的建筑老师彭培根先生。

彭培根他们听了我介绍五山之后，很激动地说：“我一直想在乡村盖一些‘农民样板房’，这是一个很好的基础，又有‘五山模式’这么好的理念。你尽快写一个报告，我先交给国务院办公室的许副主任。如果顺利，许副主任就直接安排新华社写成内参，同时把报告再交给他的好友、原建设部部长、时任湖北省委书记俞正声，我想办法让他给那儿的农民找一点项目经费！”

五山的农民天天催我去盖房，余书记也说从4月28日—6月10日一个多月了，实在压不住了，建筑工程队都开进现场了！

远水解不了近渴，大师们设计的房子农民不仅建不起，看到都会吓倒。留学生设计的很多房子农民说怪怪的，农民哪会让我盖呀？让农民看到这些房子就会把我打出五山！余书记说，你只要设计就可以了，还可以到书店买一些书看看。于是，我又赶到北京图书大厦，买了两本书：《北京优秀农宅设计方案选》、《别墅外观》。

在五山建房子，是我最怕的事，我不想做。可是农民现在的房子太难看了，我想请专业人员帮农民建，可没有钱谁又会给农民设计和建造呢？实在是没有办法，我只能作为一个外行来帮农民建房了，谁叫我已经答应了村干部呢？本以为找志愿者，以为有很多“晏阳初”。我错了，最后还是我一个人，那就认真做吧！

还设计什么啊，《北京优秀农宅设计方案选》做得很好，拿来简单改一改就是非常好了。这样我怀揣两本书，才敢大胆走“五山”。

在亚运村“风林绿洲”见到彭培根老师时，他说了一句话给我的影响很大，就是他看了绿十字简介后对我说：“孙君，你做的事非常好，可是你们的简介写得太专业了，老百姓和领导看不懂。你要把他们看成‘傻子’，不然绿十字谁能真正了解呢？”

我惊讶了很长时间，也是，想想中国的佛教、道教谁能看懂？老百姓不爱看，我也看不懂！而基督教、天主教内容很简单，都是很形象的故事。我在国内很多百姓家看到他们捧着书在看、在讲、在祈祷，这就是让思想和信仰简单化，简单化的东西才能平民化。

彭老师的话让我想起两句名言，一句是“莫以善小而不为”，说不要以为是小事就不做。还有一句是我的朋友宋庆华从美国学习归来送给我的一句“最小的事就是最美的事”。这两句话，哪一句能让普通人读懂？

城市搞垃圾分类，搞了十几年也搞不成，为什么？其中垃圾分类名称就是重要问题之一，什么“有机垃圾、无机垃圾”，谁能懂？还有“可回收垃圾、不可回收垃圾”。我曾多次向有关部门反映，他们都笑话我，这也不懂啊，只有你不懂。他们说得我脸红，真的只有我不懂吗？

我在深圳做了一次调查，深圳人平均文化水平是专科，可问工人什么是“有机垃圾、无机垃圾、可回收、不可回收”，全知道的占12%、不理解占68%，知道一半的占20%。这个调查真让我吃惊，同时也让我欣慰，唉！这个世界上并不是我一个人不懂。现在想想绿十字在地球村和五山镇、堰河村做垃圾分类只分为干垃圾（没有水分）、湿垃圾（有水分的菜、饭、皮），从来没有遇到农民问我什么是“干垃圾、湿垃圾”，哈哈，我还碰对了。

计划生育在农村的口号是“谁要破坏计划生育，就让谁家破人亡”，简单说明问题，事件的严重性也说了，虽然不文明，太残酷，可这是农村的实际情况，也只能这么做，叫合理不合法。

政府提出的口号是“优生优育、培育未来”，“计划生育是基本国策，只生一个好！”这些口号在农村根本不管用，什么是未来、国策，未来是那一年？国策是什么啊？谁知道？

彭老师说得好，一语道破天机。

我有一个台湾的朋友出了个谜语叫“先生说得有理”，打一件女性服装称谓，很多人没有猜出，我猜出了叫“太太服”。

很多事，要让大家都明白，就要简单化、平民化，不然怎么能“太太服”呢？

大师就是大师，立即更改绿十字简介！

红十字关爱人类，绿十字关爱自然。
我们的理念：做！

绿十字只希望五山模式能更好的复制。河北定县乡建学院的邱建生，翟城村米金水书记都来五山镇堰河村参观过，认可“先生活、后生产”的理念，认可“从小事、从垃圾分类做起”的观点。

村里的资源分类中心

所以想在这里做项目，是因为这里是中国乡村建设的源头，这里晏阳初的九大信条在深深影响着我。他倡导的平民文化是解决中国问题的根本，他的思想和行动是绿十字的一面镜子。假如我能在这块土地上继承前人的事业，真是一件幸事。

2004 年初，绿十字开始关注翟城村，关注的时间基本和五山同步。到 2005 年 10 月，13 次对翟城村进行考察和调研后，才有“新翟城实验”项目报告书。之所以特别想做翟城项目，主要是因为晏阳初的理念与精神吸引我。让我愿更多地接近晏阳初的思想与理论，同时沿着晏阳初的思想再走下去。

之后北京绿十字在 8 次考察的基础上，已经完成了“新翟城实验区”的初步方案。

组织专家对翟城村进行考察，召开专家会议，对“新翟城实验区”进行可行性论证，为政府实施“新翟城实验区””提供理论支持。

召开由翟城村政府、绿十字、地方 NGO 等共同参加的联席会议，建立合作机制，明确各方的责任和义务，保证“新翟城实验区”能够可持续的顺利进行。

为项目的具体实施内容提供方案、信息、设计，协调项目的进展情况。

为地方政府所有参与“新翟城实验区”实施工作的人员进行一次环境和可持续发展的培训。

6月12日下午由邱建生带我到人民大学找温铁军老师，就“新翟城实验”项目进行交流。温老师说他听了翟城村的米书记说过此事，米书记对此项目非常看好。特别是利用现有的百年老房子建“百年民居博物馆”，让他很兴奋。米书记说他已想好怎样挖地道、怎么建日本鬼子的炮楼……“这很麻烦，项目中的垃圾分类就很好，我支持！因为那很实际，花很少的钱，你的项目能带多少钱给老百姓？”我马上说：“没有钱，我在很多地方做，农民都能做到垃圾分类。农民没有看钱，只有我们看中钱。”温老师马上接口说：“凭什么农民要听你的话？”

温铁军教授接着说：“建‘百年民居博物馆’谁来建？建了谁来看？没有人看留下债务谁来还？生态井田制很好，有道理，可是它的科学性在哪儿？凭什么50米一块地就会形成生态田园？3米的田埂能成鸟类和动物的家园？真的对挡风沙有作用吗？”

温老师转头又对邱建生说：“你要想办法找到有关资料，要科学性，不然会让翟城村人骂的。孙君你的想法很好，可要想想可行性。就说垃圾分类吧，几千户人家，每家三个垃圾桶，要去买。你敢说这买桶的钱没有跑冒滴漏？出了问题怎么办？谁去监督？”

我一直在为翟城村找资金，我说我知道，这个项目我曾经和小潘交流过，你们在申请农业部的项目。温说没有，就是找到，省市县镇每个政府都要扒一层皮，到了村里也没剩多少了。

温老师是中国研究“三农”问题的专家，是经济学家。我读过很多他的文章，他的文章深入浅出，有理有据。这些日子真正短距离与温老师接触之后发现，温老师确实关注翟城，可偏见也很多，对乡镇县一级政府很陌生。我对温老师说：“你的很多观点我不赞成，买几个桶就会有问题？那也太不信任农民了，相反我认为在城里更容易出问题，农民反而好一些。我在五山就是与政府合作，我一直觉得政府这些年也改变了很多。只是他们很多时候不知道怎么做，或把好事办成了坏事。可能我遇到的是好政府吧？”

我赞成翟城村米书记的话“孙老师，有什么失败啊？别听专家们说，晏阳初来我们村做实验有科学吗？在我们村引进新的棉种、猪种有科学吗？垃圾分类要什么科学？退一万步垃圾就不分，再回到从前，到处乱扔，那还能失败到哪儿呢？”

“新翟城实验”项目受到很多专家和学者的反对，说不能拿农民的地开玩笑，听多了，还真就有点怕。2005年12月1日，有“天下溪”梁小燕赞助的费用，对“新翟城实验”项目进行全面的论证。论证单位是北京师范大学社会系担任，评估过程绿十字不介入任何工作，公正、科学、客观就是评估的价值所在。

为什么会这样？是不是因为乡建学院沉重的负担和压力造成的？温老师因翟城村问题而影响了他“心里要装着农民”的原本心态呢？

我想温老师目前的心态，怎么能客观地做好农村合作社呢？在翟城的合作社应该是做得最好的，因为是“直系部队”，结果呢？米书记是这里的一把手，他对我说合作社按这样的方法去做，失败比成功的可能更大。

翟城二年了，那儿的领导和农民慢慢地有了些看法。当地人说：我们村江山依旧呀。我与温老师在乡建学院的一个房子楼顶上有一次交流。我说：“您的想法和设想再怎么好，结果翟城还是以前的翟城，我觉得做好翟城村非常重要，一是您能安心办学，二是有样板和事实去说服人，三是与晏阳初的实践精神相符。翟城村做不好，你们晏阳初乡村建设学院也不成立！”

我对温老师说，有些问题我与他有不同看法。现在他和社会上很多研究农村的专家学者一样，是以“三农”问题的心态在看农村，研究农村，讨论农村，这种状态我以为是“病态”，我不赞同。

我在农村工作，是以“希望”的眼光与农民合作。很多人问我，凭什么农民能听你的话，凭什么政府支持你？我说非常简单，因为我了解他们，我更知道农民会听什么话，我给他们带来的不是无休止的“三农”问题，而是农村的希望！

对乡镇县干部的信任是我们合作的基础，这也是政治基础，在中国不能不考虑这个现实的问题。我们可以选择政府，可以影响他们，可以找好的政府，但是不能不与政府合作，这是中国式的方法。这27年的改革开放，如果没有中国9亿农民的稳定，哪会有中国改革开放的今天！计划生育的成绩举世瞩目，这艰难的工作谁来执行？还不是他们吗？

发达国家的经济发展、城市化、文明程度是经过300～500年的时间。中国在发展中、改革中，我想“三农”问题只是一个发展中的问题。这个问题与改革开放相比，就不是问题了。要是真的把“三农”问题说得那么严重，那我们就应该回头问问改革开放的总设计师了。

正是因为如此，我们的工作就是挖掘农民身上发光的一面，去掉农民身上不好的东西，让他们学会做小事，做简单的事，做真诚的事。农民能接受，因为这是他们的本性。

温老师认真地在听，不停地点头，又不停地在说：有道理、有道理！可是那种笑似乎有一种特殊的意义，让我很不舒服，像在说，你太年轻了，你太不了解农村了！可能吧，温老师在我心里可是一个非常了解农村的人。

到现在为止，即使对他有看法，可心里依旧尊重他的很多观点和理论，他依然在实践，在用双脚论证他的“温三农”。起而行之就是科学，即使失败了那也是成功，科学就这样，实践就是真理！

晚上温老师开车顺道送我和邱建生回到住地。在回家的路上我还真在想，今天的问题是温老师对还是我对呢？我自己有时也是迷惑的。

翟城村的实验会怎么样？评估报告又会怎么呢？

“五山模式”能否在翟城村复制？堰河村 300 户，1000 人，翟城村 1006 户，5000 人；堰河村垃圾太少不能形成资源，翟城村人多，便于资源管理和利用；堰河村有非常好的自然资源，翟城村没有；翟城村有极好的社会资源，堰河村没有；堰河村有很好的镇县市的支持，翟城村目前不具备；五山做试点离北京远，不利于宣传和推广，翟城村离北京 2.5 小时车程，便于推广和宣传。

以上就是在翟城村复制“五山模式”的目的。

有些话我不想说，也不便说，就是温老师在翟城的工作会很难做下去，这是因晏阳初乡村建设学院犯了乡村工作的大忌。

农村中有 2% ~5% 的人群贫穷和落后是正常现象，这些贫穷的人大多数是懒惰和身体有病，有的是道德问题，有的是为村的权力问题。总之这群人是对村干部有意见的人，也是绝大多数村里人不太欢迎的人群。晏阳初乡村建设学院却把这部分人群组织起来，最初叫农会，后来又叫合作社。

我并不是不同情这部分人群，而是我们要考虑这部分人群能做什么？村委会能不能认同他们？在翟城村有很强的两委班子，而这个合作社似乎又是一个机构。米书记就对我说：“如果我们村两委会不行了，温老师可以组织一个机构。问题是村两委组织很健全，村里却多了一个成天开会讨论民主、公平的合作社，我心里就很不舒服。就那些人还能把合作社的生意做起来？我还不知道他们几斤几两？他们在做梦。”

农民合作是好事，也是农村发展的方向。合作社的路径不顺，就很难得到村委会和政府的支持。没有米书记的信任就没有村委会的支持，也就没有全体村民的信任，而合作社的资金重要来源就是村民。这是一个大忌。

建设晏阳初乡村建设学院是一件大事，米书记说服每户村民共筹资42万，为温老师买下了一个学校。这就说明米书记虽然是70岁的人了，可他还是希望村里有发展，希望再次看到晏阳初时代的到来。

村里的一些村民说，晏阳初乡村建设学院在这里三年了，学院红红火火，可是村里涛声依旧。这种村民的反映其实在第二年初就有了，可是这并没有引起温老师的重视。我曾经跟学院的管理人员说过，你们来不是做学院的，是做农村的，应该把翟城村当成学院，这是目的。这是他们的又一大忌。

我们在农村工作很多年了，就很少提农民合作社。合作社需要懂经济、懂市场的管理人才，在农村这方面的人才早就自己做生意去了。农村30年都没有高中生和大学生回来，就现在的几个农民，没有流动资金，又没有银行支持，生活的地方偏，交通极不方便，这种合作社是不成熟的。中国农村合作社一定要有政府的政策对应才有可能成功。从梁漱溟到今天的茅于轼，他们做的合作社和农村小额贷款项目又是多么的艰难。我们的官员有时是很专横的，见不得其他组织形式的存在，这又是大忌。

今天已经不是晏阳初时代了，社会发生了根本性的变化，我们除了要吸取前辈的精神和一些范畴中的经验，更多是要用自己的眼光来看农村，要向前辈那样脱下长衫穿农装才可能感受这个时代气息下的乡村。而学院里人生活和工作都在学院，用的是晏阳初和温老师的理论。同学们应该多用自己的眼光去看、去感受乡村，那才是真正的“乡村建设”。

翟城项目没有实施，这又让我理解乡村做事的方法，如果与他们做个对比，他更应该是理想主义者，而我更应该是现实主义者。从今天开始，我与绿十字团队要开始探索乡建的理论，要在实践中找到解决问题的方法，要找到有到一条能走下去的路。

6月13日回五山，这次来了河家湾村。到今天为止，我心里还是没谱，真的帮助他们盖房子？我什么资质也没有，要盖倒了怎么办啊？小的时候我就在家门前盖过鸡窝，还没有转身鸡窝就倒了！长大了，盖个小棚子什么的还行，要正正规规的盖房子我有点玄啊！

在一个多月中，一直盼望有城市志愿者来。清华大学的志愿者在学校贴了招募志愿者的帖子，在网上也发帖了，可是没有人来。实在没办法，真是难为我了。

明天上午9：30召集村里盖房子户主商议、讨论盖什么样的房子，是统一盖一样的房，还是各盖各的房？还是请大家讨论。既然来了，我什么也不想了，什么资质、专业我也不管了，盖房吧！廖晓义就说我什么都敢想敢做。

另外，这个村未来发展的定位是什么？今天渐渐明白了，就是要盖成一个湖北农村样板房示范村，是一个好主意，这是余书记的建议！

今天对全村的环境、经济状况、家底进行普查，希望能进一步确立该村的五年发展计划。“五山模式”没有这一个个小细胞的存在，又怎么组建一个“五山”呢？

不来乡村就不知道这里有多少事啊！

何家湾村最后定位：建立“乡村生态建设示范村”。

我们一直想在各村推动垃圾分类，一年多过去，只推动了堰河村。21 个村中，20 个推动不了，非常难，不能不让我反思！

就何家湾村来说，我应该把村视为一个人。每个人都有自己的兴趣和关注点。垃圾分类堰河村做了，其他村再做也不是热点，主要是因为这不是他们的兴趣。今天在何家湾与村干部的交流会，让我忽然惊醒，觉得每个村都有各自不同的特点和要求，为什么一定要从垃圾分类入手呢？

我们渐渐地在寻求“五山模式”中的多样性，那就是“何家湾以乡村生态建筑示范村”为切入点，因为他们村有近 30 户要建房，很难得。他们还想建在一起，节约用地，便于管理和服务。

这件事让我想到，黄垭村应该以木雕、盆景为切入点，因为该村胡书记就喜欢把玩这些。谢湾是进五山的大门，4000 人的集镇，街面很脏、很乱，门面房清一色“火柴盒”。这里的定位是“生态文明商贸村”。堰河以垃圾分类为切入点，田河以一改四建和茶文化为切入点，我已开始对“五山模式”有了更清晰的思路。

在回去的路上余书记对我说，这个村债务太多，做事不爽，现在他们在慢慢化解。有不少村为了面子，为了配合上面的任务，尽量化解债务，消除债务。债务没有了我也教他们别说，不然中央的“支付转移资金”就不给你们了，我不要“面子”。“里子”都搞不赢，“面子”有什么用？市国税局装修一个办公楼花了 200 万，他们怎么会那么有钱？他们又不是公司，钱从哪儿来？200 万如果给我，我能建 10 个非常好的有机茶生产厂，今年日子可能要好过一点。

有一段高速铁路从镇里过，那是国家的钱，村想从那里搞一些钱。乡镇政府机关现在人少了，可是工资还是发不齐。要是有一天国家能把中小学九年义务教育的教师工资由中央财政支付，那才是真正的义务教育，因为这一项就有400多万，一年有400多万，乡村的公益事业就好办了！

农村的事就是这样，领导来了大家很高兴，不来又很失望。来检查的领导说，我也和你们一样，上面说要检查，我们就抓落实。要对上面领导的领导负责啊，这就叫动态检查，静态汇报。

我在这里设计房子，估计农民只能接受20%。我与他们交流很困难，他们建房完全是凭自己的想法。有一户人家竟然把停车处放在自己的客厅，他的房子空了一大半用不着，可是他们建房时就是不愿留出一个走廊和阳台。他们有强烈的空间占有欲，而且对功能和美观完全没有概念，他们心目中最好的建筑就是像五山镇政府那样的欧式建筑。所以在这工作进展很慢，几乎没有人能接受我的建议。

有时你眼睁睁地看着他们在犯错误，在建10年后又要拆的房子，一点办法都没有。可能这是一个过程吧。

晚上，文畈居委会季书记请我和北师大的学生吃饭。我好长时间没与闵书记交流了，挺想他的。"五山模式"能做到今天，闵书记记头功。几次来五山没去堰河，原因是那儿有闵黑子，有他我就放心！

谈到"垃圾分类"，闵书记说："垃圾分类是什么？农民不了解，干部更不理解。垃圾分类在农民中推动有这么大的困难，原因就是干部观念问题。他们眼睛只盯着发展，发展是什么？就是钱！你孙老师没有带钱来，就不好，你还花政府钱，所以不少干部反对你，也有人说你是'巫师'，也有不少干部说我做表面工作，不踏实。我才不理他们，他们是什么水平？如果是省长、市长说我，我还想想，一般的镇、县干部我根本不理。"

"现在我是村书记，就是镇领导不做垃圾分类，我也要做！"闵今晚喝了不少酒，说话有点激动。我们站在镇中心小酒馆的河岸，我们俩一会高声说话，一会沉默不言。

"垃圾分类是什么？我心里知道，您孙教授更明白。五山不是缺钱，而是缺一种精神，一种超前意识。陈炜波时代有钱吗？可是陈书记做了多少事啊！没有精神的时代，什么事都做不了！"我看到闵书记眼睛涌出的泪花。

天渐渐黑了，在小河边，心里有了一丝春意。闵又说："钱花完了，就没有了，而精神是永远的。堰河村的精神也与经济结合得很好，垃圾分类做好了，村里有人来了，干部来了，吃饭多了，茶叶好卖了，村民团结了。虽然现在离你孙老师的要求还很远，我们还在不断努力，努力在做小事。做小事，就会有大事。垃圾分类是什么？就是招商引资，就是投资，这个道理绝大多数人根本不懂，可我懂。”

天很晚了，我们约好，本周日在堰河召开第二次村民大会，大家在一起聊天，聊我们村每天的变化，聊我们村还有哪些工作没做好。

那天晚上我想了很长时间。我们现在的干部工作，准确地说是对上级负责，说好一点就是对党负责，所有的工作要以中央文件为准。而我们做的工作没有中央文件，在干部眼里就是风险，即使是对的在他们眼里也是错的。对与错是以文件为准，所以现在很多干部没有真正领会中央精神，中央绝对不是这个意思。

从中央到省市，没有文件说农村要做垃圾分类，要倡导“农民精神”。现在人说的是“全国城市化”，显然我与余，还有闵在“违背中央精神”，对余来说是有政治风险的。

我是画家，也是一个生态画家，还是一个视觉艺术家。可真要给25户农民建房，那可不是开玩笑。建房要资质证书，万一倒了要坐牢的。

农村的房不是我说难看，我的朋友柳建是建筑设计师，与我一起来时，心里就很生气，谁设计的房？为什么这么难看？在清华大学读书的胡煜更是不敢睁眼，说这是中国农村建筑的悲哀！

盖房是农民一生中的大事，六七万元可能存了一辈子，谁不想盖一个好房子？盖什么样的房子却是个问题。中国有五千年的华夏文化和建筑文明，再说一方水土养育一方人，不同的地域有不同的民居。可30年不到的时间里，不伦不类的欧式风格横扫中国，而农民最熟悉的建筑却不存在了。

建什么样的房，政府并没有强调。很多地方政府还给农民提供了欧式建筑的样子，中国新建的办公大楼都是学的欧式，农民看政府的。显然政府对民族文化、传统文化没有考虑，全国上下在超常规发展经济，两个文明现在实质上只有物质文明了。

建房由农民自己选择，9亿农民都选欧式建设，这不能不说明问题：我们本民族的房子不好看？还是不时尚？还是工艺复杂？不仅仅是农村，城市建筑也如此。看来西方审美和意识形态在起作用。退一步说，假如农民兄弟真的能建得像欧式一样精致也行，可他们建的房子是，穿着中式服装戴着洋帽子！

大清帝国乾隆时代，整个世界都为中国的圆明园而骄傲。圆明园就是成功的中西合璧建筑。那时中国建筑就是世界建筑，中国商品就是世界的时尚。唉！现在真的“风水轮流转，各领风骚500年”呀。

这次在何家湾村建房也有复制堰河村之意。想设计一些东方文化因素，又有欧洲建筑之美的房子。最重要的是 150 平米的房子，只需六七万人民币。六七万在北京只能买几平米房，在农村却能盖一个 150 平米的房子。

何家湾村盖房，我会认真对待，因为我怕啊！房子建不好，我会被人骂 30 年。

余书记对我设计的农民房非常有兴趣，说这房子要建好可不得了，解决了农民住房的大问题。余书记对负责何家湾村的组织委员李哲清说，告诉盖房的农民，哪家房子盖得好，盖得漂亮，奖一台大彩电。6 月 14 日在盖房农民座谈会上，李委员发布了这个消息，农民乐坏了，盖房还奖彩电？政府好啊，种田补钱，盖房还奖大彩电！

何家湾农民建房，是建一个乡村田园社区、一片有品味的房子，要 50 年不落后的房子。怎么才能 50 年不落后，农民为什么有这样的要求？后来才知道是余书记在一次大会上说的。村领导又告诉农民，农民全知道了建房标准，50 年不落后。50 年不落后的标准就是：有设计意识，简单，有本地文化，社区有田、河、山、树、沼气、太阳能、中水回用、垃圾分类、鸟类、青蛙……这样的农村社区 50 年不会落后，在中国也不多。这就是扬长避短、因地制宜的何家湾农民住房。

6 月 20 日，38℃，好热。

上午我跟薛斌、北京《竞报》记者黎光寿等前往第三个复制村黄垭村。黄垭村很大，路程很远。一路上我们坐着那辆像摇篮一样的吉普晕晕乎乎地也不知开了多长时间。

黄垭村很大，有多大？村书记说从他家到村边界有 45 里路，而且是山路。一路尽是青山绿水，来往人较少，车辆不通。

车开了一会儿又停了，前面在修路。带我们进村的人是书记，我们跟着他一直往前走。来到一个人面前，介绍说是邱主任。邱主任说，黄垭村环境非常好，有山有水，山里还有山崖，可建小水电站……就是缺投资。要是有老板来投资，村里什么都好了。他长得很憨厚，头发少说三个月没理，裤脚全是泥，是个真正做事的村干部，我画了一张他的头像。

我说："你感觉能等到投资大老板吗？"他沉重地摇摇头，我接着说："如果一直遇不到大老板怎么办呢？"他说那也没办法，要改变村，没有钱什么也做不了。

领路的书记叫我们回村里见胡书记，在路上遇到一个打农药的农民。我问他打的什么药水啊？他说是杀虫清，药性不大，田里有不少螨虫。我有意问"六六六"现在打得还多吗？“不多！刚种种下菜的时候用一点。”我问这药哪儿能买到？他说哪儿都能买到。我问，你们自己家的菜地也用“六六六”吗？他笑眯眯地摇头：“不用，那药很厉害，吃了会死！”我说那田里的你为什么打呀？他笑笑不说话，我知道那是给我们城里人吃的。

这时我想起了河北定州翟城村老书记说的话，现在我们村每户号召留半亩“长寿田”，也有的叫“保命田”。我问保了农民的命，城里人的命怎么办？米书记说：“农民兄弟认为没事，城市人命大，命硬药不死。这在农村已是非常普遍的问题。整个社会因为失去了道德底线，中央开始宣传“八荣八耻”，其效果也不显著。

一会到了黄垭村胡书记家。胡书记先带我看了他种的很多盆景，大茶花树（巨大），是他改良嫁接的，还有很多带刺的大树，很好看。在他家里，发现他家是唯一带天井透光的房子。他对我说：“采光好，又节约电，家里还亮堂。”

他家有一套很厚实的长椅子，木质非常好看。我问他是什么木，多少钱？他告诉我这是一棵很大的银杏树做的。这棵大树砍倒后没有人要，他花了400元买下，又花了1000元做了这五件套。我和薛斌不停地用手摸，真的好看，木纹很漂亮啊，手艺也不错啊！胡书记对我说，做这个椅子的人就是他们村的人，是一个很有本事的人。我很高兴，说能请他来聊聊吗？

胡书记掏出电话就喊他来了。他叫胡万富，去过深圳、广州，在三级电影院做过美工。他说一级二级电影院要画得好的，他不行，只能照葫芦画瓢。喜欢画画，可惜上不起学，也不知怎么上学。

我指着这个五件套，问要多少天做完？他说：“几天就可以了。这些活不少是用手雕，所以就慢一些了。现在谷城、石花、五山很多人都知道我，东西送到我家里，做好他们拉走。这样好，比在外面做事好，在外做事很难还受气。城里人看不起我们，低人一等，我受不了……”

很快到晚饭时间了，在五山的日子虽说在农村，可是比在北京时吃的好多了。在北京每天为吃饭操心，这里不用，虽不是每天大鱼大肉，可是饭吃得很踏实。吃饭时候，邱主任从工地上来了。刚上任、还没有经过村民选举的妇女主任邱守玉也来了。吃完饭正式开会。薛斌做村情况记录。

我对他们说了一番话：每一个村都有自己发展的思路。虽然我心里有一点想法，可还不太清晰，今天来黄垭村的目的就是跟他们谈发展、谈希望，给他们注入热情，让他们看到自己的优势。

黄垭村树木资源很丰富，有书记和雕刻能人胡万富，有威信很高的天主教徒胡学文。正在修建的黄垭村茶场，一条宽阔的河流穿村而过，还有 2000 米水泥路贯穿全村。

黄垭村的发展靠大老板、等大老板不现实，那是守株待兔。你要等兔子路过你家门口才能有兔。可是村里环境这样差，垃圾这么多，谁会来？又能等到谁？等了 80 年，来了吗？

发展才有希望，不发展只能等死。黄垭的发展，关键在村领导。一个村不能发展，谁也不能怪，就是村领导的责任。

“村里不能发展，主要原因是什么？”妇女主任小声说：“心不齐！”“对！”我接着说：“人心齐泰山移。做干部的就是要受气，有好脾气、有涵养。有了涵养就有人缘，也就有人气，有了这些就是财富，就是最大的投资。”

“说了很多，村里该怎么做，你们村支部开个会，下个月我再来。如果你们真想做，我们订个协议。你们先把小事做了，‘垃圾分类’这样的小事你们都做不好，还有胆量做大事？”

干部们认真地说：“一定能做好！”

第十四次

水到渠成中的乡村建设

| 2005年6月22日 |

原本说好9：30到东湾村，先到何家湾村看看土地。可是到了11：30，余书记的会才结束。

后来，在车上余书记发火，说："他妈的，上面的政策变化真大。孙老师你说，农民问题解决了，可干部问题又出来了。每个镇要分流200多名干部，全国两万多个乡镇，那是多少人？这些人为农村奉献了一辈子，现在叫人回家就回家。他们找我吵，到我家、办公室闹，真头痛。我真不想当这个书记，简直没办法做事。"

"农民减7%的农业税，没有了七站八所，形势一片大好，农民很满意，不就可以了吗？可是中央又安排农民种田不仅不收钱，每亩还补20元左右。这笔钱今年有90多万，农民每户100元左右，其实也解决不了什么大问题。这90万三年就能解决全部分流的200多干部职工的养老保险、医疗保险，可是现在呢？解决"三农"好啊！可是那头的矛盾又冒出来了，这是解决问题的方法吗？"

我问："怎么了？"因为很少看到他发这么大的火。余说："上午有一个城建所叫翟国凡的职工来要补助、营养费、医疗福利。问题是今年财政只给了 10 万发工资。工资都不够发，每一个人办这些事要 1 万多。给你一个人，就有 200 人要办，200 多人就是 200 多万元。从年初一到年三十，哪一天没有来要债的，我到哪儿弄啊？难道去抢啊！你踹我家的门，我也没办法啊！"

"不能搞就吵架！你说我怎么办？是我不想办吗？今天真把我惹火了，老子就是不当镇书记，又怎么样。大家在拉我，我都被拉到门外了，他还一个劲喊：'余宝军打人了！'打了又怎么样，老子不当书记了，真气死人。"

车开了很长一段时间，大家也没有说话。今天是在东湾村调研。东湾村 2000 多人，比较穷。在那儿怎么发展，一路上我在想。余书记早晨发生的事，也让我头痛。那些人如果没有困难又怎么会这样找余书记吵架呢？农村啊农村，我常常对余说算了，再干几年就到绿十字来做吧！

余沉默了一会，车速慢了一点，对我说："唉，想想他们也可怜。一辈子为党工作，年龄老了，政策一脚把他们踹开，每个月只有 150 元够什么啊？没有地，没有技能，怎么办？"我笑着说，"不是说'三农'问题已解决好了吗？形势喜人，一片安定。按你这么说，问题还有很多啊。""哼！中央问题是没有了，人民一片欢迎。可是那些在基层工作一辈子，年龄大、被分流的人，怎么办？他们不是农民，又不是工人，更不是公务员。他们是社会的边缘人，是三无人员，他们的生存谁来管？他们受教育多年，素质真的不错，要是在城市还不闹翻天。"

"中央做事就是做这头，那头又冒出事。你的事解决了他的事又来了，只做好事，把坏事、难事留给了我们。"余唉声叹气直摇头，"真是急死人。谁制定的政策？真该打屁股。孙老师你想想，要是能把直补的钱先给这些被分流的干部，办好医疗和养老保险，三年之后再给一个'种田直补'，农民又高兴，多好啊！这就是不懂做事的方法，好办法一下子用完了，以后呢？"

"其实在 2003 年第一次深化乡镇配套改革时，问题就出来了，这些无医疗、无社会保障、无基本生存的三无人员，一定会出事，我敢肯定。中央不到出了孙志刚事件是不会管的。"我很忧虑地问："那你解决了这个问题吗？"余接着说："不解决哪行。我又叫分管组织工作的张委员喊他来办公室谈，给他补一点钱，安排一个工作，一个月 350 元。不工作又怎么补啊，那其他人知道了不闹翻天了。原来一个月 150 元，也实在是少了点，我实在是没有钱啊！”

“分流干部找到市县领导，他们对他说这事只有余宝军能解决，他回头又来找我。”余是一个很温和的读书人，这会儿脸也青了，骂骂咧咧地说：“你说我们好不容易在田河为五山茶人做了一个‘五山茶坛’，他硬是把坛上面的我和镇长梁河桥的名字给砸了，你说气死人不？想想我有时真想揍他，算球！书记不做又怎样？”

过了很长时间，余苦笑了一下说：“我不应该发火，还好没有动手。想想我们要是换位思考，要是我可能比他还闹得还凶啊！”

只顾骂人，车开过了。开到哪了？大家在车上哈哈一阵。我说，说多了路线就出问题了。

何家湾村有25户农民集中建房，建房时可以卖一些宅基地，就有一点收入，也是为村民做好事。对镇政府来说便于管理，整齐，是建立小康示范村的新榜样。对绿十字来说，推动农民建设反映本地文化的住宅，价格在六七万元；同时可以利用这个机会，对农村生态社区进行重新调整。在这个农村社区中有山、树、河、田、鸟，还有中水回用、沼气池、垃圾分类、太阳能，这个新型的未来农村社区得到政府大力支持。

昨晚和城建所小胡工作到很晚，就是为何家湾村25户农民设计房子。我画了近30套房子设计草图。草图不可能把材料说清楚，因为我也不懂，我只会画效果图，具体还要他们去领悟。技术、施工、质量可不能马虎，特别是第一套房子的建设一定要用心，要认真啊！

城建所属于七站八所，工资发不了，月工资每人在150元。原来农民造房还有规划、审批，不批不能盖，批是要收费的，特别是农民占用耕地控制很严。现在农民建房彻底没人管，在田里、公路边、山上，想怎么盖就怎么盖。9亿农民占用耕地盖房是极可怕的数字，这些七站八所不能向农民收费了，也确实减轻了农民负担，农民欢迎，政府也主动配合。不过我认为不能彻底取消，应该考虑如何改革机制的问题啊，要么左、要么右，当初建是政府需求，现在拆也是政府需要。余书记和镇干部同我一起下乡，一会说这里怎么又盖房了啊？一会说，那怎么又下地基了，真是七处冒火，八处冒烟。我说这属哪儿管？城建所？土管所？那怎么不管呢？余看看我，又看看天，说老天爷知道！

他们一脸的无奈，那些单位工资都发不了。农民建房只交5元钱就可以批了，批地权力实际在村里。村里是“熟人社会”，酒杯一举政策放宽，酒杯一放房子盖完。对城建所也批评不得，否则会说你们给发工资？没有工资你们来管管看，饿着肚子能做事吗？农村建筑这几年就是在这样无序状态下，变成今天的“农民欧式瓷砖房”。当然不能简单地归咎于城建所土地的管理问题，这只是间接原因；主要原因还是农村完全失去了管理，用干部的话说：太民主了。

在农村，自治既不是法制，也不是人治，更不是民主。自治本质上是家族式管理，是以血缘和亲情混合一体的管理方式。今天我们把民主与自治联系在一起，有些说不清道不明了。民主是城市概念，自治是乡村概念，两者不能混淆在一起。

自治是中国几千年来特有的一种文化现象，中国历来就是村民自治或叫乡绅治现。乡绅就是今天的村干部，他们不拿政府的钱，钱都是村民筹的。这些乡绅们拿着村民的钱就要为村做事，就像今天城市中公务员拿纳税人的钱一样，谁出钱就要为谁服务。现在之所以上访很多，就是因为村干部这个环节出了问题。这些问题就是生活环境污染，村集体事业瘫痪，村干部自治能力下降，抓稳定高于抓发展，这还是自治路径出了问题，是基层政权瘫痪所致，是用城市管理模式在管理农村。现在中央的政策好，可是政策不能有效地传递下去，以致农民说"中央是恩人，省市是亲人，县里是恶人，村里是敌人"。问题就出在镇与村之间的责任区有严重的分离段。研究中国问题不能不研究乡村自治。

中央—省—市—镇　　问题　　村—组—农民

解决这些问题我画了上面这样的图，问题就出在这个方块。中国计划生育为什么会成功？就是中央、省、市、县、镇、村、组联手合作，行动统一，村作为工作主体。那时做工作有多难啊，有些手段也相当粗暴。可是它适应当时的中国，也有效果。我考虑这件事成功与失败的关键在哪？这个方块分离了农民与政府，也就是今天的乡镇代替了村的作用，今天的管理是城市模式代替了乡村自治。

"村"是整个农村运作的中心。村与镇不一样，村里的干部与村民有血缘与亲戚关系，村干部是村民选出来的，村干部做事不敢坏到哪里去，他们不当干部还是农民；就是到城里生活了，他们的父母、亲友还在村里，这是对村干部在伦理与道德上的监督。村干部想为村民做一些有面子的事，让村民看得起的事，这种观念与镇干部不一样。

村干部现在很尴尬，因为他们是村民选上来的，工资却又是政府给的，谁给钱就得听谁的，这就造成村干部左右为难的自治局面。村干部并不是为了那点钱，其一是为面子，其二是想为村里做点事。在村里谁家孩子当了村干部，那是一件非常光彩的事，如果做不好事，他们回到村里还是农民，农民面子高于一切。

镇干部做事，是以市、县领导满意为标准，是向上负责。市县镇的干部生活在城市，不生活在农村；子女也不生活在农村，父母也不在村里。他们与村里没有血缘关系，所以他们的工作目的与农村无关。村干部向农民负责，镇干部向政府负责，这两个目的不一样。

正因为这样，近几十年，“三农”问题愈演愈烈，其中村镇二级的债务问题占农民上访的55%，土地二轮延保不合理的占25%，民主选举矛盾占15%。这些矛盾绝大多数是政府决策问题，是政府在制定政策时的不合理，对乡村情况不了解所造成的。其他占5%，是正常情况下的问题。新农村建设中，“三农”问题内耗矛盾花费的精力太大，镇干部与村民的矛盾加剧，村干部代表农民，镇干部代表政府，久而久之，直接导致县市与村民的矛盾激化，影响到农民对政府的信任。其实，村里的许多问题如果由村干部来处理，就简单了。我在农村十年了，很多政策上、经济上、家庭纠纷等问题，极为复杂，派出所和信访局也解决不了，最后我还是请村干部出面。对他们来说就像处理家庭的事，没什么理由。这种方法有时很霸道、很不民主，但总之村干部能保证一方平安。

艺术中的真、善、美来自生活。中国历史上不缺少真、善、美。但是这些年来，人们在呼唤真、善、美的同时，道德美、生活美、艺术美却在一天天沦落和倒退。只有人的心灵美，才会有真正的艺术美，才会有人与自然相得益彰的美，才会有社会伦理道德的美。

现在农民建筑只能说是房子，遮风挡雨罢了，做得很粗，没有美，没有文化，更谈不上中国建筑历史的传承。

龚益说得好，堰河人能在这沸沸扬扬的浮躁中，静下来做一些小事，以垃圾分类来推动一场生态运动，其实是一件创举！垃圾分类这样的小事现在都很难做到，可以想象出，这个时代的人天天在想什么、要什么、做什么了，太可怕了。

我们静下来为农民设计房子，没有功利之求，未来怎样？想多了心烦。一生中能做几件有模有样的善事，就知足了。

所以我执着、顽固、用心，只因为农民需要我，因为我们的技术和理念在农村有市场，我就开心！

6月23日，龚益、宋庆华（民政部社区建设顾问）来五山考察，并在谷城县做一场“和谐社会与公众参与”培训，这是世界银行支持的项目。受训的有五山镇小康示范村的五个村（田河、堰河、黄垭、谢湾、何家湾）和镇宣传委员、县局及各乡镇主要负责人，目的就是从领导开始，继续推动“五山模式”的复制。通过专家宋庆华的指导，结果就是不一样。就像“垃圾分类”，北师大教授来说，或由余宝军来说，结果和可信度是不一样的。

村里要调动干部和学校的积极性，进一步让百姓理解，要做深入的工作。特别是制定“村规民约”，要实际、简单。堰河村一定要制定一个自治的“村规民约”。一个社会系统的“公约”是社会的自律，内心世界的法律；而法律是外部的、强制的“公约”，只有二者结合起来，社会才能和谐，才能文明。

我做事就是一本正经，非把“五山模式”做成不可。大的方面由政府和我做，小事小节由村里干部管。早晨7：10堰河村闵书记来了。我很担心，堰河村不能停留在现在的水准上，要继续在细节上落实，不能只做花架子。

闵问我，下步怎么走？我用笔在纸上写下“村规民约”：

干部做的工作：

写出有特点的口号，如让垃圾不出村，让污水不入河！目的是让下游村庄的人喝上干净的水。
封山育林（体现沼气池的功效、作用）。
改良土壤，恢复生态（沼气池作用，封山育林）。
不吃野生动物、不赌博、不打牌。

村民做的事：

剪指甲、晒被子、剪头发、喝豆浆。
村小店不售含磷洗衣粉。
农家乐、旅游接待户不使用一次性筷子、一次性塑料袋。
村民买菜、购物使用竹篮子。
村民门前种菜、种花。
家里床、家具、被褥摆放整齐。
说普通话、讲文明话。
不随地吐痰、扔杂物。

我一再叮嘱，这些事要大家来定。堰河现在没有钱，就做没有钱的事，等有钱再继续做好“生态天艺茶庄”。这叫有钱做看得见的事，没钱做看不见的事。

细节决定成败。这话说得多好！堰河村如果在细节上再使一把劲，那就是真正的文明村！

此行宋庆华讲的和谐，与我做的和谐，应该是同一道理。这些年与宋庆华虽在一个城市，还真没有听过她讲课。听说她讲得非常棒，祝她谷城之行成功。

在22个村和社区中确定了5个复制村（原定的5个有一些调整）。主要原因是要找寻到认同并能积极参与的村庄。同时，绿十字也希望与镇政府一起，找到除堰河、田河村之外新的亮点，我们称之为“一村一法”。

垃圾分类、沼气池推广、生活习惯改变、污水处理，除堰河、田河之外的20个村，在一年多推广中并不理想。我们在寻找原因，最后发现还是我的方法和活动形式有问题。

每个村的村干部兴趣不一样。村干部的兴趣点是由村里的交通、文化、经济、劳动力、干部能力和村里的社会关系决定的。堰河村的垃圾分类是因为闵书记认识到它的重要性。用一个标准来推广“五山模式”是不行的。在推广复制过程中，有些村干部明显感受到，这个标准不适合自己的村。

我们之间缺少交流，不了解复制5个村路径在哪儿。今后要寻求不同的兴趣点和切入点。

2005年6月，绿十字以参与式农村评价法与当地村委会和村民共同制定了5个村不同的发展计划。

总纲：寻找村庄个性，发展“一村一品”，调整多样产业，重建乡村文明。

谢湾村：富裕村——创建农村生态文明商贸市场，实施垃圾分类，树立五山门户的文明形象；

黄垭村：贫穷村——全村85%为山区，交通不便，森林资源丰富，发展以根雕、木雕为主的农副产业，整治环境，尽快脱贫；

何家湾村：债务村——实施垃圾分类，推广“一池四改”，发展养殖业和专业建筑队伍，环保带动发展和致富；

东湾村：中等收入村——实施垃圾分类，推广“一池四改”项目，充分利用养鱼优势，建立沼气池—养鱼—娱乐—餐饮为一体的生态经济。

昝家铺村：宗教文化村——实施垃圾分类，推广“一池四改”项目，建设生态茶场，打造民俗宗教文化旅游。

作为镇书记、镇长，我认为余的作用就是把握大方向。而梁镇长就是想办法集资，钱就是我全部的工作基础。没有钱不能发展，人不能安定，工作不能落实，上级领导不满意，自己压力大。发展是硬道理，有钱是铁道理。

生活不真实，道德能真实嘛？五山农民问题解决了，就“和谐”了。乡村问题不仅要靠制度完成，更要靠责任和习惯。和谐社会的定义：一个有能力解决和化解利益冲突，并由此实现利益大体均衡的社会。

6～10 月要完成的第一件事，就是在堰河村、田河村开村民座谈会和交流会，在会议室挂上村里的历史故事照片。做一个村民垃圾分类满意程度调查，以推动各方力量系统做工作。封山育林，每家门口的绿化美化。村里做一个环境教育柜台，个人养成卫生习惯。做剪纸培训和烹饪农家菜、家庭茶艺培训。成立“村民环境教育咨询”小组，主要是对外宣传教育。再召开一次村里干部的会议，目的就是“看到成绩，找出缺点，继续向前”。

第十五次

复制、复制再复制

| 2005 年 7 月 1 日 |

“五山模式”背景是南水北调从丹江口调走 32.5% 的汉水到北京，这已严重超过了河水承受量的 16%。国际上河流调水也有先例，但调水最大限度为 20%。到 2010 年，整个丹江口下游地下水下沉 25% 以上，生态灾害已形成定局。有评估报告说襄樊直接经济损失在 106 亿。

农村分田到户之后，公共的街道变成了污水沟，曾经的村里晒谷场变成了垃圾场。河段、山林个人承包了，村里的树林分给了个人……纯朴、善良、诚实的中国农民，随着这场经济市场化的改革，获得了富裕，摆脱了贫穷，同时也丢失了一种似乎用金钱永远不能购买的文明，这种文明是用五千年的时间和过程培育酿造的……

湖北谷城县五山镇堰河小学，有 40 名学生，3 个老师，代一至四年级的课。学校唯一的办公用品粉笔，每节课只发两支，用完就没有了。相比之下，堰河村年人均收入在 2750 元，算中等偏上的农村，80% 的家庭用上自来水，70% 以上住楼房，60% 的家庭有摩托车、农用车，50%有电视、VCD，40%的人使用手机，30%住户用上液化气、沼气……可学校还是那么简陋，捉襟见肘，很尴尬。

当前的教育发展趋势中，“教育精英化”对于农村地区、贫困地区、城市贫困家庭和父母文化水平较低的家庭子女产生了不利的影响，马太效应已经十分严重。一方面，城市拥有国家财政投入的教育经费，投入雄厚资金，兴办的重点学校具备师资和教学设备诸多优势；另一方面，落后地区尤其农村地区教育经费由县级财政筹集，连起码的教师工资都不能保证，教学设备、师资力量严重不足。

这个学校的校长心情沉重地对我说：“中国的九年义务教育，其实不能算真正的义务教育。乡村女孩读完初中，80%以上就不读了，实在是读不起。我们这个村算是当地比较好的村，这儿的孩子都读不起，那山里的孩子呢？什么是九年义务？农村现在有两项支出，第一就是小孩上学，已变成农民最大的压力。一个孩子的教育费支出占实际现金收入的12%，一般人家两个孩子，就是24%。如果读初中，就要到镇里或县里，那只能有一个孩子去读书了。因为两个孩子读书的费用要占46%，那么盖房、看病、买生产资料就成问题了。你说这是国家的义务教育吗？我们老师的待遇就根本不用提了，一生献身农村教育是终身的无奈！”

目前“三农”问题，我们从媒体上似乎看到的是与时俱进，是小康社会、和谐社会。标语一轮轮地换，文明和环境“江山依旧”。我们已习惯这样的宣传，接受这样的现实。

6月13~24日，为复制堰河的模式，先后到何家湾、黄垭村、谢湾村、东湾村、昝家铺村进行调研。在调研中，我印象最深的就是负债。5个村平均负债在40万，这些债务给村里的发展带来巨大的压力。为什么会有这么多债务呢？

一句话，就是浮夸风、虚报所造成的。我在进村的路上问余书记，你也虚报吗？余不假思索地说，咋不虚报啊？不过现在我们基层干部也学会了，看什么情况，比如困难报大点可以得到更多的支持，我们就报大点。至于有些统计数据上边叫怎么报就怎么报，反正也没什么意义。我对村干部说，你们债务就是化解了，也不能说，将来可能有转移支付，可拿钱来修路，“要想富先修路”。

余书记严肃地说：不实事求是，全社会都想做大事，已形成了一种惯性，这很可怕！堰河村能做好，就是脚踏实地。堰河村书记在北大资源大厦讲座时说的一句话非常好：我没有水平，但绝没有水分。

这些债务，基本上是2004年以前的。第一是村里为了交农业税和三提五统，因收不齐而从信用社、银行贷款。第二是农村要建学校，上边没有拨款，或是只拨部分款。上面领导要检查，要来参观，小孩又要读书，没办法，贷款吧。第三是“七站八所”的干部人员工资，仅五山镇在税费改革前后的村干部，就从437人减少到117人，减少了320人；镇机关人员从87人，减少到40人。第四是改革开放初期农村大办乡办企业，五山镇与全国的乡办企业一样，基本倒闭，这部分债务占村债务40%左右。

村书记就是一个村的家长。家里一旦有债务缠身，做起事来就战战兢兢，说话都不硬气。债务指望乡镇政府来解决，村里是一分钱也没有，成天都在躲债。

5个村中，有4个村一开口就说：我们这有山有水，只要有一大老板来投资，我们这里马上就能搞旅游，办农家乐，就能发财。说得非常自信。我问：有大老板来投资吗？他们摇摇头。我又问，你们这个想法有多长时间了？“很多年了，有七八年！”村干部渴望地告诉我。

钱在这里就是希望，就是农村发展的唯一动力。我想到一篇文章中提到：中国2004年花在官方用车招待、出国考察上的费用高达7000多亿，其中车费3000亿（相当于每年建一个三峡大坝的费用），招待费2000亿，出国考察2000亿。这还不包括因为决策失误，乱搞形象工程和政绩工程所造成的浪费。有一个国家正厅级干部对我说，中国应该每十年来一次运动，毛主席说得对，中国的干部需要运动。政府腐败已经是正常现象了。问题就在国法不严，人情大于法。一当社会的潜规则变成社会规律时，政府机制的功能就会大大降低。

城市的公款消费与农村的建设投资让我心里极难受：我们很多干部是人民在养着，却一点没有体会到农村今天缺少资金的生活境况。

这几年，堰河村做到了：在环境、生产、公共设施上投入55万，其中政府配套资金约30万，村茶商投资20万，村自筹约5万。

我经常开玩笑对各村书记和主任说，你们知道守株待兔吧？可是兔子要去的地方，一定是它很想去的地方。五山距襄樊100多公里，距县城30多公里，没有名胜古迹，就是山。这些山不仅仅是你们这里有，全国哪儿都有。就是这样的地方，兔子会来吗？

兔子来堰河村是因为这里干净。我们这儿的农民只做了一件小事，垃圾分类。不然中央电视台、湖北电视台、《人民日报》、新华社、《光明日报》、《农民日报》、《中国环境报》、国务院发展研究中心、中国社科院，还有日本东洋大学博士后凭什么要来呢？

他们可是大兔子啊！

绿十字第十五次来村里，还是做小事。我们跟村民一起订“村民公约”。因为现在来的人、学习的人多了，可是我们做得还不够好。很多村民、村干部都在反映，所以小事要继续，求真务实，不然兔子还是要跑掉的。

“村民公约”做什么呢？学会饭前洗手，剪指甲，厨房抹布与客厅抹布分开，不使用含磷洗衣粉，门前种些花和草，盖房不再贴满瓷砖，学会讲普通话……

大老板投资是千年等一回，可身边的小事随手可做，不要等兔子，我们自己就是兔子。农民说得好：村村梨花开，自己家里种的石榴花才是真的花。

我常常和朋友说，我恨不得把闵书记克隆 1000 个，每个村发一个！“五山模式”就彻底复制了。

“五山模式”不仅仅是堰河村，而是五山镇 3 万村民。“五山模式”说大是为了抵御 2010 年南水北调的丹江口下游生态危机而建立的一种农村生态模式；说小就是回归我们五千年农民最朴实的、最简单的、最真实的本质。

什么是“五山模式”，什么是“农民本质”，什么又是“小康社会”呢？说实话，做小事，有一分钱做一分钱的事，踏踏实实的生活，就会成为总书记说的“和谐社会”。去年我在一张《人民日报》上就“与时俱进”这个名词一下找了 300 多个，今天在任何一张报纸上找 100 个“和谐社会”的名词那是“小菜”。我也敢肯定，任何一个城市、县市就是任何事不做，评选出 100 ~ 1000 个“和谐社区”、“和谐模范”、“和谐企业”、“和谐标兵”那也是简单得不能再简单了。再组织一场“和谐”先进事迹报告会，也一定让你听得热泪盈眶。那管用吗？

今天在堰河村召开第二次从 1949 年到现在的村历届干部座谈会，没大事，只是说小事，做小事。最后讲一句话，就是在座的大多是共产党员，我不是共产党员，可我受党教育多年，只知道“没有共产党就没有新中国”，知道共产党员最讲“实事求是”。现在能记起当年入党宣誓的人真的不多了，我们堰河村党员干部没有忘，就是“全心全意为人民服务”。

一个时代有一个时代特定的文明与信仰，同时又有一个时代特有的困惑与挑战。五山正是在“三农”问题这样一个特定的背景下，演绎了一场建设文明与和谐的新农村的悲喜剧。

在五山镇堰河村，三岁的小孩都会拿着果皮问大人：“垃圾扔哪儿？”进入秋收农忙，村里垃圾清运停了三天，农民就来找村干部，说垃圾不清运，垃圾咋倒？村里干垃圾（可卖资源），湿垃圾（可堆肥的），是严格分类的。在村里要是看到有人乱倒垃圾，村民之间就会悄悄议论："连垃圾都不分类，真没文化！"

2004年9月28日，在五山镇的一次"生态文明新村建设"动员会议上，镇党委书记说，这些年来我们已习惯于做大事，做领导感兴趣的事，做"形象工程"，只管奠基，只问剪彩，只问有哪些领导来？结果呢？几十年下来了，农村又出现了"三农"问题，老百姓有意见，生产力下降，环境被污染，教育面临滑坡，基础设施落后，观念陈旧……农民、村干部普遍对我们有意见，我们不能不思考"为什么"？五山镇党委书记肯定地说："就是干部观念的陈旧与老化！"他在干部会上多次提出，街道、村要全面实施垃圾分类，从小事做起，没有小事就做不成大事。

当年乡镇领导曾私下里对我说，"五山模式"能带动经济吗？能解决"三农"问题吗？农村干部观念和水平本来就比城市低，他们没有学习的机会。我说你们不是常常到党校去学习吗？镇领导笑了说，很多人把那儿当成了拉关系和交际的地方，再说所学内容与现实相差得太远，学员不爱听，老师观念陈旧。这就是现阶段中国农村贫穷的重要根源之一。所以要在农村搞好环境、经济、文化的协调发展其实非常不易，五山能做到今天已经超出绿十字的想象了。

"新环境、新经济、新农村"，不仅是思想解放或观念创新，更是"三农"问题之后的必然选择，是五千年来汉江农民精神的重新崛起，是一次时代变革的机遇。

我们这个社会由两种文明开始步入到三种文明，多了一种"形式文明"：形式主义，浮夸成风。这样的文明大家都反对，可是大家都在做。我经常问我的助手刘波"可以不做吗？"刘笑着说不做不行，这股力量太大。于是乎我们就讨论怎样把形式化也做得有一点新意，有一点水平。于是在五山有了很多不同的口号与标语，不少来的朋友和领导都说五山人有水平，连口号都能让人耳目一新。

农业大学叶齐茂教授（国家建设部新农村建设顾问）看到堰河村，很兴奋，要我总结"五山模式"上报给建设部领导。叶齐茂教授说堰河村与欧洲一些先进国家的农村建设一样，是新农村建设做到很高的层面。目前中国新农村建设还处在一个很初级的层面，很多地方做成了建房改造，做成了民俗旅游，做成了房地产；五山不是，没有新房，没有追求城市化，做了一个乡村现代化的新农村，一个可以复制和推广的新农村。

堰河村的环保小卫士

“五山模式”在慢慢地为人们接受，彭培根不停地为“五山模式”呼吁，他亲自与老首长、湖北省省委书记俞正声联系……

工作期间为帮助一个做生意的朋友又借出一笔费用，而因这个朋友生意做得不理想，使原本就很艰难的绿十字陷入了极度的窘境。有时甚至因为害怕催债，电话都不敢接……荣老师常对我说：没钱了！没钱了！我在安贞小区医院看病时掏空口袋还欠16元，医生的眼光让我无所适从。那时只有低下头，忍住不让眼泪往外涌。这是我孙君一辈子都没有遇到的境地……这时一个男人的尊严使我不能让别人看到泪水……最终医生还是动了恻隐之心，可能觉得我不像是骗子，他让我明天再来还钱。走出医院，给张阿姨女儿余晓燕发了信息，于晓燕和他的爱人立刻送来1000元，带了很多吃的东西。看着他们，心里好一阵酸楚和伤感。

在北京有张阿姨心就会安定，她像母亲一样关心着绿十字的成长，也关心着我的生活和工作……

张阿姨住院有很长时间了。7月22日上午去看她，只要我在北京，每天都会去看她。在北京我没有家，也没有亲人，这几年来唯一让我感到亲情的人，就是张阿姨了。张阿姨家离绿十字有250米左右。因为离得近，就常到她家，渐渐地觉得那是我的一个家，也是绿十字的家。

家不仅仅是住的地方和享受生活的地方，家应该有亲情般的感觉，这种感情是很细微、很平常的。比如说中秋节到了，与家人团聚就是一种感觉。这种感觉首先是团聚，是亲情的团聚，这时有“月饼”才有“圆”，这种“圆”就是“情”。再说端午节吃粽子，也是一种亲情，我从街上买来的粽子虽然好吃，可就是没有一种情。而张阿姨亲手包的粽子，就完全不一样，粽子是暖的，是热乎乎的，有钱无法取代的珍贵情谊，能让我感受节日，这就是亲情。

这种感觉只有远离家乡的人才极为渴望，也是很多人很难体会到的。记得1980年在浙江当兵，是我第一次远离家乡，在浙江宁波过第一个中秋节。那晚月很圆、很亮，月光洒着一地银辉，就像安徒生的童话世界。那晚部队每人发三小块鸡蛋大小的月饼。我一个人独自坐在月下，只有影子陪着我，没有风，也没有任何声音，远处从河里飘来阵阵河水的湿香，让你觉得鱼就在你眼前游动。那晚我流泪了，忽然觉得自己长大了，知道了家的真正含义。

绿十字在我心里是一个很不成熟的孩子，同样在张阿姨心里更是一个很弱、很小的婴儿。在这一年多中，没有哪一天她不念叨着绿十字的经济、项目和人才状况。她常常把我拉到没有人的地方，说绿十字没有钱发工资了吧？没有赶紧告诉我。一会儿又悄悄地对我说，合作要小心，有些人不可靠，你要小心和这些人合作。我就像一个孩子一样，低着头听张阿姨说。这种交流和举止就是母与子之间的感情，母与子之间的爱。这样的亲情，对我来说就是绿十字的坚实基础，稳稳地、扎扎实实地让绿十字在一年中一步步向前。张阿姨因为在所居住的小区和周围社区推行垃圾分类而成为“北京环保之星”，福特环保奖获得者。绿十字能走到今天，阿姨天天时时都在操心啊！

前几天，张阿姨对我断断续续地说：我可能出不去了，樱花园小区的垃圾分类我做不了啦……曾经坚强的张阿姨现在弱得连路都走不了。昨儿个她还能走30步，今天却一步都走不了。我非常清晰地感受到生命这时已走到了尽头。张阿姨对我说：“我有一间房子，十月以后就不用了，你去住吧，中午一定要休息。叶榄来北京也有住的地方了。你们在透支生命，知道吗？”我说：“我有房子，不用了，您不会有事的，我们还在等您回绿十字，等您回家啊！”

我眼眼睛湿湿地看着她的眼睛，她吃力地睁着眼睛，眼睛里透出亮的光，清澈透明。她拉着我的手，在急促地喘息中，小声说：“我会努力，尽力回家，我还想看看绿十字。”

每天张阿姨只让我坐五分钟，就赶我走。我知道她怕影响我工作。昨天张阿姨很内疚地对我说：“对不起，每次都赶你走，不要怪我，好吗？”

这就是张阿姨最后的声音！

我怎么会怪呢？张阿姨性格中的坚定，做人的光明磊落，是我和我的朋友所敬仰的。北京环保基金会的江小柯、李笑平，北京电视台的霍秀，樱花园中学的高老师和很多老师，绿行者叶榄，绿十字的同仁们，还有 EPD 学校老师们都以不安的心情等待着张阿姨的康复。

7 月 22 日我离开北京时就对张阿姨的女儿说，我要出门十天，不知道张阿姨能否等我回来？她说，应该没有问题，你安心工作吧。离开病房时我心里就知道……

我眼巴巴的看着一个精悍的老人倒下

我不安地看到一个痛苦的老人在说：痛

我痛苦地再不敢看着一个奄奄一息的老人

我感受到生命的脆弱

我们梦想张阿姨回家！

“2005 年 8 月 3 日凌晨 2 时 40 分去世。走时安详，斯时天降雨。”张阿姨女儿于晓燕发给我的信息。

8 月 4 日，荣老师告诉我，绿十字在网上发布了张阿姨的讣告。

我原定 10 日回京的，决定提前到 8 月 6 日。

7 日上午 10 时在八宝山竹厅举办张志新告别仪式。消息传出去，环保界的朋友来了不少，江小柯、李孝平、李皓、汪永晨、刘春蕾、霍秀、李利亚、荣尊堂、高俊华、封宁、张俊峰……参加了悼念（廖晓义、史根东、叶榄、班理有事未到，送了花圈），在京的环保学会、协会都送了花圈。

张阿姨，您一路好走！我要告诉您，朝阳地区的软包装回收可能每月有 5 吨，到下个月就快有 15 吨了，你高兴吗？绿十字无论如何会在樱花园小区建立真正的垃圾分类，这是您的遗憾，也是绿十字的遗憾！

8 月 18 日余书记发短信交流：

余：“孙老师，省建设厅反馈信息，省委书记俞正声批示：要认真研究‘五山模式’。厅长下周来五山调研，闵书记还要在省市会上发言。”

孙：“好啊！可是五山的事还要做细啊！”

余：“唉！任务艰巨啊！没有钱啊！”

孙：“哈哈哈！你有办法，党的力量是无穷的！”

……

好消息大家享用，我赶紧告诉我的朋友和老师：孙光玥、封宁、樊维亚、余晓燕、龚益、林家彬、陶康华、彭培根、边映男、叶榄……

几天之后的中秋节有月饼吃了，是快递公司为企业送月饼时剩下的。这年头有时礼也送不出去，送礼的人很痛苦，我们呢？因为没有月饼吃很痛苦。中秋我和王华宇两个人在一起过。我们都看着天上的月亮，那晚天上的月亮和我们的心情一样，爱人在马鞍山，女儿在安徽上大学，真是月有阴晴圆缺啊！

上周六我买了5个馒头，一瓶豆腐乳混了两天。18层楼太高，事也太多，上楼就不想下楼了。今天也是这样，昨天啃了两袋方便面。今天是过节，收到无数信息，很多信息很感人，可惜不是发自内心的祝福，都是大家转来转去，我看了总觉得没意思，都麻木了。

幸福这个名词对我来说，比一般的人感触要多得多。这45年中可以说我是知足、满足的，可是在常人眼里我又是一个很辛苦、不爱过好日子的人，一个爱弄潮的人。这就是不同的人对幸福有不同的理解。

2005年夏季，女儿大二。女儿与我分开近8年，也就是她刚上初一我就离家了。8年间女儿常在电话的那一头说，爸爸你长什么样啊？都快记不起来了，说着说着就哭了。她母亲说我不是一个好父亲，更不是一个好丈夫！今年暑假我希望女儿来北京做义工，这一点西方的教育就比我们成功，他们的孩子放假都要做义工，而且考大学要看你做义工的经历。2005年一放假，我就把女儿接到北京。我也想女儿了，想看看女儿。女儿一下火车看到我就说，爸爸还是她心目中的爸爸。

这几年我和我在地球村工作时的一个同事住在一起，我和他一起开了一家“国嘉快递”公司，希望通过赚来的钱做公益。可是两年中我们没有赚钱，生意做得很艰难，我的日子自然过得不是很好。所以我和女儿住的地方是和公司在一起，每天几十人走来走去，很不安宁。

女儿是学环境设计的，我介绍她到北京房修艺公司赵俊英董事长那里做义工，赵俊英又把女儿交给柳建。就这样，女儿开始工作了，这是她人生的第一份工作。每天中午单位提供一顿饭。那顿饭女儿从来不吃，都留给我，因为她知道我中午在单位有饭吃，晚上就没饭吃，过着饱一餐、饿一顿的生活。女儿中午省下来的饭，晚上一定要看着我吃，自己只吃一小口。女儿说她要减肥，不想吃。自从女儿来，我就有晚饭吃了，也就幸福了。女儿的爱是真真切切的！女儿在北京的日子，每天我都在知足和满意中度过。

我在家乡是天天都有好吃好喝的。朋友、家人常常问我想吃什么？我常说不知道，随便！

现在不同了，昨天在骑车回家的路上，忽然远处飘来一阵红烧肉的香味，觉得想吃肉了，而且非常想，那红烧的、油油的肉上撒上翠绿翠绿的小葱……

有一次我准备掏钱，发现口袋里没钱，那次是看着肉掏不出钱，还给人家骂了一句："穷鬼！"

这次是人还没回到家，就给王华宇打电话，赶紧做饭，我买红烧肉了。这样我三步并作两步在酒店要了一碗"毛式红烧肉"，肉还没有烧，就感受到肉的香味了。这种感觉就是一种幸福，幸福和满足建立在没有、或常常没有而突然有了之后，如果一天三顿都是肉，就没有今天的幸福！

广播中说，月饼太多了，吃不了就去喂猪，去当肥料种花。这叫有人高兴有人愁啊！

女儿走时对我说，她毕业后一定要来北京，要让我天天幸福！

平日在单位，中午有食堂，可是一到周六日就犯愁。我是一个很懒的人，家里有冰箱、煤气、微波炉，楼下有菜场、饭店，可我就是不爱下楼，不想做饭。好不容易有一个星期天，就想静静地画画、看书、休息。好在是一个人，懒成什么样也没人知道，这就是单身的好处。

很多人说不幸福，说人生如戏。哈哈，说得不错！就是因为在艰难和痛苦之时，他们选择了放弃和回避，也就是说快接近黎明时候，快靠近幸福的时间，他们放弃了一次、二次、三次，就成了人生苦短啊！

在北京的日子，在常人眼里是艰难的、痛苦的，可我心里是觉得是幸运、开心的，因为我心里装着宽容和希望。

没有哪一年比2005年更艰难。"五山模式"从"三农"的大背景开始入手，公益柜台时起时落，资金的艰难常常把我和封宁推到绝境。与教委合作的联合国EPD北京项目（我作为常务理事）让我再次感到公益事业并不阳光明媚。与鹏发房地产合作领教了商场的无情……其中的困惑让我无以言表。绿十字的理念在几年中唯有可数的几位认同：马黎、周霁、陈启合、余宝军、闵洪彦，因为他们的认同和支持才使"五山模式"逐渐成熟。那是我们绿十字的造化。

作为NGO代表，10月17日我在北京饭店会见访华的世界银行行长沃尔福威茨。那次会见是我5年来第一次穿西装（上一次是2000年在南非参加"全球首脑高峰会议"）。5年中我基本生活在农村，与农民在一起也不用穿。在很多时候，当地的人就把我看成农民，所以我偶然穿一次西服就显得格外的刺眼。很多人一看我那张与世界银行行长的合影都说："天啊，孙农民太帅了！"

第十六次

村长的小算盘

| 2005年12月1日 |

第十六次五山之行，主要是“五山模式”的复制，这是世界银行支持的“参与式培训”项目。同行人员李利亚、边映男、周文丰。此次之行是三位美女、一位丑男。朋友们都说我是与美女同行。

对“五山模式”到底是什么样的感觉？李利亚看了材料，对此次培训极其认真。她说，她一直做城市培训，到农村做培训是第一次。周文丰是新来的，对五山没有概念。

次日中午12：45到谷城，吃完饭就直奔5个村中最远的村。也是5个村中比较贫穷的黄垭村。

在进入谷城之前，县委周书记给我发了一个信息：你所开展的工作比中央决策前卫，中央刚刚提出新农村，你们已经完成了！希望能给我们更新的理念！我回：谢谢，言重了，希望你还在谷城期间共同做事。谷城是一个很有个性的城市。在城市建设中，钱不是唯一的出路。实践、求实、科学才是出路。

在去黄垭村之前，大家在镇政府茶艺室见了余书记。同行三人与余书记有了一段交流。之后大家对我说，这个书记有这么前卫的思想，真是少见。他头脑冷静，思维清晰，看问题很客观。难怪“五山模式”有今天，绿十字真是好运啊！此话绝对不是吹捧，在中国，尤其是通过 NGO 能遇见这样的政府和书记是非常不易的事情。

黄垭村的资料大家在 5 个村的调查报告中已经有所了解，所以就这个村的基本情况做了简单的交流。村胡书记说，上午余书记做了近阶段的工作安排，强调有两件事必须要落实和重点抓。一是垃圾分类和农村建设，哪个村不抓垃圾分类，就不给资金支持。文明环境要从小事抓起。二是建设新农村的五山发展规划，这是一件五山未来发展的长远计划。将来就是他调走了，有了这个全国最高水平的规划，未来五山发展就不会走样了。

下午 3 点多又赶往堰河村，正好赶上村里在整修前些日子山洪暴发冲毁的河堤、农田设施、道路和桥梁。进茶庄时，遇到闵书记。三个美女扑向闵书记不停地问了许多为什么？闵书记说得头头是道，新名词成串涌出。嘿，三个女人一台戏。好在闵书记虽然看上去很粗，可是对回答三个美女的提问，还是行云流水，说得很实在的。

4 点多准备去昝家铺村时，县委宣传部来电话，《湖北日报》襄樊记者站的站长，要来村里与我和村长交流，县委组织部陈部长也一起陪同。

交流是以陈部长交谈为主，我只说了几句。正好余书记从镇里赶来，又补充了一些，说这次他在北京参观新农村建设的感受。余说他参观昌平区菩萨鹿村时想起了叶齐茂的话：“这里不是在建新农村，而是在建新深圳”。叶教授是建设部新农村建设的顾问，主要是搞新农村建设政策和标准的把关及制定工作。在菩萨鹿村考察期间，叶说：“你的‘五山模式’也是中国新农村建设最高层面，做法正和西方国家做法一致。而目前新农村建设只是一个很低层面的建设，大拆大建，对民间财力是巨大的浪费，做的是面上的事。缺少科学、求实的方法，这就是目前新农村建设的状态。‘五山模式’如好好总结，我会努力配合你们。”

余说他们只做了一点事，还没有做好，专家就给了这么高的评价，他们的压力反而变大了。

余书记的讲话让在场的人不停地点头。

在回镇政府的路上，李利亚说：“‘五山模式’只有我身临其境，才知道绿十字在其中所做的工作很了不起。我全力支持你。”周文丰说：“我越来越敬佩孙老师了。”这话我爱听。嘻嘻！表扬的话就是入耳啊。宋庆华就总批判我，见面就批，说得也在理，可是心里就是不悦。

李利亚说他们会重点培训边映男，培训绿十字的人。同时，也会与农业大学李小云联系，绿十字可以与他们多交流。他们很有经验，在国内外都很有影响。

余书记说明年要派人到北京重点培养人才，农村不能没有人才，开春就派。学习“参与式”的方法，把这种新的理念和人性化的管理带到基层。

一天下来，工作很累。大家在茶艺室又聊了一会儿，美女各自回去睡觉，我继续工作，与余书记、小袁、杜老师讨论下一步出版“五山模式”系列丛书事宜。

总结这两年堰河村的实践，试点工作从感性走向理性。这套书如能出版，将是对“五山模式”很好的总结，对“社会主义新农村建设”是很有益的。

余宝军说：未来的干部就应该会赚钱，我不赞成穷人当干部。不会致富的干部，又怎么能带领大家致富呢？

县妇联主任：你们看看人家北京来的专家（李利亚、边映男、周文丰），都戴眼镜，就是和我们不一样，专家就是专家。

余宝军看看几位专家继续说，十个政府主导的产业调整九个都失败。只有一个五山的陈炜波成功了。因为他尊重科学，他请了刘显庭这位茶叶专家，所以他成功了。现在搞什么都说缺钱，谁不缺钱？广州、上海、深圳不缺钱？钱就能解决一切吗？对钱的依赖是无止境的。没有钱就做小事，做没有钱的打算。

镇干部等中央的钱等了很多年，还是没有钱。堰河就是没有等，做了一年半之后，堰河用没有钱的方法建设了新农村，这就是“五山模式”的精神。

我说：这儿盖一栋洋房，那儿又盖一间房，绿玻璃、瓷砖面、防盗窗、传统飞檐琉璃瓦、罗马柱……哎，这是什么房啊？笑死我了。好的建筑是一次性完成，比如北京的德胜门、展览馆，苏州的园林，西安的大雁塔等；差一点的房子是建完房子再做外装修，装修的房子三五年就得重装一次，不装的话就破破烂烂；再差一点的就是要用装潢、园林、色彩来弥补；而最不可思议的房子就是我们今天看到的欧式建筑在本土不伦不类的模仿，在南方盖了北方的院落，在北方又建了南方的园林。没有按地域环境，没有考虑空气的湿度、风力，没有考虑植被对房子的影响，这样一些建筑将来一定是建筑垃圾——现在农村和城市的房大都是垃圾房，是杂种建筑。

小边说为什么南方不能盖北方院落啊？我看看身边的房子说，北方干燥，缺水，空气中没有湿度，缺少树木，有的树又是针叶林，再加上风大，你们想想北方应该建什么样的房子啊？

美女们想了半天感叹，一个房子有这么多说法啊！

我说是啊，正因为如此，北方要建院落式的房子，乔家大院就是这样，大院就是为了不透风，是为了护住从土地里渗透出的湿气。在陕西不是还有窑洞吗？那也是为了人在干旱中维持生命的水分，你们说南方的房子与北方能一样吗？

她们几个直点头说，一个房这么多科学啊？我说，我们的工作就是要把这些知识平民化，这些道理要让村民知道，就会知道他们的房子应该怎样建了。

说话间来到何家湾村，我带三位美女来看我帮村民设计的房子。来到房前一看，我也傻了，第七号设计房，怎么又多出 4 个罗马柱？两个欧式纹样，又是绿玻璃，晕倒！同行的美女们说，这个房还不错，没有贴瓷砖，功能也好，有阳台，窗前有花台，门前有走廊。建房的主人也很高兴，说好多村的村民来看房，漂亮死了。

在去另一个村考察的路上，我说，建新农村关键在文化、在知识、在科学。几个村你们都看了，村里所有考上大学的孩子都不回来，高中生、初中生全部外出打工，有一两个大学生还在乡镇，算是人才。你们说新农村怎么建？我每一次回村，都很无奈地看着难看的房子，一栋栋起来，一排排地又在拆迁，这是中国民间财力巨大的浪费。农民总想建 100 年不落后的房，一辈子省吃俭用，就是建房，拆房。我问为什么？回答是落后了，不实用，难看。我们想盖好房，可是不知道，也没有人帮我们设计……

现在我每一次来农村，有 70% 的工作是帮农民设计房子，我快变成设计师了。何家湾的房子、谢湾的综合服务楼、堰河茶室、黑子山庄（后改为银杏山庄）、政府前的茶圣居大楼……每一次来是以分秒计算。这次来五山想用 15 分钟补牙，因为这里补牙花 30 元，北京要 300 元，就这 15 分钟都抽不出来。

余宝军说中国就是缺少"文艺复兴时代"，没有文化，不知道什么是美，什么是丑，是教育出了问题。审美教育农村缺，城市也缺。而我说中国如果真得想解决新农村建设中美的问题，解决建设与规划的问题，就是把中国所有的高校都改成美术学校。大家听了都笑了，但也都表示这还真是一个捷径。

再过几天中国城市规划设计院副所长沈迟就要来五山了，院长也来，太好了。这可是五山的大事。这是全国顶级的设计院，免费帮我们做设计，那是少有。"五山模式"的做法是科学的、真实的。现在的五山不怎么样，等全国新农村建设发展到一定规模之后，再回头来看看五山，会更有意义。

五本书，一个规划，五个村复制，一个电视剧，再有一个报告文学，我想五山真的会成为"模式"了。原来那些模糊的概念越来越清晰，关于五山的那个梦越来越近了。

12 月 5 日余书记开车送李利亚、周文丰、边映男到谷城，晚上她们回北京。路上余书记爱人说，现在堰河村在城里影响很大，以前人们提田河村都说那儿茶场大，现在的人们都把堰河当成茶前饭后的事在说，说那儿农家乐、垃圾分类、好环境、农民的新房子、茶庄的石头路……特别是那儿人的变化。

李利亚问那儿人的变化在哪儿？她说："原来茶庄老板尤帮立的爱人，每天是头也不梳，衣服也不扣，拖着鞋，袜子还有洞，就这样给客人倒水、端菜。尤帮立也算是见过世面的人，对老婆这样一点也不怪。闵书记受不了，对尤帮立发火，说是影响堰河村的形象！闵对尤帮立老婆说，她要是不改，叫尤帮立把她也换成新的……"

闵书记说话还真管用。有一次我们在茶庄吃饭，正讲尤帮立老婆如何不讲究时，她正好端菜进门，也听到在说她，她下意识看了下自己的鞋和袜子，觉得还整齐干净，就没在意了。

尤帮立老婆性格不错，说什么都不在意，只当没听见，可心里有数。这不，现在她给自己也买了几件新衣服。以往她的心思只放在尤帮立身上，自己从不讲究，一心要把丈夫打扮漂亮。自己多少年穿旧的、补的、有洞的，舍不得花一分钱。现在几套新衣服是这几年来唯一看到的新衣服，她是个过日子、能当家的好媳妇。随着茶庄的发展，生意越做越红火，她也随着堰河村的变化而变化。堰河村的媳妇们也一天比一天爱美、爱笑，因为每天都有好事啊！

余书记说，镇政府办公室的人也在变化。昨天我们开会，讨论关于新农村建设的问题，有一位干部说，我们要像刘少奇那样，加强修养。我打断他们说，现在思维和语言还停留在那个时代，还在说着 70 年代的话。你为什么不说循环经济、全球一体化、和谐社会、WTO 与农业发展机遇呢？

办公室的有些同志就很好，上午我从他办公室路过，看到他在看《人民日报》，开会时就讲到"新农村建设与创新农业经济"。

观念新、思维新、语言新，这样才能与群众、干部和专家交流。新农村，首先我们干部在观念与思想上要新，没有新干部就没有新农村。

现在办公室和机关已慢慢适应，开始理解了"五山模式"。以前不理解，说做垃圾分类、生态农业是虚家伙，没用！经过一年多的变化，他们感受到、看到了五山变化。那种深入到生活中、观念中的变化，这一点恰恰是新农村建设中最难做到的。

5 个村的复制工作是艰难的。这两天，我们一同在推广复制，推动村民参与。堰河村完成了只是试点，也得到社会的认可。试点村能不能复制？从 12 月 1 日 ~3 日，我们走访了 5 个村，感受很复杂。复制 5 个村，总的感觉是“说而不动”。

我们去的第一个村是黄垭村，胡书记在等我们。我还没有坐下，他就对我说，上午听了余宝军报告，说得很明确：垃圾分类，新农村建设与未来发展，沼气池一建四改，项目好，老百姓非常欢迎；垃圾分类做不好，就不给项目。我很想做……

我问：“你们村要发展木雕、木刻，你准备了吗？”他说：“没有，在等你。”我说：“这是你们自己的事，你们要抓紧，不能等啊！”

第二个村昝家铺。村书记说，他们听了余书记的报告，很想做。他们今天没有计划引进沼气池，明年镇里给计划，就有希望。新农村发展没有钱，就做不了。

第三个村是何家湾村。这个村是以建新房为主体，可是只建了一个房。原因是水灾、换届、砖厂烧不出红砖等。有一户是按图建的，可是颜色太俗了，什么红色的、紫色的、蓝色混杂的房子。我和农户商议，能否改一下，农户不愿。本来建房只要 7 万，现在材料涨价要 10 万元，建房已掏空了农户口袋里的钱了。我把负责乡村建设的小胡叫来，又把后面要建的房子，细细地说一遍。小胡说他很有成就感，这个房子很漂亮，有阳台和小走廊，有露台花台，颜色大方，又省了瓷砖的钱，很有兴趣。

这个村在行动，书记在积极推进村的发展。

第四个村，东湾村。今天是村书记儿子娶媳妇，是大喜事。我们聊了村里的发展，问了一下他们的想法，怎样汲取堰河人的经验。书记说：“生态旅游、农家乐。”这个村的优势是村民习惯养鱼，养猪，书记却没有提到。我说：“你们做不了民俗旅游，农家乐，你们的交通、环境不行。你们应该做有机生态农业。你们的水面大，有养鱼养猪的习惯，耕地面积大……”书记点点头，说：“对！对！对！”

第五个村，是谢湾村。这个村很漂亮，村以集镇为主。来到方书记家，我进去的第一个感觉就是，我们走进了“新农村之家”。方书记的家不仅漂亮，而且很现代。我先说明了来访的意义、目的，想听方书记和村主任有什么意见。

方书记声音很大。他说：“首先是街道改造，很多房子太老，难看，也要重建，这需要大量资金。我们村 3000 人，占全镇 1/10 人口。谢湾村的环境好了，五山就做好了。谢湾做不好，五山没希望。”我说：“那五山希望在谢湾，你们怎么做呢？你家的房子就是街上最好的房子，你能保证十年不落后吗？房子永远没有不落后的，落后的就不好吗？薤山的房子 400 年了，堰河农家乐就是解放前的房子，为什么还有这么多人来参观呢？”

第十七次

新农村建设中的观念较量

| 2005 年 11 月 22 日 |

回到久别的家，女儿要去上海，说妈妈只给她 300 元，问我再要一些。女儿极少向我开口，知道我没有什么钱。我第二天就请荣老师给女儿汇 200 元。荣老师发信息问，200 元是否太少了？我回信息说我只有这些，唉！

今天牙肿得好厉害，睡都睡不着了，一定要去医院看了，只好向李有栋借一点。

今天老李带我去第六医院看病。医生说是牙周炎，要先消炎，过一段时间再拔牙，牙不拔以后还会疼。看病花了 10.20 元。啊，就花 10 元，害得我还不敢看呢！3：00 回到“未来的家”。中央电视台的刘克瑞已经把摄像机架好了，主要是补一些我和樱花园学校的孩子们的镜头。下班前，荣老师给我们报销了 320 元，很高兴。300 多元，能解决我的大事了，看病！周日余宝军来北京，我身上不能一分钱也没有吧。

我的爱人总说我是与好日子作对，在北京干吗？你有必要过这样的日子吗？只要你不做绿十字，你就可以过好日子。是的！对我而言，我是可以选择，问题是绿十字的这条路有感觉，这年头有感觉的东西太少了。

随着年龄的增长，我越发感觉人一生中最有价值的东西，就是走过来的“艰难”，艰难走不过去就是弱者，走过去了就是胜者，而能坚持的才是强者。这种成功不是金钱而是精神。对一个艺术家来说，精神的力量才能拯救艺术家，塑造艺术家灵魂。

真是峰回路转，新年新惊喜，又让我看到了很多希望！前几天我接到团中央举办的日本“丰田杯”评比结果的通知，“绿十字生态屋”得了二等奖，奖励15万元！功夫不负有心人，我终于可以开口笑了。前些日子办公室和志愿者们忙着拉选票，可效果不显著。本月12日孙晓阳参加“丰田杯”比赛的出色答辩，为这次评比划上一个圆满的句号！感谢孙晓阳，感谢绿十字的全体员工、志愿者和所有关心我们的人，没有他们也就没有绿十字今天的成就！

由封宁介绍，2006年1月4日与北京云光文化发展有限公司签订了出版合同，合作出版《新农村绿十字丛书》。公司建议在中国环境科技出版社和人民出版社之间选择一家，我想更多的是听取公司田总经理的意见。

1月7日在去往襄樊的列车上，我收到《南方窗》记者田磊考察完五山发给我的信息：我现在已经在回广州的路上了，在五山的三天，收获和感受远远超过了一篇稿件所需要的东西。见惯了城市的浮华，写多了让人伤心的政治和浮华背后的阴影，五山之行让我知道了这个国家还有一些人在那样的生活，那样的努力。希望您的一切努力都能大功告成。

我回信：真实的生活就会有真实的人生，对我而言就会有真实的艺术。报纸出来时给我寄一份，谢了！

我的朋友、著名记者黎兴寿对媒体说，绿十字做“五山模式”现在看来影响不大，但是对中国农村的未来必定会有很大的影响，这份影响甚至会持续几十年，上百年……

新的一年，有了新的开端，我也希望在这一年中对自己的人生有一个最终的定位！

新年，真的新了。

到五山后，按日程召开“新农村建设全省现场动员大会”。离开会还有一点时间，我先进房放下行李。镇领导在我住的房内装了一部电话，还有两盒水果，呵呵，待遇不错啊！服务员忙着拖地，刘波忙着帮我整理行李。我与余书记简单交流了动员会的内容，以及我、梁河桥、余书记的分工。

绿十字运气好。刚准备在五山复制堰河村，就迎来了全省“新农村现场会”在谷城召开。省委这一决定可忙坏了谷城县。县委2006年下发了2号文件《全省社会主义新农村现场会筹备工作领导小组及目标任务分解的通知》。组长是县长李传寨，副组长是县委副书记段仁茂和副县长李光河，成员是各部一把手。堰河村房改“穿衣带帽”35户，拆除破旧危房建筑20处，整修公路200米（洪水冲垮），铺设人行道650平米，建设“天艺茶庄”水循环系统1套，建设小广场1处，建文化中心户1户，安装太阳能路灯20盏。

五山镇又下发了2005年12号文件《五山镇筹备全省社会主义新农村建设现场会实施方案》。准备用近3个月时间对镇区及堰河、田河、何家湾、谢湾等村的一些薄弱环节进行改造。五山新农村建设做的比全国其他许多试点务实多了。新农村建设各地的一般定位是：新设施、新环境、新房舍，突出一个“建设”。建设是指工程，是装饰和装修。五山与全国相比又显得更理性。首先余宝军赞同我提出的“把农村建得更像农村”这个理念。这个观念在很多县镇乡，领导是不能接受的。

这是全国各地对新农村建设理解的深度远不如五山所在。文件上同时邀请民间环保组织绿十字做筹备工作和建设项目的总顾问。就这一点可以看出，民间组织在新农村建设中承担着很多政府不易承担的工作。应该说NGO（绿十字）在这场乡村改良中架起了一个政府与农民之间沟通的桥梁。

这么好的形势，我既高兴又担心，因为在众多人不理解为什么要把五山建设得更像农村时，“五山模式”可能会在政府官员的指挥下幻变出一个不中不洋的五山。

政府官员是对上级的一把手负责，而我们是对村民负责。如果政府的那一个官员是明君，那乡亲们就是万幸的；如果那一个人是昏君，那老百姓就“惨”了。

梁河桥宣读了12号文件，我对五山镇工作做了三个方面的讲话。一是怎样通过新农村建设来推动生产力，而不是推动“建设”，不是为了领导检查。我们是借这次现场会，加快五山的硬件建设，加速五山综合产业调整。二是把“五山建得更像农村”，这才是新农村建设的意义。不能像北京、浙江、安徽、河北等地，要把农村往城市标准发展，那可能吗？最多是穿西服，戴草帽，丢掉了农村自然田园、民俗，换来了城市不像城市、农村不像农村的“农村”。农村城镇化，需要钱，假如堰河按计划发展就要100万。这100万大都是画饼充饥，即使政府拨款，如果不能正确引导，还会把农村的自然田园给毁掉。三是村里要建广场，五山应该怎么做。

我不想给这次本来是好事的现场会泼冷水。就说广场吧，也不知道从哪儿传来的设想，村村要建广场，那不是有病吗？我在北京延庆山区珍珠泉镇，那儿森林覆盖率92%。那儿不是公园，也不是休息和休闲的地方，那儿和五山一样，平地本来就很少，要建一个 7 亩地的公园，要花多少钱？这种做法我坚决反对！

农民的房子不能统一拆。我与余书记商议，拆迁补助少的 5000 元，多的要 10000 元。而建一个房子少说要 35000 元（还是平房），那样会让农民有负担。要建房的户早就建了，建不了的是真的没有钱。小瓦房，平房为什么就不好看呢？余书记说："所以请你来啊！县市领导不少来亲临指导，说这儿要砌围墙，那儿要桥梁，弄得我不知该怎么办。我们对领导说，应该怎么建，请绿十字专家们来指导，他们的建议既少花钱，又是艺术品。领导们认可你的理念，所以就不多说了。"

一年半前，我就怕政府过多介入，特别是投入大笔资金支持，那样就没有复制性了。所以我们咬紧牙关在村里没有钱的状况下，靠干部转变观念，村民参与完成了堰河村试点工作。政府在这期间通过修马路、建水坝，建立社会保障体系、公共服务等为五山搭建了基本的服务平台和初步的基础设施。绿十字通过对村民好的生活习惯的培养和对干部工作方法的培训，让"五山模式"在这一年半时间中逐步形成。中央新农村建设的 20 个字等于对绿十字这一段的工作做了最好的肯定，这可是雪中送炭啊！

现场会的第一件事就是沿着省委和农村建设考察的两条路线观看一遍。一是谢湾—何湾—文畈—老湾—田河—堰河；二是从汉十高速下来经金店—文畈—老湾—田河—堰河—七坪—何湾—谢湾，全程 40 公里。

这两条线，我希望是一条线，集中精力，目标锁定：把农村建设得更像农村。

在这之前，我从来没有说过推动生产力和致富的话，而今天我在五山说的更多的就是这两条。为什么呢？因为绿十字希望不仅是把农村只是建设成一个绿十字理想中的实践基地，而是把农村建设得更加生态和环保，同时也要在这个建设过程中让农民致富。这不仅是绿十字的希望，也是政府的希望，更是当地村民的希望。当然这是一个非常艰难的过程，前面一年半是创业过程。现在机会来了，我想利用这个机会，宣传五山的茶叶、绿色农产品、生态环境、未来的田园旅游胜地。而当地县镇把眼光投向了新农村建设，迎接省明年 3 ~4 月的启动仪式。村领导着急，上级文件一个接一个，动员会不停地开，堰河、田河两个书记一脸愁相。只见文件不见钱。钱！对两个书记来说快变成"亲娘"了。

晚上余书记到市里开 4 天的人民代表大会。余书记说开不开并不重要，重要的是找钱，找领导，找各相关单位争取项目资金支持，没有钱什么都“新”不了。

镇政府账上有一点钱，那是年底发工资的，不敢动。稳定才能发展，这是硬道理。

绿十字也需要钱。没有钱，绿十字连办公室都没有，别说理念，能否生存下去都是问题。因此，钱也成了绿十字的“亲爹”。新农村，我觉得同样遇到一个问题就是钱。

男人的性格就是咬着牙，挺着！这也是我的性格，谁挺住谁就是胜者，这个道理大家都懂，可是要做到，太难了！

2006年不会是一个找“钱”的2006年吧？

1月9日上午有梁镇长、刘波陪同，第一站到文畈社区看一栋需要设计的临街商用楼。这座楼右边是欧式的六层楼，左边是两层的中国传统建筑。在这两者之间盖房子，还要找到合适的建筑风格，真的要慎重一些。为此下面建房的人就不知怎么办了。好像前些日子在北京延庆珍珠泉镇看的镇政府大楼，就是非常好的房子，设计大方，稳重，在传统与现代之间，哈哈！用在这里正好。

我们在镇里转悠，看到镇的规划和格局基本被破坏了，可惜啊！余直抓头说是啊，镇政府门前的茶圣居大楼，要是按建筑师柳建设计就好了，多好看的三层茶楼啊，一下就建成了五楼。建都建了，拆了又可惜，这么高的房子竖在镇中心很不协调啊！

这期间我与余宝军聊过多次，我对这座房子很有看法，建得太高了，又没有沿着以前“文明城镇”的规划走，破坏了整体格局，很可惜。

第二站到进入五山的山门谢湾村。这个村虽说是村，但以前就是一个镇，又是以商贸为主体的集镇，要搞好环境和“穿衣带帽”很不易。就五山镇来说，同样也面临着这样的问题，人多流动量大。村书记满脸笑容，是一个很帅也很年轻的书记。一路只听到他不停地诉苦，说谢湾环境搞好了，五山就搞好了一半。这话听了很多次了。我在沿街看着问着。我说这里有问题，书记不停地点头说：“搞嘛！搞嘛！”站在谢湾村街道中央，大家都发晕，这里很乱：十字路口，停车处，卖鱼，修鞋，卖米，卖菜，公交车站……全无章法。我指着最破烂的修鞋处说这怎么办？梁镇长说想办法叫他们搬走，占用街道了。书记说搬不动，好多年了，搬了就要养他。梁镇长推推眼镜，很无奈说，不行就放一个大宣传牌，挡一挡。书记说挡了这边又挡不了那一边，咋整啊？不行在检查那一天放几辆新汽车挡一下。好！好！好！我们都赞成，真是没有办法了。

第三站是何湾村。村主任已在村口等我们。下了车就看到一处房子，上面写着什么什么饮水工程项目，原来是一个为村民提供清洁水源的房子，挺好看。这时住在房子边上的村民对我说，快把这房子搬走，机器声吵死了。他这一说还真觉得有一点吵。村书记说晚上更吵，没办法。梁镇长说这是为了农民安全饮水建的。孙老师你看看农民就是这样，不建吧我们心里不安，建了又说这说那的。我说，这是一个过程，过一段时间习惯就好了。我以前在工厂烧炉子时，那个噪声还不更大呀。很多年以后还觉得没有工厂的声响还睡不着。想想又觉得不对，噪声！在城市市民是会打“市民热线”的。农村看来还是很遥远的。这时我想起何祚庥说过的一句话：“谁叫你是农民”！这话说得很无情，却很真实。

第四站到昝家铺村，宛书记在屋里等我们。路上我对梁镇长说，宛书记年龄大了，积极性不行，村民和村干部积极性很高。宛不做，下面群众意见很大。梁镇长说宛去年就到退休年龄了，他本人提出再干一年。刘波说去年退休只能拿工资 75%，今年就拿 95%。我说你们可以给他享受待遇，宛书记劳苦功高，年龄大了，没有精力。应该让年轻人出来做事。昝家铺村自然和人文环境那么好，你们应该从大局考虑。梁书记笑了一下说，我与余书记也考虑过。唉，农村做事，人情成分太浓。我们待农村时间长了，渐渐也习惯了。

我们准备到昝家铺，宛书记也上车了，一起看村里的茶场。宛书记看着还很精神，就是一到开会讨论就睡觉。刘波笑着说，上次北京专家李利亚等来调研，他就睡着了，弄得我们很不好意思，今天又是。到茶场主要是看大门设计，还有围墙和院里三间房怎么盖。农村建房是头等大事。宛书记对建茶场热情高涨，因为那是村里最大的工程，也是村里的希望，更是他在任期间为村民做的最了不起的一件事。

中午我们到最后一站田河村。田河也是新农村建设的重点村之一。杨书记说，我们村历年每任市县领导都来，这次省新农村启动为什么不放在这里？我们一起围着烧木炭的小火炉，梁不知道怎样回答。大家都不说话，在等着梁镇长的回答。梁干咳了两声说：“堰河是省试点，田河是市重点嘛。”显然杨书记是不开心的，可也是无奈，因为堰河做得实在是太好了。

杨书记带我们来到“穿衣带帽”的地方，也就是村委会左边院外的猪场。梁镇长说这里太难看，比马路低了 3 米，没办法，只能砌一个高围墙挡起来。这几天不少领导都来看了，说一定要改。另一处是村委会里与院外的厕所，破烂不堪，臭气冲天，需重盖，要改成冲水式。我看了谷城规划设计院做的设计方案还不错。后来县委新农村督办员聂白炳来了，也指出这些问题要尽快着手解决。杨书记说，做可以，你们说得简单，说新农村建设不要钱，到现在没有一分钱我怎么做啊？

梁镇长说：“聂主任来了，就有钱了。”杨书记接口说：“对啊，聂主任能找一些钱来我老杨马上搞。”聂主任赶紧在口袋里掏，掏出了6角2分钱，给杨书记。

我对在场干部说：“你们提的方案我不赞同，砌一个围墙能暂时解决领导检查的问题，但我们的目的不是为了检查，领导也不希望这样，所以这里要重新调整。”

“你们看”，我指着要改造的地方说，“这里有猪场、厕所、村委会食堂、粮田，就已经构成了一个生态农业链。难看的猪圈上搭建凉棚，棚上种上葫芦、丝瓜、南瓜，这样夏天猪也开心，而且，还很好看。猪圈边建一个大沼气池，同时还能解决厕所的粪便。这样沼液可以直接浇田，这是最好的有机肥。沼气提供给村委会食堂使用，这是一个很实用的方法，让百姓受益的方案，也能教育来村里参观的人。”

文明是需要过程的，我才来五山时，不少人把卫生间叫粪坑，后来改叫厕所，再后来就叫卫生间，现在跟着城里人叫洗手间。
在新农村建设中，很多干部希望从粪坑直接到洗手间，这不可能！

下午约好3点去堰河村。2点45分我给刘波发短信问何时走，刘波说等一下梁镇长，他喝多了。因为今天是镇干部团拜，梁要给大家敬酒，这是体现领导对下属的关心，一定要喝，喝了6碗，就是8两多，结果倒下了。梁对我说：“现在身体不行了，胃常常痛，我的工作是找钱，向人家要钱，就要求人啊。我们是天下最小的官，别人和你喝酒就是给你面子，哪能不喝呀！酒喝得越多，钱要得就越多。哪一天能吃饭不喝酒真是我的梦想啊！”

在堰河，很多工作停下来了，不敢做。余宝军说没办法，领导来了，一会说这里要这样建，一会说要那样建。说起来容易，万一搞不好，要改可又要花钱啊！走进堰河，闵书记就埋怨我，说来五山这么多次，也不到堰河指导工作，是不是不管他们了？我没有说话，心想是的，每次来五山想来的地方首先是堰河，可是每次都咬咬牙，不能来，让闵书记自己去做，这就是我的目的。

客观也有一点，“五山模式”不能是堰河一个村，怎样复制和推广已变成了我的心事。到天艺茶庄，看了周围的环境，中水循环、污水处理、厕所、果树及没有完成的项目等，又和梁、闵及茶庄老板一起商议。很早以前龚益说的“天蓬别墅”作为重点改造项目，这里一直不敢动，是因为来了太多领导又都提了太多不同的意见，谁说的都在理，所以干脆不动。他们说就等我来定，只有这样，领导们才不会有意见。

其实怎么建，镇村干部心里有数，只是他们不能说服领导。我总是不停地问他们怎么想？闵和梁说了他们的看法。我基本上同意他们的观点，只做局部调整，因为他们知道怎样做农民才高兴，怎样做对农业发展有利。他们说得很有道理，我说就这么定吧！闵书记特别开心，说你定下了，我们就做。我说我是按你的想法定的，梁镇长补了一句说："闵黑子也是专家了。"

为了调动农民主动参与的积极性，闵书记制定了一套群众主动参与的激励机制，就是村里进行新房装修，并进行评比，一等奖 2000 元，二等奖 1000 元，三等奖 500 元。装修范围主要是在原有的房子里搞卫生、建厕所、修厨房、整治门前屋后。家家户户干得热火朝天，特别让我感到高兴的是这里装修不搞表面形式。老百姓在进行家庭内部大搞卫生，环境整理，这些领导检查是看不到的，可这却是老百姓借此改造生活环境、提高生活质量的机会。很多人家白瓷砖墙上多少年来贴了几百次门联，白瓷砖都看不出本色了。这次清洗出来，呵呵，真像新房子。

堰河村和五山镇的领导比较重视实际工作，希望新农村建设不要变了味，这也是我希望看到的。

在中水回用小广场上，我指着装有三个大喇叭的电线杆说，这挺有意思，让我想到童年的农村，像我外婆的家。闵书记说，周霁书记说这里太显眼了，能否放到树林里。我问闵书记他为什么要放在这里。闵说放这里是考虑三组和对面茶庄那儿的人能听到。我问这些他对周书记说了吗？闵书记说没有。我问梁镇长，他反映了吗？梁笑笑。

我说："顺其自然，该放哪儿就哪儿，该告诉领导就告诉领导，县委周书记如果知道放那儿农民听不清，他是不会叫你们移的。你们不告诉领导就是对领导不负责任，你们想让领导犯错误啊？"大家哈哈大笑。

晚上梁镇长问在哪儿吃饭，我表示就在堰河，很长时间没在这吃饭了。闵书记说请我到农民家的土房子里吃饭。我很高兴！

回到房间 9 点多。梁镇长派张委员又到办公室。是关于在乡镇制定农村绿色 GDP 干部考核制度，这是保持"五山模式"持续发展的保障制度，去年我和余书记就常常提起有关"五山模式"的持续性。我想有机会和谷城县组织部的三级（村、镇、县）党组织共同制定一个干部年终考核制度。我知道可能性很小，那也要试一试，因为现在的干部最渴望的就是能继续升官。如果干部能做好事，又能升官，那可是百姓的造化啊。

余书记要在襄樊开 4 天人代会，只有晚上才有时间交流"五山模式"的一些问题。余书记电话中与我商议，县委组织部陈启合部长想请我去另几个新农村试点看看，问我能不能去，我说可以！湖北省新农村建设现场会在谷城开，看的是谷城，指导一下也是应该的，只是我的时间太紧了。

1月10日上午，我们去了五山镇黄垭村，直奔胡书记家。我这次来五山，想重点在黄垭和东湾两个贫困村先做。

因为穷、差，做起来才有意义。最穷的地方最渴望致富，最穷的地方积蓄了最大的力量，最穷的地方也最具备改良的空间。只是我们这些实践者怎么找到突破口，从哪儿开始进入要仔细斟酌。

我问胡书记："来黄垭村最少六七次，我总觉得你这动作不大。我们能聊一下什么原因吗？现在你们村有三件事，一是建茶场，已完成80%；二是准备搞木雕，我从南非带回的样品已拿来了，你们仿制一下，用完我还要拿回去；三是镇政府在推广垃圾分类，胡书记你说你能不能做？有什么困难？直接说吧！"

胡书记低下头说："孙老师，这个村难搞好。"主任接话说："我们这个村上访告村干部不交税的人最多，镇干部这些年也怕我们村，很少关心我们，村民觉悟太低。"

"为什么这样？"我问胡书记。胡书记表示村里没有大事，都是小事。村主任说："有一次山里的村民说我给他少记了几天工分，天天到村里和镇里找领导。最后我给他重核查，这个村民距离村委40里路。要去核对，还要管村民饭，不然那儿就没有饭吃。村民一定要问个明白，结果查出少算了0.36元，吃饭却多花了60多元，这就是我们这儿的农民素质。

我笑了，这个农民没有错，亏吃在明处，问个明白。很好啊！不仅仅是0.36元，就是一分钱，城里人比农民还认真，一定也会打官司。我问老胡他有什么想法。老胡说："想法很多呀，昨天就想请你来给村民和村干部讲课，必须说动他们，把农民工作做好，问题就好办了。近几年上告的、写信的、吵闹的已越来越少了，比以前好多了，村民做义务工也愿意了。"

胡书记说他1992—1996年做书记，后来两个小孩长大了，家里支出实在太大，就与前任镇党委书记陈炜波说要出去打工挣钱，不然两个娃子上不了学。陈炜波不同意，他也不管就走了。2002年余宝军书记又找他，群众也选他，他才同意做。群众工作难得很啊！想请我帮他们做做工作，村民听你们的。正说着刘波的电话响了，是梁镇长的。他说县委陈部长在紫金镇考察5个村，问我能不能一同去，怕我太忙，要他与我商量。我说："马上去吧，陈部长的事要全力支持！"

我对胡书记说："晚上6点半再回村里开交流会，说完就与刘波一起坐着吉普车返回五山”

今天我与陈部长要走的线路就是三、四月份省委领导要走的路。第一站紫金镇将军平村，定位是生态村，要在这个山区乡村上体现生态新农村；第二站花园村在马路边上建了十几户新房子，没有什么意义，不应该是参观的点；第三站石花镇小坦山村，房子建得很漂亮，纯欧式的，这是花卉之村，建议每家院内外种植各种花卉；第四站平川村每年收入 100 多万，50% 办企业，是谷城首富村，村书记姓孙，盖的三层楼占地极大，30 多间房 4 口人住。这个村应该看乡办企业，而不是看街，街道太一般没有特点。整个街几公里路 100 多户全部要“穿衣带帽”。每户镇里补 1000 元，村里补 2000 元，村民要花 8000 多。大家都想建一个漂亮的房子，我一看图纸就觉得很难看，还不如现在自然的好看。我说要是把这些钱用来搞环境卫生效果会更好。村里为了赶工期找了四支工程队，第一支修马路；第二支修卫生院老房子；第三支要建马路上大宣传牌，突出平川新农村；第四支是栽树，修花坛，来年还要请很多施工队对 100 户人家整体装修。第五站三岔路村，这是从高速公路进入谷城的门户。村里全部是新建的房子，结构简单，统一白瓷砖，整个村一个样。怎么会出现这样一个村庄，不可思议。

这时我不得不佩服我们政府的决心。政府只要下决心了，在 960 万平方公里土地上，他们没有做不成的事啊！

这时，周霁书记打电话来，问我对昨天考察的感觉。我说有三个村有特点，还值得大家看看，小坦山村的花卉产业，平川村的乡办企业，三岔路村的整齐划一，各具特色。因为全省领导来这里是要学习经验，回去推广，所以我们要在试点上做得深入一点。周霁说我和他想的一样，不是为了建新农村而建新农村，是为了生产发展，是利用这次机遇来调整乡村经济结构，提高谷城人民文明水平。从堰河、田河逐步发展到县城，这就是他的目标，一个长远的目标。之后，梁镇长开车来接我回五山，赶到黄垭村时 7：30 了。

来了一屋子人，村民说是这些年来的最多的一次。大家围在大火炭盆前，盆上方是一个 25W 的灯，黄黄的。很多人在抽烟，还有小孩在哭闹。

我和大家聊了一下我来村里的目标，胡书记介绍了我的情况。老百姓的眼里充满真诚的信任，对皇城根脚下来的人总是充满了仰慕。我说，2002 年我第一次来你们村时，镇干部说你们这个村上访多，吵架多，不缴税的多，对你们意见最大，怕我说服不了你们。就这样我选择了堰河、田河。有一个人说：“整个五山，我们村资源最好，发展最有前途。”我问：“那为什么没有发展呢？”我说这句话声音很大，大伙都没有讲话。过了好长一会，有一个村民说是他们村的人，镇领导不喜欢。他还没有说完，有一个年龄大一点的人说不要提领导，就是自己村的人不好……

这时胡书记把我从南非带来的木雕拿出来给大伙看，告诉他们这是买回来的，可贵了。村民都笑了，这么简单的东西还要到外国买，我们漫山遍野都是。村里能人小胡来了，左看右看，认真地研究后说，这个黑人我一天能做十个，这个黑人做得真好，眼睛做得好啊！大家相互传看，村民与村民很亲热，这种感觉很好，胡书记说这种村民相互之间的聚会和亲热很久没有了。

我问他们想不想做木雕啊。村民说咋不想呢？可不会做啊！我说："这事做不了，可是能做好的事你们又不愿做。"村民问什么事他们不愿做？我说最简单的事就是垃圾分类。村民们都不讲话。我说："你们不像堰河人，堰河人听完我说话就举手，还说孙老师你放心，我们堰河人说话算数，一个月后你来看。一个月后我去了，堰河人很实在，是好样的，他们做到了。"我看看大家，大家看看我。我问他们黄垭人能做好垃圾分类这样的小事吗？村民全部举手，大声说："我们一定能做好！"

那一晚，村民很开心，我也开心，因为我在复制"五山模式"时，又顺利地在黄垭这个最贫穷的村跨入了第一步。9：30 我和大家说再见，问黄垭村民说话能不能算数，表示一个月后我再来看。其实我知道他们不一定能做好，因为他们那里没有一个像闵书记一样的人，他们那里集体经济没有了，就没有了凝聚力，不过醒了总比永远睡着的好。

1 月 11 日上午原定去东湾村组织村民和干部交流会，推动村民参与本村的"生态循环农业"的建设，因为县委要对村干部进行评估，时间只能改为明天上午了。上午在住处修改《村镇干部绿色 GDP 考核评价制度执行标准（拟定）》和《新农业建设有关村规民约》。

下午 4：00 谷城规划设计院王院长带了 4 个设计人员来，主要是设计 20 户农民房。三岔路村两处景观要做调整，定位是让人一眼看上去是"农村"，是新农村。我对在场设计人员说在设计过程中，建筑、装潢、色彩、灯光、绿化、景观之间需要调节。比如建筑过于简单，可以用装修来弥补，但不要太抢眼，注意颜色的协调和统一。绿色是大自然的主体，绿配白很好看，绿配红要谨慎，绿与红的比例是 9∶1 的关系。红色最好是朱红，千万不要是大红、深红，那就死板了，没有跳跃的感觉。

建设和装修主体颜色、装饰颜色、点缀颜色的比例为：7:2:1，色彩不要超过三种，越少越大方。建筑在自然界中，一定要考虑四季自然与建筑之间的色彩关系，在建筑、自然景观、人和景点之间形成互补的关系，那就是设计。

我在设计绿色建筑时，考虑更多的是人的生活和行为方式（也称消费方式），这些是生态建筑的第一要素。

从某种意义上来，我们的环境由我们的消费方式和生活方式所决定。

堰河村旧房改造的银杏山庄

为什么呢？我们可以想象在你们谷城的高档社区（北京、上海都是这样），这样的小区中的住户，学历、文化、收入是比较最高的。可是在这样的小区里要看到节水、节电和垃圾分类是困难的，人与人之间互助关心也是最少的。他们的消费水准高，对资源和各种物品的消耗也高。同时，他们对保护环境的意识比较淡薄，因为高消费已经成为他们的生活习惯。他们的思维很简单，就是我有钱买，不就是多花几个钱的事嘛！这样的小区建得越豪华，垃圾、用电、用水越多，周边环境的污染就越严重。

我们都说堰河村环境好，是一个宜居的田园村庄，老百姓住在绿色的自然环境中。那堰河村人做了什么？垃圾分类，沼气池，提出了“让垃圾不出村，让污水不入河”。村民开始逐步减少使用化肥和农药，不上山砍柴，恢复天然植被林，使用太阳能灯，推行中水回用……农民从转变生活方式开始，改变了他们的生活环境。因此，生活环境是绿色建筑中的一个重要因素。

第二是要尊重自然资源和历史文化资源，这些经过历史沉积的文化是建筑设计中极为珍贵的设计元素。这些资源在现阶段正遭到大面积的破坏，非常可惜，也会被后人指责，指责我们没文化、没修养，做了对不起祖宗和后代的事：大树砍了，河被填了，百年的老房子、老村庄被毁了，房子被“穿衣带帽”了，自然的山坡被推平了，天然植被林变成了人工树林……

绿色建筑需要环保技术，需要资金。但涉及更多的是社会道德与社会责任问题。

王院长说：“现在我们谈不上设计，谈不上规划，真正的规划是投资方，是领导，但他们的观念跟不上时代。”

我说：“一个城市的风格反映了一个地域的文明与文化。”王院长也道出了不少苦衷，近几年，他们也设计了一些好的建筑，做了一些好的城市和乡镇规划。中国99%的设计师反对照搬欧式建筑，那不是我们民族建筑发展的方向，可是为什么又发展得如此之猛呢？问题也是出在甲方对建设的观念。领导对文化的理解不够，对传统与现代建筑缺少审美的眼光。再说他们这些设计人员长期关在家里，看不到好的建筑，没有学习培训，也会江郎才尽啊！

现在他们不是设计和规划人员，而是复制机器、是抄图员，领导才是真正的设计师。一个任务下来没有思考与酝酿、考察调研的时间，三五天就必须拿出方案。新农村建设从谷城到农村上千户的设计、规划，怎么可能出精品？

还有一个就是施工技术与质量的问题，更是让人无可奈何，材料也是个问题。这里的施工队已经不会建中国人的房子了，只好模仿欧式建筑，很可悲。

“是的”，我说：“现在的施工队连清水墙都砌不好，这是瓦工的基本功，可谷城的项目是技术活，我们也深感无奈。”

王院长最后对我说，这些话只能在这里说，实在是他们这些人的不幸啊！

12日上午定好去东湾村。去之前，我心里就有一点不踏实。这个村是5个复制村里最穷的村之一，人均收入2100元，是一个以农业为主的村。我心里明白，贫穷是有原因的。除了自然条件差以外，还有一个地区人的生活态度和性格，就像我在陕西某村见到的农民，大冬天就爱蹲在朝阳的墙角晒太阳，什么也不干，每年就等着政府救济，已等出习惯了。有的人把政府救济的棉被、衣裤卖了，明年政府见到农民没有，又会救济，成了一种恶性循环。我们知道，其实大多数富裕的农民是靠勤劳致富的。每次去东湾村之前，都会有这样的感觉。

9点我下楼，遇到梁镇长，说有两个记者要采访我，看行不行？我说没有时间，说好9点去东湾村，得赶紧往那儿赶啊！梁镇长说他先陪记者到堰河去采访一下，很快回来就去东湾村。我见状也没有脾气，只能下车等他们回来。10点他们回来了，我心急火燎，那边村干部在等我啊！赶紧上车，没有想到梁镇长还要送张副镇长到谢湾参加先进性教育，记者还要拍片。我说你必须马上联系车立刻送我到东湾。一直等到10点37分车来了，马上开往东湾村。11点整赶到刘书记家，人已坐了一屋子。刘书记说人8点多就来了，这些老人在这里等了3个小时。镇里的安排实在让我气愤，我当时要是能找到出租车，就自己打车去了。

屋子里有些暗，有青蓝色的烟，很多人围着一盆木炭在烤火。过了几秒钟，我才看清屋子里的人。一位老人对我说："我们的时间也是很宝贵的，我们也不是没事干啊！"我非常难堪，大伙的脸色很难看。唉，我一下子不知道怎样与大家交流了，想好要说的话也不知怎样说。我结结巴巴向大家道歉，只有几个人在听，好多人围着另一个火盆聊天。书记也不在，当时我真想马上离开。

过了好一会梁镇长来了，见面就说大家等了好长时间了。紧接着要大家不要讲话，这时感觉稍好点。我们就围成一个大圆圈。我没有说新农村建设，而是先和大家聊天，说东湾村的这次大水……一提到发大水，大家都有兴趣，话题也就打开了。

大家慢慢不生气了，我才敢言归正传。这时那个年龄较大的老人递了一支烟给我，他说是"撇烟（较差的烟）"。正常情况我是不接的，这时我一点没有考虑就点燃了，我知道这是他想与我接近一下，因为我一进门他就数落了我。

我把这次来东湾村的目的告诉大家。一是新农村建设要复制5个村，东湾村是其中一个村。我特别强调东湾是5个村中自然条件最好的，最有推广价值的。因为你们村是一个农业为主的村子，有田、猪、鱼，今天政府又有新项目，配套沼气池。你们这个村是5个村中最有价值、最能出效益的地方，镇领导把东湾村作为新农村建设的亮点。

吃已经变成城市人的心病，绿色食品是今后发展的大产业。你们村土鸡、土鸡蛋、猪，是最环保的绿色食品，你们都说好，为什么谷城人不知道呢？为什么你们的鱼和不"绿色"的鱼卖一样价呢？为什么你们这里还是这么贫穷呢？大家一下说开了，东一句西一句……

我接着说："今天来主要有三个问题和大家交流，一是我们村为什么发展不起来？二是我们村希望发展还是不希望发展？三是我们村想怎么做？你们说我记，我们只有找到问题才能找到方法。你们是村里的老干部、老党员，是群众的主心骨。没有你们的支持就做不了，只要你们想做，就能点燃乡亲们希望。"

村里的老书记说："我咋不想干呢？做梦都想。我们村能致富，就有希望。有三点优势：一是我们村有40多名党员，有组织保障体系。二是环境好，有山有溪、有水有田。三是我们有信心干，只要方向明确，我们一定努力。不过现在村里还是面临不少问题，就是太缺少科学技术了，农机站、兽医站都没有了。我们村养猪有传统，但近几年不知为何养不成，十头死六头，传染病很严重，大家怕了。我们不知道怎么办。"我问请人看了吗？老书记说请了，针也打了，还是不行，唉！

村里养鱼大户坐在我的对面，因逆光看不清脸。他说；"孙教授，我见过你两次了。你对五山有贡献，现在来咱们村，你来我们就有信心。新农村建设中央关心，市县镇也行动了。好的方面不说，我就说说我们村存在的问题。

"县领导不尊重农村人才，缺少技术人员。我们需要什么，领导不了解。比如老书记说猪的传染病，我们唯一的办法就是从市场买13～15元的药，给猪打一针。可是打了还是死，我们实在不知道怎么办啊！

"农村市场管理差，假农药特别多，杀菌杀毒效果差。我们根本弄不清哪些是真的，哪些是假的。这些基本知识没有人教我们。新农村建设我认为先是要稳定农业生产。

"解决我们的贫穷问题，首先要修公路。改革这么多年，我们村对政府收入贡献最大，我们交纳政府的税收占全镇20个村的十分之一，可是我们现在是最穷的，公路也修的最少。"

他说得真好！我有意很大声，我想激发大家来说，来想办法。要想调动这些村里的主心骨，就必须先做好他们的工作。怎么做？我并不知道，但我想他们知道，村干部知道，政府也知道。只有把三方的力量凝聚在一起，才有希望！

妇女主任说："我们很佩服堰河村，有钱没钱都在干。只有干才能有希望，希望是靠双手创造的。我们一定要定好一个目标，从小事做，发动妇女、学生管理环境卫生。孙老师你放心，一个月以后你来看……"

最后梁镇长说："通过今天这个会议，让我感到东湾村的党员干部觉悟很高。我们以前的工作确实有很多问题，没有像孙老师这样走近你们、了解你们。今天你们的表态让我看到了希望，看到了只有依靠群众，我们的新农村才有希望。你们说了真心话，表现了一个党员干部的水平，这是我没有想到的。过去你们牺牲大、贡献多，现在城市反哺农村、工业反哺农业的时代到来了。要给你们更多的支持，只要你们想做，政府坚决支持。

“你们要记住孙老师说的，村民参与是你们村的关键。建立你们村特有的农业生态经济，打出品牌，你们村就是最有希望的。”

今天的会开得很成功，我也很高兴。时间已是下午 1 点多了，大家都还依依不舍。我要去堰河村，村干部无论如何不让我走，说我是看不起他们啊！没办法又坐回桌子上，因为高兴还喝了一点酒。

下午 3 点又和今年新分来的大学生邱君来到堰河村，闵书记在村里的漫水桥等我。今天来主要是看村里改造项目，做具体指导。村头要砌围墙，把两道围墙并成一道，省钱省地方；桥左边人家围墙尽量做得自然，做得有艺术感。三组村民门口的猪圈我不赞成砌围墙，又不通风，更不实用，只是为应付领导检查，不好！还不如把钱划分给每户农民，整理粪便通管，集中排放到“地埋式无动力污水处理系统”，在猪棚上方种上爬藤的丝瓜、南瓜，既漂亮又能为猪挡太阳，还能体现田园风光。我说，堰河村从来就不做“花头”，因为你们是示范村，如果示范村做假，也就是我绿十字做假了。

公交车站蘑菇亭四周铺一些河里的石头，桥右边原来准备砌石头的地方保持原来的菜园和自然的泥土。原准备在 16 个圆盘上写“建设社会主义新农村”的标语不要写了。停车场的水泥地做成渗水长草的地面，不要铺水泥。河堤上准备全部砌满石头，与对面正好和谐，只加固受洪水冲击处，尽量保持自然的原始状态，体现农村自然的田园风光。小广场要体现农村的特点，是农民的广场，要自然、艺术、简单。

我很反对到处写标语，看到标语就想起城市，想起文化大革命。现在的人太会写标语、口号，我对余书记和闵书记说过尽量不要写，要让乡亲们生活在一个平静安逸的环境中，那些刺眼和没有实质性的标语就不要了。我没有想到我对县委周书记刚说到标语的时候，周书记就打断了我的话，说现有的标语就算了，以后就不要再写了，不做事写一万条也没有用。

我还反对在农村公共空间种花种草，城市的公共空间（公园、小区、路道）是有专业的单位去养护，可是乡村根本没有养护的，农民分田到户后，村民的集体意识和社会责任感也大不如从前。只要提出这种想法的人就一定不了解农村。种花草是好看，可是没有钱去养。花草是公家种的，农民是不会爱护的，城里也是一样。农民爱护自己家种的菜，农村就是农村，我一直希望农村以种菜代替种花种草，那样农民天天会像园林工人一样，把它们管理得比城市的花草还好！

我还提出新农村建设中，要有保护老房子的意识。那些老房子是历史，是文物，是以后花钱都不可能复制的宝贝啊！我到处看到领导手一指，这要拆那要拆，我很心疼啊！新农村建设中怎样保护好50年以上的老房子，特别是具有地域特色的民居是更加重要的工作，这一点很多人没有理解。

上海、南京、北京都在建设和恢复旧房子，所有了解北京的人都为北京在建设过程中的大拆大建感到可惜。如果北京当年按照梁思成先生的规划，那今天的北京就是一个让全世界都赞叹的具有古老历史文化意蕴的北京。可惜历史不能重演啊！

中国的农村也是如此。农村的田园风光、乡风民情、错落有致的建筑、村中的石鼓、村头的牛马渐渐地都没有了，取而代之的就是为城市规划的设计师们，将农村变成一个个小城市。城市中还有很多问题没解决，现在又用同样的方式设计农村。如果这样下去，我敢肯定，30年以后我们会变成历史的罪人。

我赞成新农村，渴望农村发展，更加赞成中央提出的20个字。不过很多人不理解那20个字，并且错误地执行。我对30户农民进行综合测评，按农民测评的愿望前后排列，我们可以看到农民对中央20个字是怎样理解的：

生产发展：进城打工、当村干部、办农家乐、培训技能、搞有机农业、种田；

生活富裕：住楼房、有汽车、能上大学、能看得起病、银行里有存款；

乡风文明：干部不要喝酒、村民不要赌博、孝顺老人、要有集体观念；

环境优美：垃圾分类、污水净化、树上有鸟、水里有鱼、不用毒农药和少用化肥；

民主管理：参与一事一议、增强法律意识、村民选举要公平、财务要有监督。

新农村建设做什么？我们在堰河的做法就是把中央的 20 个字变成行动。

在堰河村砌河堤石头时，我与闵书记发生争吵。他非要砌得多多的，要尽量多砌一些，说机会难得，这次有政府给钱，有机会就赶紧做。再说这里每年洪水太猛，老百姓怕洪水，说着说着他就以洪水毁田为由与我理论。我说受洪水冲的地方，必须加固。2002 年洪水冲了一次，冲毁了，修好了，这次又被冲垮了，为什么呢？闵书记说水泥少了，不牢。我说因为是豆腐渣工程。他说那是没钱。我指着被冲垮的地方说今年必须加厚，水泥要够标准。

我说："不是不赞成你把河堤全部砌上，左边砌了，右边就要砌。一条河的两岸都是水泥护堤，你说能好看吗？"任会计说是领导要求的。我看了看河，极生气地说："你们以为全部砌上就美？就是新农村？你们看看，现在还有哪里你们没有用水泥和石头砌过？这样下去不是农村，是公园。"闵书记说我觉得自然好，他们老百姓天天在自然中，喜欢看到景点、公园……再说上级领导也要求这样做，领导还交代他明天就要动工。言下之意就是，不听领导要听你孙君的？你又不给发工资！

我实在无奈。全省新农村建设这是主会场，像这样下去，全省能来学什么啊？城市是想尽一切办法把假的变成真的，而今天的农村是想尽一切办法把真的又变成假的。我唯一的办法是拨通了县委书记周霁的电话。周霁迅速拨通了五山镇党委书记余宝军的电话，余宝军拨通了村书记闵洪彦的电话，一句话，村里怎么建听孙君老师的，你们不要瞎搅和了！

这事才告一段落。凭我的感觉，以后周书记调走了，闵一定会砌上石头。但他不会知道，沿河的这片石头成了堰河景观的硬伤。唉！

13 日上午 9 点约好先去田河村。昨天余书记说陈部长提到田河仍没有动静，这样下去不行。余说先去田河看。10 点我上了余的车，余脸色苍白地说："头突然晕了，心里难受。你去喊办公室司机开车，我开不了。"我赶紧劝他先回房休息，余下车走路也困难了，要两个人扶他回到二楼住处。

我和刘波先去了田河。田河村委办公室对面是楼房，两边是公开墙。马路对面破房子、厕所等全部要"穿衣带帽"，可是又没有钱。我给这些地方画了一张一张的图纸。杨主任说这还差不多，原来两三万还搞不够，现在 3000 元就搞定了。

这些日子我就像在上战场，"穿衣带帽"工程让整个五山变成施工工地。你要是稍慢点，很难看的房子就出现了。

中途我不放心，给余书记发了一个信息：好些了吗？余回：强点了，医生初步诊断为大脑供血不足。到中午余又发短信：你在田河吃饭？堰河搞完让司机带你去黄垭村，然后带你去县城洗澡。下午2点我赶到黄垭村，余又发信息：你跟黄垭村老百姓讲，我不去了，向他们问好！给他们拜年，祝黄垭的群众生活一年比一年好！希望他们干群齐心克服困难，和气生财！我看着心里一阵温暖，立刻转发给胡书记了。

下午约好2点给村民开动员大会。等到2：40，只有十几人。胡不停地联系还是没有人来。我问刘波是什么原因，刘波告诉我今天有两家人结婚，一家人死人，村里红白喜事同时办，好多人去参加了。我一听只好说，下周二再来吧。

3：25到镇政府，司机张家新开车送我们到县里。余宝军好一些了。他叫我把电脑带上，晚上可以研究工作。路上我很困就睡着了。感觉车停了，一看怎么到石花医院了？余说很难受，要马上去检查。我还没有睡醒，继续睡。过了好一会司机来了，急急忙忙又走了；又过了一会，司机又回来了，我问怎么还不走啊？司机说余书记病情很严重，要马上喊救护车送谷城医院。啊？我一听跳起来，头撞到了车门上方的框，我彻底撞醒了！我三步并作两步爬上二楼，房间很多人，见余书记脸色煞白，对着纸篓在吐，看情况很严重。余对我说，昨晚不该在我房间吃那个苹果，太凉了。

一会医生抬着担架来了，余摇摇手说不用，让他靠一会就好了。大家把余书记扶上了救护车。司机把我安排到另一辆车上，又送我回五山镇。

已是深夜了，我一直在担心余书记，不过想想也没有什么，小病一会就好。我还是发了一条短信：好些了吗？你要保重身体啊！什么也别想了，明天我会到村里多看看！

第二天上午县委四大班子领导讨论有关新农村建设的相关事宜。周霁书记特别与镇领导打招呼，让他们参加讨论。我看看表才8：40，也不知他们几点来，心想还是先去堰河吧。因为闵书记在村头等我，我与刘波叫车先去了。

闵引我到小广场和桥头，问起这两处该怎么砌。闵对我说："周霁书记说村里的建设要听你的，不准乱砌。你不来我可不敢砌啊！"我看了他一眼，听他的话心里就想笑。我知道他不开心，我耐心地和瓦工交待桥头上的桥墩怎么砌，距离是多少。全部交待完，又到小学校看绿十字要求建的"农民未来之家"，总共4间房约75平方米。

"农民未来之家"建筑材料全部是用环保和再生材料，所有的生活用品全部是依靠太阳能的，设计时充分利用光和建筑材料的性能。把农民不用的，扔掉的东西，都改成艺术品，让村民大为惊叹。村民和村干部在这里看到了一个全新的办公室和家的混合体，也看到了未来乡村建筑和装修的发展方向。

在农村建“农民未来之家”是希望堰河村农民能选择一条持续的发展之路，也希望能遵循一种合理的生活方式。怎样把这些理念和科学在生活中体现，把科学发展观融入到柴米油盐中，让农民一看就懂，知道这就是他们未来的家！这也是建“农民未来之家”的意义所在。

农村再忙，吃饭也是大事，而且喝酒更是大事。如果没有让领导（朋友）喝酒，那他们心里会很难受的。这里有几层意思，一是领导来是关心我们，二是无酒不成宴，三是入乡随俗。菜不重要，没有酒是对客人的不敬。

办公室拿出茅台酒，周书记看了说你们五山不错，还有这么好的酒啊，说话时脸色是不好看的，这一说弄得五山的干部很难堪。周书记和李县长都说不喝，大家很长时间没有说话。人大主席觉得有点让五山干部下不了台，就说拿都拿了，我们少喝一点，于是又恢复了常态。

吃完饭，我与县委四大班子在会议室就谷城和农村建设谈我的想法，时间半小时。首先是湖北省新农村建设现场会放在谷城开，那么应该让大家看什么、学什么？谷城想从中得到什么？

首先在这三个问题上要定位清晰、思想统一、目标确定。其二关于定位，我设想为三点：①把农村建设得更像农村。②新农村建设的目标不仅仅是“建设”，推进文化与生态文明也是推动生产力的重要力量。③农民参与是新农村建设关键所在。

由谷城县政府推荐的 7 个村的定位与切入点：

堰河村：以文化与生态为综合发展的新农村。

田河村：有机茶叶和道教文化为主体的新农村。

小坦山：花卉苗木主题为主体的乡村旅游景观型新农村。

三岔路村：整村搬迁为主体的重建新农村。

平川村：乡镇企业发展为主体的经济型新农村。

将军坪村：生态与树种多样性为主体的山区型新农村。

何家湾：以建立鄂西北地区的农民房屋特色为主体的新农村。

关键：定位清晰，重点增收，推进务实，确定时间，突出参与。

7 个村共同要做到：污水不入河，垃圾不出村。

县委四大班非常赞同我的理念。李传寨县长建议：“明天能否组织全县四大班子领导，规划城建、环保、农办、宣传部、组织部、各镇乡一把手为创建“新农村试点村”做一次讲课？孙老师的新农村定位很清晰，走进乡村、三方合作、开启民智、共建家园。新农村能否成功，关键在干部。首先我们要了解农民，把单纯的领导转变为服务，村、镇、县三级联创就是一次有效的为农民服务。三方合作，是政府、农民、市场的互动合作，民间组织作为三方的推动者，沟通、技术、新文化的引导者，这样才是一个和谐的谷城。

“开启民智非常好，这些年乡村贫穷落后主要就是落后在文化、知识、技术上。绿十字在堰河告诉大家垃圾、污水与生活、生产之间的关系，告诉大家喝豆浆，剪指甲，沼气池对土壤与饮水之间的道理，告诉农民未来的希望，现在已经看到了效果。共建家园，孙老师说得好，我们连自己家都不管，都脏得不能住，那还能建设新农村吗？别人还会来旅游、来吃饭吗？投资商能来吗？如果我们能按这样的务实精神建谷城，未来的谷城还有必要去招商吗？投资商自己就会来谷城了。

“李说讲课内容就叫‘孙老师新农村建设交流会’。孙老师给7个村的定位很好，集中精力，突出特点，花少钱办大事。希望这种观念能在我们领导中形成深入。”

我所以给7个村定位，就是在否定村村“穿衣戴帽”，要客观实际，从农民的需要出发，从村里的实际情况出发。直接否定“穿衣戴帽”不妥，这样定位7个村，大家就接受了。

1点多，周书记要赶到武汉开会，我们的讨论很快结束了。我拉着刘波在镇政府前后200米之间拍了大量关于新农村建设中需要注意的细节照片。比如公司牌子10个小字掉了3个；很漂亮的家具油漆，可地面污染了；二楼，空调漏水腐蚀了外墙，好像哈喇子；大街上放了很多垃圾桶，可垃圾全部倒在桶外边……

为什么这些情况在家里就不可能出现？因为这些是公共场所，这就是爱家不爱国的表现。新农村建设从哪儿开始？具体做什么？就是要从家庭做起，从个人的行为与生活态度入手。

下午在去谷城的路上，梁镇长再次提到中午请周书记他们喝茅台酒的事，觉得很冤枉！“我们镇干部就是比一般干部矮一段，喝酒是为了什么？就是为了工作。我们工作是什么？就是为了要钱，有钱才能做事。五山镇在新农村建设中，我们问各村最需要什么啊？他们只说一个字“钱”。到处需要钱，求人第一关就是请人吃饭，乡镇干部工作十年身体基本都坏了。我是一边吃着胃药，一边还要喝酒啊。

“很多事在现实中确实不好处理。你说春节前来扶贫、慰问的领导，到中午了能不请人吃饭？有的领导说不喝酒，可是一年就一次，平时对五山支持又很大，不请喝酒说不过去啊。像我与余书记这样不喝酒的领导真的不多了。余书记自己掏腰包花 20000 元买个旧车，干着公家的事。要是我们不买车，每月只有 700 元车贴。我们镇 250 平方公里，下乡就得租车，一天 300 元，两次就用完一个月的车贴。工作怎么做？我们还得求人要油修车……”

下午 4 点到了县城，先到谷城人民医院看望住院的余书记。我从心里觉得余书记没有什么事，过两三天就会好的。可是在石花医院看到 120 救护车来了，我心里真有点怕了。办公室的两位同事、张家新、余的爱人江伶俐也在，余书记病情好像更严重了，不停地吐，也不能走路，头痛得厉害，不能说话，身体佝偻着。我看了，心里难受极了，什么病？怎么这么厉害？核磁共振、CT、拍片……最后一次检查是头部检查，很重要，大家心里都担心别真有什么问题。此时我想余书记心情最复杂，这种设备是谷城最好的设备，准确率极高，时间需要 40 分钟。

40 分钟好漫长啊，大伙在慢慢地看着医生不停操作电脑，一会伸头细细关注屏幕，一会闭目沉思，我的心情也随着他的表情在变化。过了很长时间医生伸了一个懒腰，终于走出房间，严肃地对大家说：“没事，颈椎病。”

我们全部重重地坐在沙发上，长长地出了一口气，江伶俐脸上绽放出了笑容，那种感觉比奔向共产主义还幸福。

回到病房，余就侧着身子和我们交流。江伶俐说：“孙老师你来了，他精神好多了。”我说：“哪儿啊，是医生的那句话重要。”余说：“没事了，没事了！”

一会余上洗手间，也不用人扶了，腰也直了，脸上不再是万恶的旧社会，微笑时眼角的鱼尾纹也有了，两只眼睛也恢复了神采，说话也有逗号和句号了，哈哈。我与刘波看到余书记没事就回去了。我好像三天没洗澡了，身上有些痒，想按摩，搓背，可是两脚好重，心情不累，身子累。算了，还是进宾馆睡觉吧。

刚刚睡着，电话就响了，对方说：“先生需要服务吗？”我一听就生气，刚刚睡着，就被吵醒，我气得说：“服你的头啊！”对方从此没有电话来了。

每年过年前是乡镇的鬼门关，也是对乡镇干部心理素质的考验。在五山每村的债务大约多在70万，堰河村好一点也有40万，过年前都来要债了。余宝军很幸运，生病在医院了，要债的人就不好意思来了。来了还要送礼，钱要不到还要贴钱，干脆就不要了。

对付年底来要钱的人，镇领导有领导的办法，躲藏、关机、生病、开会、撒胡椒面(先给一点点钱)，最好的方法就是陪要债人喝酒，一直把要债人喝倒，要债人就忘了，也不好意思。有的领导知道年底就要调走，就先答应下来，保持过年平安。女领导实在没有办法就流眼泪，一般男人一看女领导流泪就不要了，这一招特灵。

这种日子在我看来不是人过的。在过年的前两个月，镇领导的脸都是苦瓜脸，好像一下老了10岁，往日的风采瞬间即逝。我常常问他们是什么样的感受？他们说现在的镇政府仅仅只有一口气，半死不活，债务缠身、工作还要有责任心，公务员的待遇不高，历史留下一大堆问题。

镇干部说，年关一近，我们每天只要走近镇政府附近，心里就慌，头就大、脚步就重，心里压力巨大，感觉人像得了瘟病。年一过就好了。

我听到最多的一句话就是谁给我10万元就我把镇长的位置卖给他！

我还听一个女镇书记说，谁给她一万她就叫谁亲爹！

我曾陪一个办事处的书记到医院看病。医生说你的胃溃疡非常严重，千万不能再喝酒了，于是给他开了很多药。医生说：“我知道叫你不喝酒不可能，这样吧，你少喝一点，喝之前先吃药。”医生说完深深地叹了一口气说：“要酒不要命！”书记说：“你说错了，我是要钱不要命！”

就这样酒在乡村已是一种文化，什么“感情深一口闷，感情浅舔一舔”。襄樊人要讨论修改十八大党章，要倡导五不：不准喝酒时说刚吃过药，不准说胃不舒服，不准说下午有会，不准说老婆要骂、不准说自己要开车。

什么酒品看人品，人品看酒品；什么革命小酒天天醉，人民工作慢慢来……为了能把酒喝好，这里还出品了全国最高度数72度霸王醉，有楚瓶王、演义酒、关公酒等，英雄城里出英雄酒，一群酒圣吐翻天！

第十八次

阵痛与快乐并行

| 2006年1月15日 |

因为上午9点有讲座，早晨5点多就醒了。起床整理讲课的幻灯片。这次讲课针对性很强，来人是县委四大班子，各部局主要领导，乡镇村主要负责人，目的就是告诉他们新农村怎么操作，用什么方法，怎么定位。整整三个半小时，完成了讲课稿。

8：40，与刘波赶紧出去吃早饭。出政府大门，见路两边在重铺人行道。原来很好的地板砖，全部当垃圾了，我赶紧与县领导打招呼，别扔啊，给五山啊。

9点干部全部到齐。讲课对我来说是熟练工种。一个半小时下来，没有人走动。会后好几个领导对我说，你的课不能听了，再听要得尿毒症了，我们舍不得离开会场，怕错过精彩内容呀。会后7个村的镇领导与村全体班子留下，讨论春节前的有关工作推进。陈部长眼睛红红的，看来是充血了，对大家说，拜托大家，真的没有时间了。看得出来陈部长是在用心做事，可他心太急了，对新农村理解不全面，各村街道都在搞“穿衣戴帽”。我觉得不妥，但也很难说服陈部长。我现在只能确保堰河、田河。余宝军是理解了，万幸啊！时间会证明我是对的。

我对大家说：“7个村定位是否可行，现在与大家商议。大家觉得可行就全力做，觉得不可行，或觉得不想做，赶紧告诉我们，换村。”

李县长说：“这次机会难得，很多村要做，名额有限。你们要抓住这个机会，发展生产，改善环境啊！在场村干部热情高涨，说终于知道我们村怎样做，从哪儿入手，知道什么是美，什么是丑了！大家一致认为农村就应该像农村！”

下午2点多，带规划院院长一起第三次来三岔路村，再次实地调整规划，然后一张一张画图。特别是对村口的小广场，我一直强调是“农村”的感觉。

下午省委组织部来五山考察，陈部长希望我同行。我很想到谷城洗澡，腰有点酸，想找专业按摩师调理一下，想想还是同行吧。

正好，前天在堰河看了“农民未来之家”要建的地方，这是由团中央评选的“丰田杯”，绿十字获了二等奖，获奖的费用要在这里建“农民未来之家”。走进堰河村头，看到昨天交代的桥墩都砌好了，真快啊，很漂亮，闵书记就是做事爽快！

闵书记一直对我说山里有瀑布，有一个石头上长了24个像屁股的大石头，我说今天进山看看吧。我也想挖掘一下村里的文化空间。堰河有两条山沟，一条我去过。山里有清朝考举人的学院，现在是遗址了。有百日山的一部分，因为张天师在山上坐了100天就叫百日山了。

张天师是道教门派之一的“正一道”龙虎宗各代传人的称谓。“正一道”（即“天师道”）由张陵（张道陵）创立，后世称张陵为“（祖）天师”，其子张衡为“嗣师”，其孙张鲁为“系师”，曰“三师”（“三张”）。其传人为其子孙世袭，后皆称为“天师”，因张姓即被称为“张天师”。自张陵第1代开始到张源先后共经历64代。

村里还有一个几百年的老房子，没人住。那里路途崎岖、山水回转、曲径通幽。另一条路是以山泉水为主的河道，河里水不多，现在是枯水季节，在静静的山林中能听到泉水的喘息声，叮叮咚咚，溪水畅流。我们一边走一边喝山泉水。约走了3公里路，来到一个小水坝，看到了一个小瀑布。闵书记指着这个小瀑布说，1994年我就从这里沿山挖了一个小渠，弯弯曲曲3公里引到村里。可惜工程做得很简陋，到处漏水，这个工程真是太浩大了。闵书记真是个人物啊！他一直想把这条水沟再修修，希望能引水进村。

一路上，闵书记不停地对我说："孙老师我反对你到处'撒胡椒面'一样做新农村。他们搞不赢，因为他们没有思想与理念，更是没有行动。"这些他对我说了很多次了，我一直很忙没有时间与他交流。我停下来对他说："今天约你到山里来也是想说这件事。你说全省各市县到谷城来，待几天只看一个堰河，可以吗？"闵说不行。我又说："全国各省市来谷城，每个市县经济文化、社会发展基础都不一样，堰河只是其中一种模式，那别的村学什么呢？

"你很清楚'五山模式'目前只是堰河村试点成功了，若能在5个村或更多的村复制，那才是真正的'五山模式'，这对绿十字来说也是一次极好的机会，借此来宣传绿十字的理念，难道你不希望有更多文明和富裕的村庄吗？"

闵书记瞪着眼睛说他当然希望五山农民都能过上好日子啊！

我说："县委领导知道我是五山政府请来的专家，我与周霁书记又是好朋友。大家请我帮忙去看看别的村，余书记、梁镇长又怎么能拒绝？余书记和梁镇长都说五山不能本位主义太重了。五山应该展示大度，模式的目的就是复制成功。堰河村需要提醒自己自立、宽容、低调、务实那才是做大事……你说对吗？

"复制和推广的村越多，堰河村的知名度越高。就像北京三里屯卖服装，一家卖就没有人来了，如果有一千家卖衣服，就有市场，五山模式就这样。"

闵连连点头，连声说是的，是的，他明白了。

堰河村既是我的希望，又是我的担心。希望的是通过今年"新农村建设"启动之后，能有第二个发展规划；又担心这里会变成一个政府大投入、大改造的新堰河。这种可能性会很大，也是让我心里不安的地方。

晚上吃饭时，闵批评我，说让我以后在讲课时，不要放那幅住在结扎手术房间的照片了。人家会说他没有照顾好我，让他没面子。说这样一个大教授就让人家住那儿？我对他说："我说的是假话吗？"闵一句话不说，低着头。闵有时很可爱，只要他错了他就不说话了。

第二天上午没有出门，手上压的事太多。茶庄的茶艺室、黑子山庄、农民未来之家、黄垭村木雕茶叶盒都需要图纸，几个村的施工也需要图纸。村里一边干活，一边催图纸……给谷城规划设计院王院长去电话，拜托他设计的20套农民房子，说很快就能完成，太好了！这套图纸如能编进五山模式的《共建家园》一书，农民一定喜欢。

从早晨5：20一直工作到中午12：00。早饭是服务员端到房间里来的，头有一点晕，伸了一个巨大的水蛇懒腰，腰又酸了，很想到谷城推拿一下啊！

昨天李委员对我说，何家湾茶场已进行了一大半，现在是关键时候，问我能否帮忙到村里看看？李委员做事很有心，也很认真，日后必能成器。我马上让刘波安排今天下午去何家湾。何家湾茶场在两山之间，靠山面塘，居半山之中。新盖的楼两边有两排青瓦老房，以后这两排老房子会很值钱，可谓是一块风水宝地啊！

来这很多次了，我就现有的地形做了一点点调整，主要目的是想花最少的钱。在自然中设计，在历史遗留的文化中小心翼翼地调整。我做了很多年的古玩收藏，对历史和每个时代的文明与文化，都很清楚它的价值所在。

自然形成的村落有它一定的科学性，也有它的不合理性。这次新农村建设的目的就是改造那些不合理的村落，像目前这个茶场的选址就很好，也是农民自己选的，在形成的几十年中就含有了它的文化和历史。常言说得好“一方水土养育一方人。”

我感觉我在五山有用武之地，我所学的知识在这里能有所发挥，而在北京就小多了。因为北京一堵墙倒下就能压倒六个博士、三个正厅级干部和一个总经理。正因为如此我总往五山跑，因为在这里能尽展我的才华。

我对茶场内外，包括道路、小亭进行设计，基本是不动土建，只是很小的外表适当调整。农村没有钱，大拆大建要不得，我尽最大努力不拆，只做功能的补充，不做形象工程。很多时候是拆新返“旧”，修旧如旧的方式。

看完何家湾紧接着就赶往夏家寨村。村支书是胡广友，原是镇城建所干部，负责何家湾房子工程，去年调到这个村当书记。我们因为建房成了好朋友。来五山这段时间，胡对我讲了无数次，让我有时间赶紧到他的村看一次。听说他那更穷。穷好啊！穷的地方让我看到资源、民俗、传统建筑。传统的本源文明更具备保存的空间，更有发展价值，现在是哪儿穷我就去哪儿。

4 点多来到夏家寨，立刻我就喜欢这个村庄了。这个村庄的房子是依山而建，房子高高低低，层次分明。房屋半遮半藏，隐现在道路两边的山脚或半山中，这时见到蓝色的炊烟由北向南一丝一丝地飘……

这是一个基本没有被现代化改造过的村庄，道路两边是农田，房子坐北朝南，菜地、土墙、木门、小路和门前的柴草让我又回到了那遥远的童年……因为陌生人的出现，村里的狗到处乱吠，鸡、羊、鸭随处可见，家家门前挂着黄灿灿的玉米……

我不喜欢在路的两边盖房子的村庄，一是把农村美丽的田园风光挡住了，二是把垃圾与污染带到路上，三是房子丑得不能见人，四是汽车的噪声太大又很不安全。

夏家寨基本保持农村原有的特点：黄土房、红砖房，白石灰墙，只有很少的房子外墙贴了瓷砖。有两条河流穿村而过，村中心有一棵巨大的老槐树，树下是农民的自留地。有一位农民妇女在地里正拔着红红的萝卜。萝卜不大，一大半露在外面，红红的一片。青菜很小，绿黄相间，绿的很深，黄的成卷叶，叶子全部贴着地面。这种菜要是用烘堂上的铁锅糊一下，再放上一些粉丝，那就是我童年最喜欢吃的外婆菜！

新农村建设现在崇尚一切都是新的，所有曾经留下的古民居、古祠堂、古寺庙等旧的就必须换成新的。现在有些干部眼里新农村建设必须"建设"，而且必须是新的，这是他的"政绩"。在堰河有几栋老屋是土坯房，很多年了，质量也很好，城里人来农村都爱在这里照相。我对闵书记说，你以为你现在房子好看，可是城里人从来不在这样的房子前照相，偏偏要在你认为丑的房子前照相。我们需要的是生活质量的文明、环境的文明和观念的文明，你们村能留给人们观赏的，留给社会记忆的也就是这些老房子了。我们要学会把那些历史文化视为经济，视为生产力，那样我们就不会见到旧的就迫不及待地拆了。

农民为什么会不喜欢农村呢？因为农村生活很艰苦，根本谈不上享受。这几年他们在城市打工，见到的是高楼大厦，走在宽宽的马路上，看到美丽的公园、咖啡厅、舞厅等，都是他们从来没有见过、也没有享受过的。农村与城市生活的天壤之别，让农民不喜欢农村是正常的，他们还没有享受过城市文明。相反，城市人在生活中感受到交通堵塞、空气污染、食品不安全、人情冷漠、社会治安不好等城市病，让城市人又开始羡慕乡村的生活。那里环境优美、鸟语花香，山清水秀，于是乎城市人觉得农民幸福，这个怪圈就是这样形成的，这一点我们要理解。

为什么这些房子好看呢？闵书记问我。我告诉他，这是经过了50年、80年自然和时间对房子的雕塑，美是来自生活，生活又是艺术的源泉。就像我的《五山日记》只有来五山了才能写出来，一离开五山，日记就停止，也就是灵感是来自生活，来自他和村民。

我指着屋前的山水和河里的石头说："这些美吗？"闵说："好看的很啊！"我笑着说："就是啊，原因就是它不是人工雕琢，是自然形成，又陪你一起长大，你看到他就会想起童年，这就是我们这一代人的根。一个城市、一个乡村、一个家庭都应该有根，不然我们的户口簿上为什么写上籍贯啊。”闵点点头。

昨天在堰河工作时，村里开小店的陈良军的爱人悄悄问我能去她家吃饭吗？我说好啊，她说：“你说的是真的？”我说真的，转身问刘波：“明晚有安排吗？”刘波说没有，这样我们就定下今晚在她家吃饭。

陈良军家是文化中心户兼小杂货商店，一边经营一边负责文化活动。活动室是村、镇、县三级共建的，老百姓很喜欢。里面的乐器、健身器械由政府出，还有电视、VCD等，针对农民的技术书较多。

6点多，村妇联主任季达翠、村长熊修江、会计任安强、闵书记的爱人李惠如和我们一行人来到陈良军家。吃饭时没有什么话题，大家说的是这几年村里的变化。李惠如说开始在村里搞垃圾分类时，她担心村里人不支持，就悄悄问村民垃圾分类怎么样？村民告诉她：“精怪（当地人的意思形容作秀、有毛病）!”现在大伙都参与了，现在大家一定不会说“精怪”了。

17日上午约好9点到黄垭村与村民交流，动员农民参与新农村建设。今天省委组织部来人检查，9：20车才到。我以为会场有很多人了，等我急急忙忙赶到会场，才发现我是第一个到的。农村开会一般通知8点，10点人能到齐就算不错，就像回家一样，很随便，早到、迟到也不会有人说。今天来参加交流的有三四十人。

交流中，大家都认可堰河村的做法好，都想学。这次交流与前年和村民交流完全不一样，那时村民认为这事不可能，农村有什么垃圾啊！今天讨论的是他们村应该怎么做。

在东湾村与村干部交流也只有两次，干部的观念明显在变化。去年与薛斌来时，村干部说做事要等钱，要等政策，要等计划，垃圾分类太难做了，做了谁来看啊？这次干部谈的是村里如果要发展怎样解决问题，如何在没有钱的状况下搞发展，党员干部如何带头。从被动到主动，这就是观念的转变。

这期间我在五山范围内做了大量的“五山模式”的复制和推广工作，效果并不显著，这一点让我很苦恼。

中午我回镇里吃饭，顺便接受襄樊电视台的采访。县委段书记、组织部陈部长、省委组织部领导大约有30多人，大家一一寒暄了一阵。饭前进行采访，采访期间朋友陈至力说：“马上要过年了，我这有一些朋友给的礼券，你买点东西回家吧，以表示心意。”礼券是用信封装好的。这时我正和段副书记说话，不知怎么就抓在手里。正好段看到了，眼睛紧盯着我，感觉他像看特务，眼神中有一种疑惑。这一瞬间我心里很不适，我与段副书记话说到一半就转身把礼券还给了陈至力，说："我们是朋友，再说这券还在襄樊用，对我用处不大。我们是好朋友还这么客气就见外了。"陈至力说："好吧，下次请你吃饭。"段留给了我一个不信任的目光。

谷城县政府对我是不信任的，他们前一段时间还打电话到我家乡，调查核实我的身份，后来我们市的领导告诉我了。这种感觉与今天段的眼睛碰在一起，让我心灵深处有所颤动。

6：10，我们来到谷城县人民医院。余书记女儿回来了，看到她，让我想起我的女儿孙子孺，女儿回家了吗？我们有半个月没有联系了，对女儿我常常心怀内疚。上个月女儿要钱买书，我那时口袋里没有钱，向荣老师借了点汇给女儿。从上初中到大学我印象中只给过她500元。

吃完饭，回到房间，城关镇周云书记来。与周云书记主要谈两件事：一件是目前这条街道如何在现有的状况下进行调整。我建议不用拆，加强植被面积，现有的土地面积尽最大努力保住。不能再铺水泥了，整个村庄全部铺上水泥地面，不好看，最好把路面做得艺术一点，做成农村的路。第二件事就是周云书记想在城关镇韩家卡村附近建一个有鄂西北地区特点，有整体规划，高水准的社区。这里因为建铁路，有100多户要搬迁，有这个机会，希望我能介入此事。

谷城在未来的发展过程中应该有一个高水准的社区，特别是在建筑功能、建筑风格、建筑语言、建筑色彩、建筑环境等方面做一个示范社区，这对谷城、绿十字都很有意义。我犹豫了一下说："有两个问题，你能回答我吗？"周云书记不假思索地说："能，你说吧。"

一是在观念上。"五山模式"能到今天，是因为余宝军能接受"先生活，后生产"的理念。周云书记说这没问题。余也对我说他是一个很有思想、想做事、重实干的人，希望能与他合作。

二是费用。这里与五山有本质的不同，要动用国内优秀的规划、设计队伍，调研要请专业人士，要完成这个项目需要23万。他紧接着说："没问题，五山能做到的我都能做到。城市边上的农民率先进入城市，头脑灵活。城市人的聪明他们有，农民享受的政策他们也有，可惜就是农民身上原有的那份淳朴和宽容没有了，越来越不讲道理。有些事明明是他们没有理，可怎么说也讲不通。"

谈话间窗外已是漫天大雪。我很喜欢下雪天，天地充满着灵气，大地变得神奇，一个混沌的世界，瞬间天地一色。余书记也来了，刚坐下来，周云书记就问他今年干部的工资能解决吗？余深深叹了一口气说："怎么说呢？刚刚把镇里干部工资搞圆台（解决的意思），听说退耕还林的钱不能到位。林业局说一个月前钱就划给财政局了，财政局说账上没钱，这下麻烦了。对我们镇来说是160万啊！村里就等着这笔钱过年，各村纷纷打电话给我。我下午必须回镇里研究，召开书记办公会议，看看有什么办法，要让村里农民过年。"周云书记很关心余书记的身体，让他请他们来医院开会吧。余说不放心，还想看看堰河村里建设得怎么样，不然心里总是一个事。

我们从房间出来的时候，地上的积雪足有15公分厚，天是灰的，地是白的，水是黑的，人是晃的，心是不静的。

到堰河时，整个山村已被雪覆盖。闵书记一个人站在村头的雪地里等我们。下车余书记第一眼就看到那个很不和谐、用石头垒的防洪墙，发火了："那是不是就是周书记说的那个墙啊？怎么这样砌呢？砌的也太难看了，必须扒掉重砌。"

沿途看着桥上新砌的石头墙，还有村民新整治的环境，余书记不停点头，表示干得不错，这还差不多。话还没有说完，就说头晕，我们赶紧把他扶上车。

晚上7点多钟，余才离开镇政府。我也觉得异常不适，主要是腰酸。脸、脚也没有洗，就准备上床了。刘波说晚上黄垭村胡书记和村里的小胡要来。是啊！我差一点忘了。这么大雪他们还来吗？大约8点多他们来了。老胡说路上好难走，小胡技术不好，摔了两跤。村里还有几位木工，因为没有车来不了，只有他们两人来了。

我把昨天上午画的木雕图样和茶叶盒图交给他们，还有茶艺室、未来之家的家具、木凳子等图纸全部交给他们，并打开计算机给他们看我以前设计的家具和从书上、国外拍的家具。一边用笔画一边讲解，从美学和实用上与他们交流。他们虽然做了很多年的家具，但对美和设计几乎处于麻木状态，这是极大的交流障碍。这里还面临着投入资金、市场、利益等诸多问题。不过现在首先是审美问题，我答应下次来再带一些有关现代设计的书籍，要冲击他们陈旧的观念。不走出这一步，就没有市场。

我们很多做NGO、公益事业的负责人对我说，农民做的工艺品很美，不需要给他们城市的美学教育，他们的东西是几千年传承的艺术精华。我笑了，我笑他们对传统艺术和民间艺术还不了解。今天的民间艺术和传统文化已完全不能与60年前比了，特别是改革开放的近30年来的民间艺术更不能与几十年前相比。

民间的传统文化和民间艺术是在日常生产和生活中产生的，与婚丧嫁娶等民俗民风有关系。而现在的传统文化和民间艺术在市场经济中成了商品。目的不同，艺术也一定不同。

胡书记说："孙老师你这么忙，全县、全镇都在请你，可你却在我们村投入这么多精力，我好感动。我们村的人也看到了希望，我们一定会努力。"

我对他们说："做生意主要是市场。你们现在已有了市场。余书记说只要设计好茶叶盒就完全可以投入市场了，这是艺术与茶叶融为一体的作品。闵书记那里需要很多家具，都可以从你们村订购，你们还没有生产出产品，市场就在等着你们。你们要努力啊！"

雪越来越大，我怕太晚，就叫他们早点回去。胡书记已走出门，又回过头来对我说："孙老师你放心，我们一定努力！"

送走他们已经很晚了，天很黑，我感到大地被鹅绒一样厚厚的白雪覆盖着。就想到第二天一早当我睁开眼睛的时候，展现在我眼前的是一个全新的五山，一个充满希望的五山。

第二天我睁开眼睛看到：

天地一色雪狂澜，白山黑水洗五山。

戏弄玉雪忆儿时，笔落精琢素女装。

我的朋友叶榄发诗一首，并祝绿十字喜获丰田奖！

楚乡风物也怡人，鸡犬相闻陌纵横，

雪晴华堂堪煮酒，农家腊酒逾香醇。

我回诗曰：

曲径通幽再南北，风雪飞舞话乡村，

红联对贴俏娘娃，绿茵挥毫写新春。

这里的山村已充满了新年的气氛，家家户户都忙着杀猪、买鱼、打扫卫生。街上买新衣服、新鞋的媳妇们穿红戴绿，给银装素裹的五山带来不一样的色彩。余书记告诉我，12月20号以后基本就进入了过年的状态。在外打工一年的游子像南飞的大雁带着一年的喜悦都回来了。"五山模式"也开始向周边辐射。镇里的笔杆子袁传成对我说：

“你给五山带来希望，五山还你一个灿烂。”

村民在环境优美的堰河村

2005年是绿十字的耕耘年，也是五山人的播种年。2006年应该是我们共同的耕耘之年，2007年希望是绿十字的丰收年！

上午约好到闵书记那里，因大雪封路，只好约他到我这来。新农村建设堰河是关键，要做的事还很多。前些天周书记和李县长来五山，就答应借给五山三个村45万，其中25万是给堰河村的。

闵书记说：“都说我们村做得好，可有谁给我钱啊，我实在是快坚持不住了。快春节了，我要付老百姓工钱。看了你昨天转给我的信息，心里好难受。”我前天收到荣老师的短信：“闵书记6750元给了吗？这笔钱不到，二月份工资就有问题了，现在处境很困难。”正说着，荣老师又来短信了，我又转给了闵书记，意思是：大家对欠的这笔钱，加上购太阳能灯欠的钱，对闵书记的印象不太好，说闵书记是骗子，做事不守信用。

我在北京时对大家说：“不能这样，闵书记实在太难，只要有钱，一定会给的。”去年春节，余给了一万元是想从堰河村转给绿十字，叫闵书记提现金给我，后闵只提了5000元。那时他爱人脚骨折了急需用钱，并告诉我千万不要对余书记说。走的那一天余问我闵的一万元给我了吗？闵书记也在场，闵很紧张，看着我，我也看着闵说给了。闵笑了。闵书记真的很黑，显得牙特别白。还有 1650 元是前年太阳能灯的运输费，还是封宁垫的，因找闵要不到钱，绿十字就先付给了封宁了。咳！陈年旧账我希望年前闵书记可以结，干干净净迎接 2006 年。

上午我们讨论了黑子山庄、茶艺室和农民未来之家的方案。因为下雪停电，冷得我把棉枕头放在地上，灌上一个热水袋，放在脚下，再盖上围巾，把全部衣裳全穿上了。下午电来了，我开了空调，开了电暖器，还冷，不过已经很幸福了。幸福是什么？就是有空调、电暖器、热水袋。

今天一整天都在房间整理这几天的日记，修订五山日记的框架。两年的五山实践，编写了 5 本书，由人民出版社出版。我与余书记都很兴奋。余说的最多的一句话就是工作越做越有意思，觉得工作是事业，有价值，再苦再累能看到希望就值。正是这样，这 5 本书我也越编越有意思。我的同事王佛全自学编排软件，写、编、排、洗照片全由她一个人完成。她天天对我说腰都弯了，近视最少深了两个级别。余书记说让我告诉佛全，明年一定奖励她。

这次来五山，余书记和梁镇长做了很好的安排。刘波负责我所有的事务；邱君负责打字、编辑；张家新负责我的用车。有这么好的条件，我就拼命写。刘波会安排好第二天的日程和生活。

邱君是省委组织部的选调生，小伙子很有上进心，又有活力，做事的状态很好。所以我想与余书记商议，把他借调到北京绿十字工作一段时间，主要编写《五山日记》中茶文化的部分。

“五山模式”渐渐地被更多人认可和理解，这个过程用了两年的时间。以前我在五山能明显感觉到人们异样的眼光，每次到办公室希望他们帮助的时候，他们总是板着脸、很严肃的样子。如果对方不动，我还以为是木乃伊呢。我的朋友和记者也常常会跟我抱怨，每次都让我心寒，这种情况我从来没有对余书记和梁河桥说，因为我知道余的处境和我一样不易呀。

这些年来我养成了写日记的习惯，就是因为我一个人生活在北京、在五山，所有的喜怒哀乐需要倾诉。而我倾诉的对象就是日记，日记成了我的朋友，一个无怨无悔的好朋友。

以前来五山是王福安陪我，后来他下海了，现在是刘波。王福安陪我的时候是“五山模式”还不能被更多的人认同的时候。王福安的工作处在一个孙君替罪羊的角色，大家不敢对我怎么样，因为我是县委书记周霁的朋友，是市委常委组织部马黎部长介绍来的，余书记是我的知己，所以王福安成了大家发泄的对象。这些余书记未必知道。可我心里很清楚，王福安的离开，我既惦念，同时也为他祝福。走出五山的王福安，世界一定会更精彩。

刘波、邱君、张家新、李清哲等都是五山未来的主人，他们很阳光，都是 70 后。在与他们的交流的过程中，能清楚地感觉到他们渴望知识。很像年轻时的我，我很喜欢。而这些恰恰是王福安身上没有的，也许是他本身经历太艰难的缘故吧？不同的经历会直接影响人的人生观。

窗外的雪好大，好些树枝都被压断了，道路上洁白的雪瞬间被人踩黑了，过年的日子一天比一天近。北京的一位老师刘香发了一首诗：诗画一家出豪情，闲情逸致润吾心。遥想南国飘雪时，烤火衣鞋被烧焦。北京恒基中心的志愿者张京凤短信：雪舞心动，老天爷在表彰你啊！

长期处于一个人的工作状态，让我学会了静静地思考。我站在窗前，看着茫茫的五山和眼前飘动的白雪，我在想今后的五山会是怎样，新农村建设的热潮过后又会是怎样？“五山模式”会给五山带来什么？下一年五山该怎么走？一切都是未知数，只有“希望”我是知道的！

《农民日报》记者施维问我：“你到农村做什么？新农村你能做什么？我们想象不出你每次都会有那么忙。”我笑了，我说事的多与少与你的责任心、定位相关，想想一个家会有多少事，可想而知一个村会有多少事。

我们简单地说了准备做的 38 件事，她说这么多啊。我就要离开五山了，还有很多事没办，我列出清单交给刘波，希望中午离开前能完成：

找五山镇书画收藏家协会杜成权要《五山——走向生态文明》中需要的书画照片、收藏馆的效果图。

找余书记商议去清华大学讲课的提纲。

十八次五山之行日记中相关资料复制给刘波备一份。

堰河村新农村建设家庭评选十八条给我。

小邱尽快把五山茶坛、日记全部打出来。

剩余部分日记手稿请余书记女儿余闻洁尽快打出来。

找襄樊电视台、谷城电视台要十八次之行录像资料。

整理黄垭村、东湾村对复制和试点村的群众感受笔录。

给堰河、黄垭村绘制房子设计稿和木雕复制品图案给他们。

中国城市规划设计院要的堰河村1:100000的地形图，继续找，不然做不了规划！

电话联系北京志愿者李友栋，安排好到北京延庆县珍珠泉乡日程（新农村建设选点）。

谷城县五山镇有关新农村建设的电子版拷贝给我。

《南风窗》记者田磊要的资料是否给他了，要王佛全落实。

买一束鲜花，去看望住院的余宝军同志。

下午离开时大多数都完成了，就差去看余书记了，可是花来不及买了。常言说，“家是勤、外是客”，很有道理。我们不仅仅是同事、是好朋友，更是知己，所以有没有花只是形式，我想他应该会理解的！

第十九次
“吵”出来的新农村

| 2006年2月9日 |

上午与五山“农民未来之家”的设计人员讨论。这批设计人员很重要，下个月就要开始在堰河村开工了。我必须尽快转变他们的观念，改变他们错误的审美观点。在讨论过程中，装修公司的师傅说：“我们就是希望像谷城县城的样子，那就是我们理想的未来。”

在沟通中我们的分歧很大，他们喜欢的颜色是粉红、绿色，瓦要蓝色，房子造型是火柴盒式，占建筑面积空间最大。这一点很像城市人，不论房子面积大小，所有阳台都改成封闭式。严格说中国90%的市民还是农民，只是脚上的泥洗干净了一点罢了。

下午去原秦畈村李书记家做客。李书记花10万建了一座250平米的房子，是一个欧式小别墅，房前有一棵八百年的银杏树，山泉从房前流过，房对面是植被保护得很好的山林。阳光充足，我们坐在房门前的阳光下，嗑着瓜子，喝着玉皇剑茶，这真是神仙过的日子。刘波、余书记及他太太对我说：“将来有钱了一定建一幢这样环境的房子，但不要欧式，也不要这么大，房间太多，搞卫生都累死了。”

午饭还没吃完，陈部长来电话说要去何家湾村，跟我交流几个村的建设情况。余书记本来也准备去，因为那里有一个70×52米的广场，他想去看看。这个广场四周都是臭水，是修马路造成的。马路每三五年就加一层，几十年下来加了有50多厘米。路两边却没有修建排水沟，每年雨季都会淹很多户，他们只能在家门口垒一道防洪小坝。这种情况在农村很普遍，也没有人管，每个人只管自家，污水、垃圾、粪便到处都是。

农民开始觉得我丢一点垃圾，他倒一点污水没什么，久而久之成了习惯。现在他们自己也觉得太脏、太乱、太臭了，开始向往城市的花园、社区、步行街。可是农民不知道城市的垃圾污水也和农村一样，只是有人清理、填埋。同样的污染物只是埋得比较远比较深，人们看不见而已。他们更不知道，大城市周边的垃圾填埋场已经成了最严重的城市病之一。

在堰河村，我对学生们说，你们的家是有两个部分组成，房子里就是家，房子外面就是国，家和国是不能分割的，就像你们的红领巾是红旗的一角一样，所以你们有责任看管好你们的祖国。

所以堰河村的孩子从小就有家与国、国与人的概念。我一直对绿十字的专家说，怎样把理论和抽象的名词变成真实的生活，就像我把抽象的油画变成乡村真实的场景，我们首先要把文化定位弄清楚，农村才有可能清楚。

在河南、山东、安徽、河北、浙江、江苏等地一些地区，早已没有义务工一说了，做什么都要付钱，农民在家宁可打麻将也不愿为村子做一点事，连家门口的事也不愿做。他们还说中央有规定，要做事就要给钱，这叫保护农民权益，干部一点办法也没有。农村90%以上是负债，村办公室一贫如洗，什么办公设施都没有。

2006年春节，我回安徽老家，顺便到芜湖做调研。问到义务工时，村干部说：“早就没有了，村里的公共场所也是一样，干一天活、开一次会都要发30元，党员开一次会发20元。不给钱村民就不干活，现在是市场经济。”北京兴寿镇某村农民告诉我，他家5口人，村干部选举的时候，每人发了10块钱，谁给钱就选谁。农民的心中已经没有村委会、村集体经济，只有千百年来留下来的小农经济和小农意识。村集体欠了很多债务，村民自治此时已经全部瘫痪。可以肯定，只要村集体瘫痪，农村就会出大问题，就像如果家里父母双亡了，孩子就会六神无主。

这些看上去不是大事，可对于曾经朴素和勤劳的中国农民来说，这是非常糟糕的。农民原本就没有太多的事，有的就是时间，现在自己的事和家门口的事都不愿花点时间去做，做一下还要给钱，这难道是今后中国农民应该走的路和应该有的精神状态吗？

2月11日带着过年的烟花味赶回北京，与叶榄兄直接来北京东交民巷，参加2005年度中国青年环境保护颁奖仪式，绿十字生态屋——中国人的未来之家荣获二等奖，获资金15万。这个项目的奖励资金主要是为了在五山堰河村建立“中国农民未来之家”，原团中央周强书记给颁奖。叶榄和绿十字副会长张涓获优秀奖，免费出国去日本考察。15日上午资助资金签订合同，带着欣喜回到绿十字。

下午两点与李有栋见面，主要是商议延庆称沟湾村新农村建设项目更改合同：关于建立“绿十字新农村建设指导中心”一事。荣老师觉得这个名字太大了，我们凭什么指导别人？我说不大，正好。

14日与李有栋约好到延庆科委与珍珠泉乡的孙平乡长那儿谈合同细节。其实也没有什么可改的，主要还是双方多沟通了解。他们主要是怕绿十字收了钱又在北京建第二、第三个试点，那就亏了。另外，合同原来三年一签改为一年一签。哈哈，他们怕老百姓有意见。一年20万，三年60万，改为一年一签比较合适，大家也没什么意见。

明天中午要到五洲大酒店布置“世界银行发展项目”的会场，不知绿十字运气会怎么样？我现在心态比以前好多了，对能不能获奖再不像以前那样在意，只想实实在在做好每一件事，那比获什么奖都有意义，这也是真实、发自内心的愿望。绿十字已度过了最艰难的2005年，我不知道这种日子还会有多久，不过我渐渐可以面对了。

绿十字用两年时间做堰河村，北京也做了不少，能在北京再做一个试点，就好了。再说，即使我想多做几个项目也找不到合作的人，谁能接受绿十字理念？到今年5月份，就不是我找地方，而是我选地方了，绿十字已开始从买方市场进入卖方市场。

中国的问题就是需要一把手认可，一把手认可了，媒体就认可。很多干部没有主见，没有思想，没有简单的判断力，按文件办事，缺少创新和主动性，说到底就是怕丢了官帽。做事没有责任，工作完全属算盘珠子或者光想着怎么走官途、吃喝拍马、挣钱……偌大的北京找了十几个乡镇，用了3年时间，也就找到了刘世纪书记和孙平乡长。但这个乡不是我们理想中的地方，路程也太远了，离北京有100公里！

即使这样我已经非常满足了，毕竟在北京有试点了，这是2002年后再次回到北京做新农村建设。

下午5：00，再次踏上第十九次的五山之路。

2月16日，在茶艺室和袁传成、邱君、刘波一起讨论“新农村建设绿十字丛书——《五山模式》”中的“茶坛”部分。这本书现在已经完成了基本的框架。我一直担心书没有可读性，所以一再与袁传成强调书要有趣味性、真实性，对他们来说难了些。没办法，把茶叶做成文化不是一件小事，通常人都把钱等同于经济效益，事实上环境、知名度、品牌、文化都能生钱。我们的5本书，如果出版之后在社会上产生影响，同样也能生钱。所以我们做的事就是为促进农村经济健康发展，我们是文明与金钱两手抓呀。

第二天上午9点赶到堰河村，看到闵书记正准备在一个很漂亮的地方建吊桥，他想在雨季和河流涨水时，方便农民到对面去采茶。我们到的时候，已经在放线了。我开始以为是去田河村的桥，现在仔细一看，是在景区和6月份开现场会的地方。我立即对闵和余说：“搞不得!”其实我们在来的路上余书记就对我说：“闵黑子搞吊桥不妥，现在这么缺钱，再说下雨、大水一年有几次，有必要吗?”我本想说他，又怕挫伤他的积极性，就没吱声。于是我把闵书记叫到漫水桥上看景观，告诉他这里绝对不能架桥！余书记本来就反对，看到在这么好的景区架个吊桥，觉得问题很严重，便立即叫农民们停工。

闵一听，大发雷霆：“你们天天说自然自然，我天天生活在自然中，要不让搞，就什么也别搞了!”

我坚决反对。周霁书记一再对我说：“堰河的任何工程你都必须把好关，因为这里代表全省的最高水平，千万不要把真的变成假的!”这里架一个吊桥，有点不伦不类，与周围的景观很不协调。我们三人为架桥的事在村头大吵起来。闵是个非常固执的人，认准的事十头牛也拉不回来，可他还是很给余书记面子，立即打电话说：“先做山庄的装修，这个以后再说。”电话一挂就嚷道：“什么玩意儿！鞭炮放了，多丢人啊!”余说：“中午吃饭再谈这事。”之后我们打算去第二个点，也就是熊主任门前正在修的那条路。本来我们说好一起坐车到现场，可闵生气地说：“我骑摩托先走了。”车刚拐弯就看到闵骂一个在河床挖沙的年轻人，声音很大，气得脸煞白，瞪着眼睛，没说几句就要下去动手打人。还好司机立刻把装沙的车开走了，我知道闵是没地方撒气，就把气撒到挖沙的人身上，这是做给我们看的，可怜的挖沙人。

到了熊主任家门口，余对我说：“修路是大事！省委俞正声书记是一个很严谨的人，他不喜欢只做表面工作。我们五山是全省村村通水泥路的示范村，以前都是泥巴路，是1994年闵书记借钱，一家出二两茶叶凑钱修起来的，所以路的质量不太好。可是着急也没用，领导是不会听解释的。所以我们不能因为这一点就否定我们100多公里的路。”

余问：“修水泥路，不算水泥要多少钱一平米。”闵说：“18元吧。”余说：“我步量过了，大概700米，40吨水泥，3万元。一个月完成怎么样？”闵立刻脸色由青转黑，由黑转红，开始与余书记讨价还价，说：“这路太难修了，还要添石子，做成石子路，还要做路肩，40吨水泥怎么够？”余说：“算了，就给你50吨水泥。4万元直接汇到你们账上。不过千万别告诉别的村，要不人家又要说我偏心眼了。”闵说：“这是当然了。”

余知道刚才得罪了闵书记，打击了他的积极性，所以在算账时就有意放宽，之后他自己也笑着说：“一会儿批评人家，一会儿又哄人家，真是够意思。”正说着，来了4辆大客，是200多个别的镇的村民来参观。刘波手里拿着了一个大喇叭说：“这是太阳能灯，天一黑灯就亮；这是垃圾分类桶，分干垃圾、湿垃圾和有害垃圾。”村民们呼啦一下子就围过来了。闵书记很生气地走过来说：“以后不让他们来参观了，都是捣乱的。这些人素质太差，他们看到我们村民拆猪圈就笑，说：‘领导让你们拆你们就拆，真傻！’看到村民后院的玻璃瓦说：‘干部叫你们装你们就装，你们怎么这么听话？’我们的村民说：‘这是我家的瓦，是我自己要装的。’还有人说：‘垃圾分类有什么了不起的，太简单了，有什么好看的。’”

余书记说：“这就是觉悟问题，他们不会想到堰河村和五山镇的干部都在真心接受新农村的理念。我对闵说：“昨天我与余书记陪同组织部陈部长在检查三岔、小坦山、平川三个村时，陈一再强调：‘不搞垃圾分类就不叫新农村，因为垃圾分类是一种文明行为，一种好的生活习惯。’”余书记接着说：“县委四大班子在年前检查各镇工作时，从石花镇到城关镇时说，孙君先生说的垃圾分类确实很重要，我看要解决农村问题首先要解决垃圾问题。”

11点时我们回到了吊桥。余书记对架桥的施工队说：“到了3月份，我们这里会来很多人，可就是没有像样的地方住，所以要先建山庄的住房。”余的话也是说给闵听的，也告诉闵，修山庄还是为了村里，还要给你钱！

中午在闵书记家吃饭，看到他家门前用青砖砌了一个方方正正的小花园，与周围环境很不协调。这里的环境很好，山泉从门口流过，四季泉水叮咚。简单修一个小憩之地，就是一个极品的天然公园。我一声长叹。余说：“你可别说什么了，他还在气头上，以后再说吧！”我们刚坐下，余就从包里掏出一包从北京带回来的香烟说：“黑子，今天态度不好，对不起了，这包烟送给你。”闵说：“说哪去了！你说不搞就不搞了嘛！我不是马上打电话说以后再做嘛！什么以后啊？不就是骗骗人家嘛！还修个球啊！”余说：“今天吃饭，不说了。等再过20天你要是还想修你就修，我和孙老师一句话也不说了。”闵见余有些不悦，便说：“我主要是没面子。当着村民的面放了鞭炮，说不修就不修了。”他又对在屋吃饭的人说：“没事没事，我和孙老师吵了好多次了，嘿嘿……”说着又拿出一包很贵的烟。余说：“黑子，不错嘛！抽这么好的烟啊！”我拿过来一看是一包“黄鹤楼”，二十几元一包。闵笑着说：“我主要是怕面子上过不去。”

晚上，余书记请我们吃饭。我看时间还早，就去手机店看手机。每次来这里因为是漫游，8天就要花掉三四百，太贵了，所以想买一个当地的手机。可看了看，最低也要500块，充话费送手机，可我还是觉得贵。一千五的工资，还要交房租、吃饭、坐车、给女儿买手机。想了想，还是忍住了。

余书记吃饭时找不到我，他们说我去看手机了。余说：“他为了我们五山，付出了很多，真的不容易，手机问题我们来解决。”

我一直头疼五山镇的环境问题，现在村村都在搞垃圾分类，可镇上却没动静。有点说不过去啊！余说：“镇上的垃圾分类比村里难多了，五山作为全国文明镇，我觉得差的还很多。”

晚上吃饭，梁河桥镇长和社区领导都到了，大家聚在一起很不容易。梁说：“现在领导天天往农村跑，我却天天往城里跑。前几天我到市里天天喝酒，平均喝一次酒能要十万块钱，喝了不少。”梁为五山喝坏了身体，我终于明白为什么今天梁镇长上桌不喝酒了。咱这里没十万元，梁镇长是不喝酒的，哈哈！

文畈社区的季书记说：“新农村建设，镇上的压力很大，路面、路灯、垃圾分类、污水河道都要处理，可是我们没钱。你们要是从堰河挤点给我们，我们就能做好。”他还没说完，梁镇长就说：“堰河有钱没钱都在做，只有做才能有钱。我们不管你怎么说，只看结果，堰河村就是什么也不说，只是在做。”余书记说：“也许你们不了解闵书记，有机会你们看看孙君的五山日记，多少次闵书记把苦水往肚子里咽，看着真让人心里不是滋味。他因为钱的事多少次在电话里哭得很伤心。我作为一个领导，看到村书记为了做好事到了流泪的地步，我心里很难过。可是第二天我到村里，看到他又是一条七尺的汉子，在埋头工作。”余说完，很长时间大家都在沉默。可能大家在想堰河成功的原因。

我说："说到困难，你们文畈远不如堰河。可是我们不能因为难就不做。现在很多人说农民都在做垃圾分类，干部天天教育农民要文明，要从小事做起。可是镇里的干部自己为什么都不做呢？余书记多次下了督办文件，垃圾桶发了几次，机关干部就是做不好。农民在议论，这些干部还好意思教育我们？真是丢人！"

余接着说："你们的工作是先把环境搞好，至于太阳能灯、水泥路、污水处理、大型沼气池先不要动。我们要是全部搞定了，省里领导来时就会说，你们全部都做完了，还要钱干嘛？这些活没有50万根本做不完，新农村建设的基本问题是钱，最重要的还是钱！"乡村工作是钓鱼工程，村钓镇、镇钓县、县钓市，余说的对，镇的财力只能做真的来。

2月20日上午约好装修的人到堰河村看"农民未来之家"。我按约定的时间8点30分到，可他们10点半才来。没办法，这在农村是很正常的，他们还像没事一样，也就见多不怪了。

来得早，我就在阳台上晒太阳，妇女主任、村主任和另一个人在写东西。写什么这么认真？就像小学生。我很好奇，靠近一看，原来是在写先进性教育"党员自我分析"，好认真啊！

我看妇女主任面前放着写好的三份学习三讲的体会，问她怎么写这么多份啊？她说村里有20多个党员，还有6个人的没写，没办法，只有我帮他们写啊！

啊！那6个人为什么不写？妇女主任说有的不会写，有的不愿写，有的在外地打工写不了。

那你一个人写哪能写好嘛！妇女主任笑着说所以头疼呀。

村主任熊修江背着太阳在抄什么，我看他字写的好看，问在抄什么啊？村主任说学习体会，以前是用小学作业本记的，领导看了觉得不好，要换一个漂亮的，只好重抄了。

记得"三讲"时，党员中有这样一句话来形容"你不说我，我就不说你，你要是说我，我就说死你！"

另一个妇女写得时间最长，2个多小时头也没抬。我说她好认真啊。她笑着说，她写了好多遍领导都说不深刻，没办法现在只好抄了，说完笑得像太阳一样灿烂。

我想现在还有多少人能像他们一样认真学习？先进性教育能让党员干部这样安静地反思自己的缺点，剖析自己的不足，还真是不容易。

只是希望党员干部能把这种精神和心境投入到实事求是的工作中。堰河村所以能取得今天的成绩，就是这里的党员干部，能求真务实地落实新农村建设精神。我看了闵书记和村主任等党员的自我分析，起码他们能很客观地自我批评，脚踏实地地工作，让村庄每天都在变化，干群关系朝着和谐的方向在发展。如果每个党员、党组织都能像堰河村一样，新农村就大有希望了。

今天离开五山之前，完成了第十九次五山之行中的21件事，还有5件没完成。另外完成临时加的8件事。何家湾广场设计，五山政府大门设计，堰河村土房保留方案，黑子山庄道路设计，下七坪村过路民俗户生态保护方案设计，挑选130幅新农村建设农民家中挂的照片，与余书记校对《五山日记》。

第二天上午，李有栋、王姝（中央民族大学志愿者，生态学）、薛斌分两路进村。薛斌在拍五山近两年的变化，作为资料留存。我和余、李在看村里建设项目的进展。刚到田河，就看到有一户农民在建新房，几个农民在砍树，树很大，大约有40米高。这可是30年的树呀！余书记赶紧跳下车，高声喊：“谁叫你们砍的，这么大的树多不容易啊！会破财的！快快停下来！”老百姓一看是余书记，马上围了过来，不好意思地抓着后脑袋说：“我们家要盖房，就锯了屋后的树。”余书记大喊说：“这树在房后多好啊！你不要锯了，我给你500元钱，这么大的树，要长多少年啊！”老百姓一听就说：“太好了。”

余问：“你盖多大的房子啊？”村民说，就是大街上看到的那种。我问：“有困难吗？”“有啊！”说着赶紧回屋取图纸。余说：“你家4口人，干嘛要盖这么大的房子啊，还要多花三五万。你看看你穿的还是带补丁的衣服，又要借钱，何苦呢？你按孙老师的设计，保证又少花钱，又好看，又不落后，还能评奖，一等奖发个大彩电。”老百姓一听，嘴巴都笑得合不拢了。

中午赶到何家湾，一看房子还是按原来的样子盖，盖得很奇怪，汽车停在客厅，大门（正门）变成了车库。我一看愣了：“什么？客厅做成车库？”老百姓说：“是啊！”不可思议，客厅做成车库？真是第一次看到，我服了他们了。

“昨天，孙老师对你说的二层做阳台，怎么又改了啊？”李清哲问。老百姓看了一眼戴帽子的建筑队工头，低声说：“那人说搞不了，不会盖。”这时楼上一个工头发火了，说：“天天改，这房子我不会盖！”

“哎！出钱盖房的人还要听工头的。”村支书拉着老百姓说，“你出钱，怎么还听工头的啊！”余书记不停地拍着老百姓的肩膀小声儿说：“你只要改，我就给你5吨水泥……”

这时的乡村不仅是农民没有美的概念，工程队更是如此。他们自身没有文化，更没有经过专业的培训，他们是农忙种田，农闲做工。从历史的角度看，中国农民还没有进入乡村改革，中国正在面临城市改革，也是一场工业革命，中小乡村是最大的牺牲品。

对绿十字而言，面对现实，面对站在我面前的农民、工程队，我该怎么办？

农民一生三件事，盖房、娶媳妇、生娃子。当地政府官员对我说，农民盖房能听你的，你就成功了。

我在五山两年了，还没有一户农民是按照我的意思盖房子的，失败啊！

22日，德国大使馆突然通知我赶回北京见外宾，时间是晚上七点，我开玩笑说：不行，你们害我啊，要国家安全局通知我才敢去。

应邀参加德国外交部长弗兰露克·瓦尔特·施泰因迈尔先生与中国NGO代表的“公民社会的作用和中国环境问题”座谈会。那次交流涉及中国的民主、自由、民生、信仰等，话题很敏感，在交流前就有交待，内容不能外传。

活动前参加使馆的晚宴。我现在的生活是完全被打乱了，一会儿与农民在一起，一会儿与专家学者或德国的外交部长在一起；一会在农民的炕头吃饭，一会儿又参加灯红酒绿的酒会。这种一会儿天堂一会儿田头的差异让我有了很多一般人不会有的感悟，同时也开始有意识地寻找城乡之间两种文明的差异。

这时候的差异只是感觉上的，是不确定的，只知道二者之间一定有很大的距离，可能还需要时间才能逐步融合吧？就像环境中的生态系统，我也在观测、在记、在写、在编。比如一家三口人，门前屋后应该种多大面积、什么种类的树；比如一个1000人的村，需要多大面积的水域，一家三口的污水需要多大的净化水面；屋子的四周究竟需要多少种树，多少棵树？需要什么样的物种和什么样的多样性的物种等。

我希望自己对农村的人与社会环境、人与自然环境、人与艺术之间的了解就像对自己身体的了解一样。这个过程不是书中能找到的，而是应该长期理性地生活在乡村才可以寻到，理性的感受很重要。

第二十次

小沈与老田

| 2006年3月3日 |

上午我在田河村给五山镇盖房的农民集中讲了一次课，内容就是：

我们为什么要盖房子？

我们要住多少平米的房子？

我们有多少钱盖房子？

我们要建50年不落后的房子？

为什么要坐北朝南？

生态建筑与节约开支有关？

什么样的房子坚固？

什么样的房子省钱？

贴瓷砖好不好？

去田河之前先去了堰河，五山有两件事一直没有做，我很遗憾，就是龚益老师提出的“天蓬别墅”和“中水景观广场”。

天蓬别墅，指的是建一个漂亮的猪圈，“天蓬”是猪的代名词（天蓬大将军就是《西游记》里的猪八戒）。堰河村三组是全村建房最漂亮的地方，坐西朝东，出门对着青山，门前20米就是河，低于房子30米，雨过后，云雾缭绕，山水与人相融。

只是猪圈挡住了门前的视线。打开门看到的是猪圈，距离只有10米，终年与臭味相伴。2003年考察堰河村时就提出把猪圈下降1.5米（因为住宅与河沟有30米的距离）猪圈就利用下降向前推2米，关键是家里的生活用水可以集中流向第三组村口低20米的小广场，广场上有一个大坑，长10米，宽2米，深2.5米，我正好利用它作“地埋式中水回用”系统。

余书记每次出差开会，都会从酒店带洗漱用具回来。他说：“你看看，这些东西好啊。每次住宾馆我都会带回来给来五山的朋友用。唉！我们住宿条件差，希望朋友在心里会说，招待所条件不好，洗漱档次不低。”“哈哈，”我笑着说，“什么啊！那洗漱用品上印着人家酒店的名字呢。”余赶紧拿过来看看：“是吗？”我们都笑了。

可能是我知道每一分钱对饿肚子的人来说就是“共产主义的最高理想”。每次我看到餐桌上大量的饭菜浪费时，我心里就有一句话，要是省下这些钱，又能让绿十字多生存几天啊，可能是我天天看到穷人的生活状况，也可能是绿十字的生存压力太大，我就是看不得浪费！

正因为如此，我请客吃饭时，都会对来的朋友说，我们还是少点一点儿，吃完了再点好吗？客人都说好，我心里还挺高兴。可事后朋友还是会告诉我：“孙君啊！你太小气，太抠门了，我们怎么会有孙君这样的朋友？”我对朋友说：“你说我小气吗？”朋友说：“不小气，你把所有大方给了你的信念。”“你说我做的不对吗？”朋友说：“对是对，就是这需要一个过程。”我笑着说：“你的朋友是政府官员，吃的花的是政府的钱，当然比我大方。我的钱又不是抢来的，再说请客吃饭又不是请客比赛，我不会假客气，这一点上海人就做得很好，实实在在不虚伪。”朋友不讲话，翻着死鱼肚的眼睛看着我，挺吓人的。

夜里我带着王姝和李有栋，坐上余宝军的破车，开往堰河村，给村里妇女上剪纸课。因为天黑，车在过一个坑时，底盘忽然碰到块大石头，发出“轰”的一声。余书记嘴一噘，连声说啊哟啊哟，心痛得不行。我笑着低声对助手刘波说，自己的车心痛嘴痛，要是公家的车那就嘴痛心不痛。刘波脸朝着窗外笑。

3月4日上午正式开始建“天蓬别墅”，计划7天完工。这样我心里就踏实了，对外也可以开始宣传了，不然又成了地球村之后的又一件憾事。每次进堰河村都看到躺在那儿的“天蓬别墅”，还想这个项目可能要“黄”。新农村建设不仅让农民受益，也让绿十字受益了，就连堰河村的猪也受益了，猪能住“别墅”，用上沼气，用上中水，哈哈！猪八戒知道后一定会手舞足蹈！

中午在村口遇到南漳县委书记和人大主任、办公室主任。余书记带队，拿着一个黄色的喇叭，就像个导游。在村口，他要我介绍中水回用和“天蓬别墅”。这时县委书记的随从扔了个烟头，我很生气地说：“你们都是领导干部，是来学习堰河村的文明，可是你们人到哪儿，垃圾就扔到哪儿，村民对领导乱扔垃圾很是反感。建议在茶坛和堰河村山庄设一个木牌：请领导不要乱扔垃圾！”这位领导马上对随行人员说：“说得好，从我做起，从每个人做起，这就是新农村建设的第一步工作。”

下午，我去茶坛帮助摆放石狮子，看到很多烟头，就问田河村的杨主任。“不是我们扔的，是昨天某些市的领导带着一批参观的人扔的，真不像话，还是领导呢！”杨主任愤愤不平地说。

中国城市规划研究院沈迟带着3名工作人员，下午3：00赶到堰河。看到他们到来，悬着的心终于落地了。新农村建设，规划要先行。近30年来，农村建设没有规划，房子乱建，样子难看，这一切将成为旧农村的代名词。

与沈迟的交流是因为他来过五山，看到堰河村农民的朴实、充满自信、自力更生的精神。中规院决定免费为堰河村做规划，这是中国最高水平的设计院，为一个小得不能再小、偏僻得不能再偏僻的村庄做规划，还真没想到。我和余宝军、沈迟在“绿十字未来之家”进行了两个小时的交流。沈迟说：“做农村规划是第一次，我之所以愿意来，是因为广大的农村太缺少规划，太需要规划。”他推了推眼镜继续说：“如果我们不愿意来，那还有谁愿意来呢？我看到绿十字，看到孙君为理想和信仰的付出，看到余宝军这样智慧型的书记，有建设部村镇建设办公室李兵弟主任的力荐，被感动了。再说新农村建设刚刚启动，希望能在这个领域做一些农民希望、政府接受、有地域文明和文化的规划，做一点属于自己精神层面的规划。”

每次与沈迟通电话，他都非常忙，忙到常常说晕倒。阿弥陀佛！千万不能倒，他一倒，我就彻底玩完了，哈哈！

晚上沈迟、茅海荣、王纯洁、王姝、李有栋一行再次来到堰河村给农民上剪纸课。来了60多名妇女，穿得红红绿绿，还有些男人和娃子，像过年一样。我对沈迟说：“农村就像黑夜中茫茫的太空，你只要挂起一盏灯，农民就会像无数萤火虫一样飞向黑夜中的光明。”

晚上10点就结束了。我说时间还早，大鬼小鬼就回家帮我打字吧（小鬼王姝是中央民族大学生态学和人类学的学生，大鬼王纯洁是北大建筑系研究生）。她们说那可是有代价的，要我帮她们每人剪一幅作品。哦，天啊！我们回到住处，可只有两台电脑，还剩4个人没事儿干，不行！就让他们帮我修改农民住房规划，沈迟和其他人帮我修改28套农民房子。11：23，我完成了6张剪纸，他们完成了28张农民房校对，双方正式交换任务。

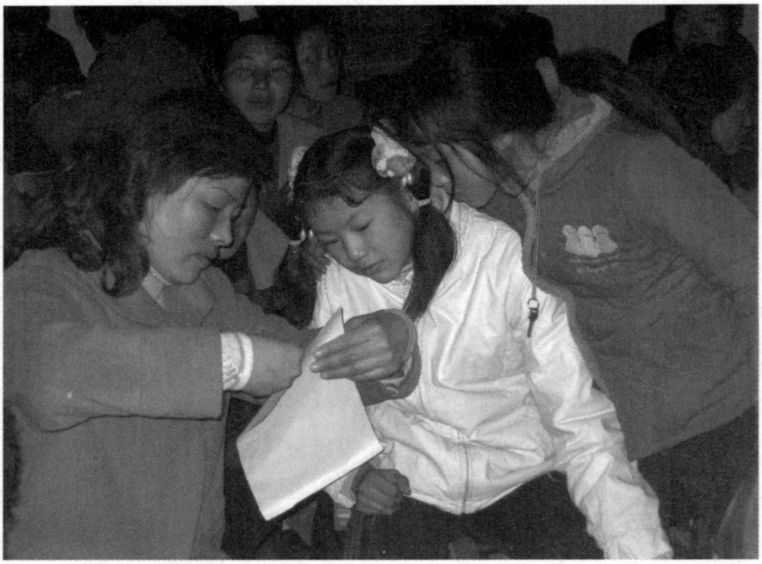

教村民剪纸

田承忠是中国第一个环保书记，1995—2002年任平顶山市委书记，传闻他因为关闭小煤窑，当地老板扬言要花100万买他的人头。中央考虑他的安全，将他调到湖北襄樊任市委书记。

早晨10点多我赶到堰河村，安排中水回用。10：20来了不少车，是市委田书记和李德炳市长等人来堰河，参观中水回用。周霁书记让我给他们介绍。田书记说：“我昨天在电视上看到你，谢谢你两年来无数次来到五山。”并握住我的手，虽是一刹那间，但我想“五山模式”的理念有可能会在襄樊推广了。

当我把农村自然景观中水池介绍完后，田书记说“太好了，太适合农村了，我代表市委向你做的贡献深表谢意。”我连连摆手说：“书记您言重了，而是我要向你们表示感谢，是你们给了绿十字展示理念和思想的机会。”李德炳市长接着说：“孙教授，有你才有今天的五山。今天的五山是一个极有代表性的新农村，自然文明和谐的新农村，是吧?”说完问周霁书记。周说：“那时我刚来谷城，马黎说她有一个朋友叫孙君，你应该认识，我们应该感谢小马啊!”

11:05，我们来到天艺茶庄，大家围成一个小圈，一边晒着太阳，一边听周霁书记交代省委新农村现场会筹备情况。当说到来宾的礼品时，田书记说不要浪费，这个会就是要突出农村，突出新文明、新观念。比如名片能否使用再生纸。余宝军书记马上向田书记说道，孙老师那儿专门制作再生纸名片和学生作业本。李市长拿出我的名片说，那我们会议就可以用啊！周霁书记说：“好！我们从政府开始推动环保产业。”好！好！好！大家一片赞成。

我更是开心，这个举动对全县推动资源循环再利用，是一个好的开端。

田书记一边吃着大枣，一边说：“堰河村模式极有推广价值，特别是垃圾分类、中水回用、农家乐、沼气池等对全省都有借鉴意义。不能像很多地方只是‘穿衣戴帽’，大资金地投入，把一个好好的村庄做成四不像。周霁啊！你可要守住堰河，这叫保山保水保人民啊!”

田书记说：“很多地方把好端端的‘新农村’建得城不像城，村不像村，活生生地把真山真水建成假的，真可惜啊!”闵书记说：“我就不信城里人能把假的变成真的!”

我笑着说：“假的弄成真的，那是本事，要是把真的变成假的那就是傻子了。”

田书记说：“就是因为我们官员水平不行，瞎指挥，不尊重知识，不尊重自然，不尊重基层干部意见，把好事办成坏事。堰河村就搞得不错，他们新农村的做法很农民化，语言也很贴近农民：不砍树、不劈山、不占田、不填河、不占道，规划与农民商议，这就是新农村最实用的价值。”

“李市长你说是不是啊?”田一笑起来和我一样，眼睛很小，小得照不进阳光，可是很和善可爱。在这一瞬间，我怎么也不能把他和那个在平顶山强行关闭小煤窑，黑社会要花100万买他的人头的人联系在一起。中午的阳光很灿烂，在强烈的阳光下，田书记身后的影子厚厚的。我似乎明白，在这黑黑的影子中，显示着七尺男儿的英雄本色。

我做了9年的生态与环保工作，也没有获得国家环保总局颁发的地球奖。当我看到刚柔相济、爱憎分明的田承忠，心里暗暗有了一种安慰，地球奖应该属于他。中国如果多几个田承忠，我们祖国就到处是人与自然的和谐社会！

中午吃饭，田书记让我坐上座，桌上菜不多，敬酒时李德炳市长深情地说："没有你就没有今天的五山，我敬你！"我赶忙站起看着田书记和周霁说："那是这方水土上有一群良民，有一群好领导，我才能做到今天，是我的幸运，谢谢田书记，谢谢五山人。"

可能是我与田书记都与环保有关，坐在一起，有很多话说。当我说到绿十字和农村丛书《五山模式》时，田书记一拍桌子说："好啊！太好了！"周霁简单介绍了这几本书，他说，昨夜我还和余宝军一起商议关于这本书的发行问题。我觉得这套书给谷城会带来很高的知名度。说完又对我说："出书的刊号费可与李县长商议，这几天直接汇给你。"李市长一听马上表态："那好啊！我们政府出钱，给县、镇、村主要领导每人发一套，以后襄樊不要总送客人大头菜，送《五山模式》多有面子。"别看田书记很豪爽，有时也是很有"心计"的。他身子向前移了一点说："最后要加上'襄樊'二字啊！"我一下笑了，笑得很爽，说："当然了，我来五山就是襄樊马黎部长给拉来的。"

田书记说几年前有湖北监利县李昌平提出了"三农"问题，今天又有湖北五山人提出了解决"三农"的"五山模式"，太有意义了。

余宝军的眼睛此时已发出光了，开心极了，说："孙老师啊，田书记和李市长对你的工作给予了极大的肯定和支持，你可要把'五山模式'忽悠大啊！快敬一杯酒给二位领导。"田还没有等我说完，就举起杯子说："我们政府先买，人手一册，我们一定支持绿十字……"

饭也吃了，话也说了，领导也要走了，田书记在上车前又对我和余宝军说："下次来襄樊一定安排一次讲课，给市领导讲讲课。""好好好。"今天余书记说的最多的就是好好好、对对对。一阵车鸣声，汽车远去。我看着蓝天，自言自语说："喝酒时说的话能算数吗？"余一推我说："哎，放心！田书记和李市长说话从不食言。你现在还看得到襄城与樊城过江的收费站吗？"我说："对了，现在怎么不收费了？"余拍拍我的肩膀说："田书记和李市长他们叫撤的。""是吗？真不容易，那要花多少钱啊？"我想起襄樊环保局的同志对我说，田书记一来襄樊三下五除二，把污染企业，制黄姜的厂全部关闭，多少年的环境问题，一下解决了。又想起谷城县去年一下停了13家污染企业，原来源头还有田承忠同志啊！

我在回京的车上收到叶榄的诗：

｜2006年3月3日｜

几多汗水洒五山，堰河已然是春天。

天公赐君七彩笔，再为村姑画笑颜。

五山适逢春风来，茶坛问鼎愈开怀。

愚穷弱私已远去，朗朗天地无纤霭。

第二十一次

形式主义害死人

| 2006年3月26日 |

坐在阳光画室给谷城县委和五山镇党委写了一封信：

五山现在不再是两年前的五山，五山已成为全国的文明镇，也成为湖北省的新农村试点，相信很快会成为全国的新农村典型标本之一。

然而现在的五山新农村建设渐渐有点变味了。五山新农村新在哪儿？能让人们学到什么？

在全国新农村建设中，五山像一幅美丽的画在静悄悄地变化。绿十字从2003年开始与政府、农民合作。到今天才有专家学者和人民出版社出版的《五山模式》。它从三个方面体现了意义所在：

村民参与是新农村建设最重要的动力，这叫“财力有限，民力无限”。

新农村建设不等于大拆大建，所做的一切不是为上级检查和领导的面子工程而做，都是农民自己想做的事。

少花钱，从小事做起，改变传统陋习和生活方式，让文明走进农民的心灵，融入农民的生活。

然而现在所做的很多事违背了新农村建设的精神。这些天从镇政府到县委、县政府，每天很多人来督办，先是“穿衣戴帽”，后是全部刷白，好在五山没有。可是不论老房还是新房，大到猪圈，小到菜园都要刷白，我看村庄快要成为美国白宫了。

来人检查督办，整理一下环境，无可非议；但什么事做过头了就假了。我原以为你们应该和我一样，在现场会之前能给村庄进行一些实质性的扶持，做一些实实在在的工作，比如：文化活动室的建设，小学教室的维修，生态植被保护措施的落实，农民技能的培训，民俗和传统文化的保护，旧村和老房的保护，干部素质的提高，新农村建设的观念转变等。

你们自己反对形象工程，但是你们天天都在干。你们为什么不能多听听村干部和村民的意见？你们知道农民想什么吗？农民需要什么吗？你们这样做对农民有好处吗？

你们左一个尊重群众意愿，右一个说新农村建设要实事求是，新农村建设是一个漫长的过程，可是现在你们谁又来问问群众呢？余宝军说不执行就撤职，这是建新农村吗？余说领导已多次批评他，说他督办不得力，现在督办的人恨不得把黑猪也要刷白。他是党员，不听能行吗？他叫我别管了，因为他实在顶不住啊！

堰河村闵黑子说：“搞球！又做假家伙！”

农民家门前放一些草，堆一些柴，那是再正常不过的事，只要搞整齐，搞干净就可以了，建设厅也是这么要求的。如果这草和柴没有就不正常了，那还是乡村吗？可是督办的领导要求必须把这些全部搬走，竟然说等领导参观完了你们再搬回来都行，这是在骗人，骗领导。这是劳民伤财，村民觉得非常不好。新农村不是做给领导看的，而是做给农民过日子用的。

全省新农村建设现场会能在五山开，是对我们两年合作的肯定。我们希望通过这个现场会，把五山模式的精神和理念传递给更多人，现在为什么就变了呢？

你们这样做又怎么能在人民群众中赢得信任呢？现在的基层干部和群众已非常反感你们的做法，同时也对新农村建设产生疑问！好端端的新农村建设却因你们走偏、变味了！

现在我才知道领导干部如果不能理解新农村，那将是对农村灾难性的破坏。五山刚刚起步，千万不要把真山真水的五山变成假的。周书记，你的工作很努力、很用心，可是你们还不理解新农村建设的内涵。我天天在镇政府和乡村听取大家意见，倡导公众参与，我也特别希望你们能静下心来听听农民说，听听基层干部说，听听专家说的吧！

今天下雨，我听到很多人在说雨。从下雨的小事就能看到我们每个层面的人想的是什么，做的又是什么！

督办领导说："千万别下了，不然就刷不了白了，影响现场会就完了。"

余书记说："太好了，茶叶可以卖上好价了，树叶上也没有灰了，领导天天说树叶上灰太多。"

村干部说："下雨好呀，领导不会来了吧，能歇一天了。他们真烦人，像一个个老奶奶。"

村民笑了说："雨晴后就可以采到好茶了！"

这话可能说过了，可都是真话，你们是听不到的，也只有我说，因为我真实，因为我在维持一个做人、做事最基本的原则和心态。我真心祝福五山，祝福谷城，希望我们的未来不是梦！

我是性情中人，言语过激请大家原谅！

绿十字孙君

省里决定 4 月 6 日下午参观堰河和田河的新农村建设。

现在的道路、卫生是第一位工作，这很可怕。会议后，市、县、镇都会来学习，全省各地来得会更多。以后来大家不可能看到这些光鲜的情景。昨天《湖北日报》登了《一个值得借鉴的样本》、《正在复制的"五山模式"》、《投入机制"四两拨千斤"》三篇关于五山的文章。

绿十字做堰河村用了两年多的时间，现在谷城县动用组织的力量只需要几天时间，卫生情况就很好了。城里的群众说，要是能坚持下来谷城就漂亮啦！只可惜老党员、干部都知道这是形象工程，是为了全省的新农村现场会，就连参与者也这么说。

我不愿这样做，也不参与，事已做到这样，不是坏事，大家一起努力，干净一天是一天，做总比不做好啊！

第二天我走在谷城的大道上，余书记爱人说："好干净啊"。余说："全县动起来，真的搞干净了，谷城还是很漂亮啊。孙老师你的影响很大啊！"

我给周霁发了一个信息：我爱人来谷城了，说谷城真干净。余宝军爱人也说，这是谷城历史上最漂亮的日子。

周霁回信：谢谢，我们尽力保持。

是的，如何保持，能否坚持？现在是因为要开现场会才这样匆匆忙忙地打扮一番。这已是一种习惯。可是这样忙活一阵，过几天除堰河村以外，还是垃圾遍地，有意义吗？

为了推动堰河村的经济，绿十字与五山政府又制定了五个村一起推广垃圾分类的计划。三个月过去了，收效并不大。主要是到现在为止，没有一分钱项目资金来推动。我只能不停地和村干部、村民交流，慢慢说服大家。好在有堰河这个榜样，大家心里认可，可工作还是没有什么进展。

这时我想得最多的就是如何能保持这样的热情和动力。经济发展是最重要的，这时我对农家乐、茶叶经济、茶叶文化等有了一些想法。

为了让参观的代表能够以平静的心态了解“五山模式”，我主动写了“摄影展”的前言，以低调、客观的语言告诉大家一个真实的“五山模式 ”和这个村的发展情况。

五山只有一个堰河村是真的在做，沿途、沿线都是为了检查和现场会在做些临时工作。

我特别给周霁写了一封信，希望能转给四大班子领导，希望大家保持冷静心态做事，实事求是，那才是新农村建设的本意。

这次的工作因为工程催得太急，何家湾出了人命。政府要拆路边的旧房，为了让沿途一路有好的风光，结果出人命了。这可是大事啊，于是政府与村干部商议，把这件事低调处理，一定要把家属安置好。余书记和梁镇长说，五山农民真好，这么复杂的事就这么简单处理了。

这印证了一句话：形式主义害死人。

镇政府帮助何家湾支付了 2 万元。取钱时，很多人说这么大的一个五山镇政府现在只剩几千元了。

余书记、梁镇长直抓头，这怎么办啊？

我想起了在曾说到的一句话：钱变成了大家的“亲娘”。

4 月 6 日现场会终于召开了，老天帮忙，这些日子天天都是大晴天，参观之处一尘不染，比城市的卫生还要好，让我觉得人民的力量和党的号召力是巨大的。我也积极做我该做的工作，把十块展板图圆满完成。薛斌组织五山摄影展，他带领绿林大队的帅哥和美女用 7 台相机在两天时间中拍了 600 多张高质量的照片，从中挑出 120 张。“山乡茶韵——五山新村摄影展”终于顺利开展。这次展览能做得如此完美，是因为在关键时候出现了“谷城风格创意公司”的龙自立先生。他听完梁河桥对我的介绍后，把原先每块板150元的费用也免了。他两天没睡觉，还在极度疲惫的状态下于现场会前半小时完成所有的制作。

姜伶俐、李惠如、王兴娥，三位也不闲着，一直在现场粘贴。闵书记对我说你看看，这就是一种精神，她们在全力帮助丈夫的事业，别人家能做到吗？

姜伶俐是余宝军的爱人，李惠如是闵书记的爱人，王兴娥是我的爱人，哈哈！看到她们三人就想到男人成功背后一定有一个贤惠的女人。

来宾还没来之前，大家都躲在没有太阳的地方，跟文化活动室的陈真聊天。她是大学生，过几天就要去新疆支援。她签了三年的合同，学的是园艺专业。她说：“孙老师，前些天就想找你，想问问我家门口的环境怎么做，找不到你，只好自己整理，把乱糟糟猪圈拆了重建，这几年的专业全部用上了。”我笑着说：“你也参与了新农村建设啊，太好了，你这可是专业人士啊。”她说：“我在学校就经常上网，经常给同学们讲我的家乡，大家都不相信。后来大家都想来看看，我对我们村有信心，是我父母的变化告诉了我”。

我问她父母有什么变化？她说：“就说电脑吧，原来我父母对电脑没一点感觉，现在却常说要添一台电脑，想通过电脑了解外面发生的事。我的家是文化活动室，经常要给来的人讲一点外面的事。家里这么多书，有一年多没更新了，所以想通过电脑更快接受新知识。组织部的领导也说要尽快帮我们配一台，快大半年了，也没有消息。唉！我想我参加工作做的第一件事，就是帮助父母在活动室添一台电脑。

“现在每天来人都到我家参观，我父母很高兴。特别是我们原来很脏的门前，一下变得干净了，漂亮了，还有人拍照，真是变化太大了。我们一心想请您来看看我家的变化，可惜您没来。”

我说：“你是村里的大学生，你把你所学的知识都用上了。我们二人都把专业用到生活中了，很幸福吧？”

是的，她开心地笑了，说前些天亲戚来，看到她家的变化这么大，都不信。在她家住了好几天，回家后不习惯，感叹家里这不干净，那不卫生，门前屋后很脏，后院很乱……

她又说：“我现在不喜欢人家说我是大学生”。

我问：“为什么？”

她说：“我们村来了一批大学生，搞露天野餐，把垃圾丢得到处都是，村里人说这是什么大学生啊？弄得我心里很不舒服，这些大学生丢人。”说完她低下头很长时间没说话。

3点多，参观的人来了，这时太阳正大。第一个节目是表演茶艺，在阳光下，代表搬着凳子跑到没有太阳的地方，广场上只剩下万副厅长、周霁和几位陪同的县市领导，不好意思离开。万副厅长用喇叭喊了几句要大家到前面看表演，没有一个人动，就这样表演一个多小时，这些领导痛苦无奈地被晒了一个多小时，有时领导也不好当啊。

余书记用无线话筒在介绍，很洒脱；陈部长和万副厅长像导游一样拿着个大喇叭，只是这些“游客”不听话。

来参观的人分为两批，一批是各厅局的领导，一批是各县、市的主要领导，只是走马观花，是看不到什么的。这个现场会只是转转，是不可能了解五山的理念和精神的。

说来也可笑，来学“五山模式”，前后共5天，竟然没有请村、镇或我们来介绍五山新农村建设是怎么建的，当事人和项目人都在现场听这5个厅长介绍新农村。这5个厅长的报告很专业，可是他们需要到谷城来开这个报告会吗？

可惜建设厅没有很好地抓住这次“学习五山精神”的机遇，来学习的人也缺少新农村建设的敏感甚至是应有的热情；相反中国各地的新农村建设者却表现出迫切的心情，来到村里，户访、交流、询问这个过程……

说到这些，县委书记周霁就非常生气。

这样一次大规模的现场会，现场在哪？现场在农民家中，在山间田野，在茶园茶坛，在与当事人和项目人的交流中，在现场的提问和解答中。

代表们离开了，我心里也不高兴，更多的是遗憾。建设部在这开了一个走形式的现场会。我敢肯定这些人回去，该干什么还是干什么。这样的会议北京一天有几百场，有本质的推动吗？

人民出版社出版的《五山模式》终于运到五山谷城了。余书记眼很尖，一看就说，错了，把北京绿十字印成了中国绿十字；再翻一页，又错了，“绿十字生态文化传播中心”写成了“文明传播中心”。再看第二本又错了，日记只能“著”，怎么能“编”呢？完了，完了，这可是人民出版社啊，他们是怎么做三审三核的啊？

又过了一会儿，余书记说：“孙老师啊，我的一篇文章在这套书中出现了三次，怎么回事啊？”

拿到书我就去谷城宾馆，先是找张厅长，后找周霁书记。周霁翻了翻指出一处问题。我对余说："算了，现场会就不要卖这本书了。"

我发现这本书中的专家和顾问名单也没有了，李兵弟（原建设部村镇建设司司长）也没有，问题是我们对人家说过有啊！襄樊市李市长、谷城县委书记周霁和李传赛县长都没有，怎么和人家说啊！

余宝军说："孙老师你看看连中央政治局委员名字也搞错了，把俞正声写成了余正声，我的妈啊！"

纸也太差了，都能看到背面的文字。

余说《五山日记》上怎么还有一篇五山政府的文件，这个文件我怎么不知道啊？农经办、计生办早就没有了，全省都没有了，文件中怎么还有啊？

茶叶管理费收缴，怎么能写呢？全国都免农业税，就这里还当文件和考评办法以文件形式发下去了，这是严重的政治问题啊。

这本书必须重做，不能发！

出版社的董老师刚下火车，见面第一句话就说要书钱。我与余没有理她，如果是男人，早就骂他个祖宗八代了！董与田总是合伙者，这次来也是要了钱就与田总散伙。

随着时间的推移，我们渐渐平静了，最后决定《五山日记·上篇》重印，其余做一个勘误表，封套、书袋做技术处理，然后送领导，书也少印一点。

很快又结束了五山的二十一次之行。上午把黑子山庄的厕所图纸交给施工队郁师傅。明天拍电影的摄制组要来人了，是四个美工先来。

余书记发现自己做的事太多了，这些事已经超越了镇政府的能力，觉得很累了。

我这时也开始感到累了，5000套书，30多万，书的质量有问题，用什么还钱？想想从此日子不好过了啊！

第二十二次

钱、钱、钱

| 2006 年 4 月 10 日 |

上午田总从北京来五山找我要钱。我说书的质量太差，还有里面的问题太多，现场会主办人不愿要，哪有钱给你？田说不管，书到了五山就应该给钱。余说：“乱说！书到了，可是这么多问题，又卖不出去，拿什么给你！”

我说书的问题太多了，对出版社的校对和水平表示怀疑，这套书给他们出版可惜了。

如果我们有条件就在别的社重新出版。这套书编得太乱了，把陈文胜的文章写成我的，把林家彬的文章写成国家环保局长潘岳的，明摆着人家会起诉，唉，真是找麻烦。我与田商议要尽快再版，尽快面向市场，不然钱也收不回来。

田向我借 10 万人民币，说全国教育秘书考核证书培训启动就要开始了，他实在没钱，因为花了 150 万买了 320 平方米的办公楼，出书又花了很多钱，现在转不动了，请我帮忙。我说很难啊，我也没有钱啊。他说北京珍珠乡和日本丰田公司不是给你钱了吗？

我说，日本丰田公司只给 7 万，其中 5 万给五山建农民未来之家；珍珠乡的 10 万中，3 万出书，3 万补 EPD 教育项目，我们自己都转不过来，现在只能等江西新农村建设支付的 25 万，如果那笔钱来就可以先借 10 万给你，这与出书没有关系。

说完这些话，我觉得有点不对，不对在哪我也说不上来。就这样，我迷迷糊糊地结束了五山的第二十二次之行。

第二十三次

《爱在茶乡》电影开机

｜2006年4月24日｜

五山二十三次之行，我与王佛全同行，《农民日报》记者施维从老家十堰直接去五山，在谷城与我们会合。《中国环境报》记者邓佳在北京有任务，来不了。在来五山之前，我特意把近期60封邮件中最重要的一封信回复了，就是来自绿十字在日本方负责人李永青。这次五山的茶王赛，原先想把规模做大一点，说服一些名人和外国茶叶经销商来，李永青主动与日本茶商联系。她是一个做事很认真的人，在她的言谈举止中常常会透露出爱国情绪。她在日本已有8年了，只要对中国有利，对绿十字有利，她都会很努力去做。

茶王赛定在25日举办，余书记第一时间叫我告诉李永青。她当时就回信说上次在北京见到余书记，感觉他不热情，就不想邀请日本人了。我告诉余书记，余书记表示没有，只是当时茶王赛的时间还没有定下来嘛！我又告诉李永青，李就很认真去办这件事了。4月15日，余书记说谷城不是对外开放城市，要申报太难，这里又是拍电影，又搞新农村，不然就不请日本人了，再说茶叶主要市场在中国，我们北京市场还没有打开，日本就更难了。

我说这可不是开玩笑的，对方都在办手续了。这样吧，叫刘波直接与李永青联系吧。刘波不知为何没有联系，后来知道是他没有确定时间不好联系，一直到明确茶王赛时间，才给李永青回信。

原定茶王赛时间是25日，现在又改为26日，日本方来人也只能待到25日，26日必须返回日本，余书记说时间已定，不能更改。李永青说五山来信明显的是不欢迎，她是出钱、出力，最后几头埋怨，事情搞得一塌糊涂，最后无奈日本人取消此行，他们对五山的印象很不好。

取消此行，我知道这意味着在李永青的心里又深深地打下了心结，日本人说李做事没信誉，李又怪我，我只能怪余宝军。唉，也难怪，这里没有接待过外商，茶叶在国内市场的营销还有许多工作要做，我也理解余宝军。就此我也进一步认识到，我永远是外来者，我只是过客，我想成为五山人，是不可能的。我要注意摆正自己的位置。

早晨起来我在写日记，王佛全在改日记。我说到2007年6月10日是绿十字成立3周年，那时我们出一本《绿十字日记》，也算是绿十字的一份礼物吧。

绿十字的发展需要大调整，我们现在的运作模式不是很好。上海展望学院、黄浩明促进会等就是很好的借鉴。我需要的是项目执行人员，绿十字要引进高级管理人才才行，上海展望学院的陆盈盈、华夏银行公主坟支行副行长程巧梅，他们都对市场运作有很强的能力，他们以专业的水准，把公益事业与市场发展结合得很好。从这一点来看，展望学院院长符战钢是谋大事的，我很敬佩他的能力与才气！

绿十字还很小，小得别人完全不知道。可是绿十字的优势就是有思想，有一群兢兢业业的员工，有实践，我们在扩大我们优势，让更多人了解绿十字。

有些人烦躁的时候爱喝酒，有人爱郁闷，我在高兴与不开心的时候就爱画画。4月间我用了大量的时间创作油画《汉江边的母亲》，我不知道是以什么样的心情来完成这个作品，可是这位老妈妈有一句话始终让我心中纠结。她说：：“为什么要我搬家？死也不搬！”这个近靠临谷城边的小村，因为南水北调，他们的家将会被淹没。现在村里的人全部都搬走了，只有她不搬。孩子们把她背走了，她又回来了。她不停地问为什么北京人喝水要她搬家？她不解的眼睛总在我面前漂浮，于是便有了这张作品。这段时间是我最难的时候也是我临近收获的季节。对于艺术家来说，现在乡村视角艺术的建设与我架上的油画已经没有本质的区别，只是手法和材料不同。

24日下午2：30左右赶到五山镇，余书记在等我们。吃饭时，他接到3个电话都是要来五山参观的。余书记说实在是麻烦，典型不好当，现在事情太多了、太忙了，有时都招架不住了。他要先到村里陪十堰来的领导。他对施维说："这可是你们家乡的领导啊。"施维说他们家乡太脏了，都快没法待了。

4：00多余回来了，我提出先到村里看房子，余书记说田河村现在也要行动了。他们看到人都跑到堰河村了，吃饭的人爆满，村书记也急了，要改造茶场建房了。我让他们先停一停，我看看能不能建，如何建。

我们一行三人先到田河办公室，杨书记在打吊瓶，见我来了说正好要找我，他行动迟了、老了、不行了，但现在一定要开始做了。

我笑了说："你早该做了，我第一次选的就是田河而不是堰河，就是你没行动，不想做，没办法才转到堰河的啊！"

我很高兴田河杨书记终于要做了。杨说他们也要做农家乐，要搞垃圾分类。

我们来到茶坛边的旧房子，杨骑摩托车赶过来。要改造的房子我画了很多图纸，现在图不知道扔哪去了，这次我又要重新画。

旧房子四周有很多方便面袋子和垃圾。我对杨说，新农村不要只做表面文章，农家乐要由内向外的"新"，很多时候不是环境脏了，而是心灵脏了，心灵深处不干净，环境也不可能干净。我们不能就农家乐谈农家乐，那是没有生命力的，你们必须把环境与垃圾分类先搞清楚，垃圾不是清运填埋而是分类资源化。

然后又看了第二处建农家乐的地方，我觉得这里没有优势，特点也不明显。我当时没有说，想先听听余书记的意见。在五山时，虽然大家尊敬我，农民认可我，很多事农民不听政府却听我的，五山给了我很高的权力，可是我知道这个权力是他们口头的，是随口说的，有时也是酒后的，与他们（镇与村）关系不处理好，我的权力会在一秒钟内就消失。

现在绿十字在五山有今天的局面也是不易，之前在偌大的中国找了很多地方，希望能接受绿十字的环保、可持续发展、生态艺术等观念似乎很难，各地政府说的最多的就是：这些观念我们都懂，可是没有钱什么观念也没有用，你们带钱来吗？我说没有钱只有理念。

五山接受了我的理念。

5：00又到堰河，赶到黑子山庄，施工队郁老板正坐在小板凳上，低着头，很困的样子，见我们来了，精神也好了。

房子基本达到我的要求，只是细活做得还不够好，玻璃太脏，边角不整齐，油漆滴得到处都是，电线盒上斑斑点点的……

郁老板问我能打多少分，我说能打90分（其实只能打80分，但在农村能做到这样已经很不错了），那10分虽不多，但决定了品位。郁老板开心极了，说以为我只能打60分，哈哈。

这房子严格上说只达到我要求的80%，最重要的是主色调，黄色饱和度不够，房子就不够精神，大房间花朵灯不对，墙还是太粗糙，亭子的黄色显得太俗……没办法，拍电影的人要再迟10天来堰河，这个房子就是杰作了，现在只能是一个半艺术品。

一会张家新来电话说要回堰河村吃饭，有一个村民约了很多次了，问我愿不愿去，我想了一下还是说去。农民一般是不太敢请我和镇干部吃饭的，若提出一定是下了很大的决心，如果我们能去，那他会觉得很有面子。于是我又约上梁镇长、村书记、村主任、村会计等一起去。

城市人一说到农民苦就说是村干部和镇干部罪恶滔天，说村镇干部吃农民的要农民的，其实错了，农民是非常欢迎村镇干部到他们家做客的。

我们聊得很轻松，在一个低矮的土墙屋中，吃饭的人越来越多，菜也是随着话多，堆得像山一样，他们把我当成村里的一员，说什么都不回避。

第二天很早闵书记来了，让晚上去看看，村里漂亮极了，“黑子山庄”正式改为“银杏山庄”，这个山庄现在100万他也不卖。市里的很多专家和朋友说，这是襄樊地区最漂亮、最有品位的房子。

我说，晚上一定去！

晚饭时，刘显庭老爷子也来了，我与余书记把刘老爷子请到上座，我们怀着很崇尚的心情与刘显庭说话，因为没有他们（前人）的创业就没有五山的今天。

来五山二十三次，一直没有见到五山创业者陈炜波，五山人一直深深记着陈炜波和刘显庭，不易呀。刘老爷子说，我现在很开心，每年五山政府都给我送两瓶酒，两斤菜，这叫人走茶未凉。老爷子拉着我的手说：“孙专家啊，谢谢你把五山推到了湖北，让这么多人知道了五山的茶叶。”我赶紧敬酒，说：“没有你与陈炜波，就没有我们今天啊，喝酒！”

晚上余书记说：“我们到堰河看看，再看看你的宝贝建筑。前几天中国城市建筑设计院原院长、院士周家华的弟弟，在沈迟带领下，看了你做的房子，对很多学生说，孙老师不是学设计的，设计起来就放得开，讲究艺术与色彩、环境的关系，而他们设计时虽然正规，但有时会失之刻板。”

来到山庄，打开两边射灯，我们坐在亭子里，静听周边蛙声一片，春天的凉风吹地柳枝轻轻摇摆。黑黑的山谷里，山庄亮起了三盏射灯，黄、绿、蓝，照亮了美丽的山庄，从来没有的美丽，王佛全、施维、闵洪彦、余宝军、李惠如和我在畅想堰河的未来。

我们三人（我、余、闵）同时想到了三年前的情景，不禁对视而笑，那时哪想到会有今天啊！我们脸上多了几道皱纹，步入了中年，我今年45岁，余宝军44岁，闵洪彦43岁，我们同时想到了“桃园三结义”。

25日上午我与王佛全、施维到村里转悠，在银杏山庄与郁师傅聊天，问建完房子他有什么感觉？郁师傅说：“认真做就是不一样，有这么多人赞扬，对我以后发展有好处。这活儿做起来有意思，高兴啊！”

明天我要离开谷城，不能参加“第三届茶王赛”和《爱在茶乡》开机仪式。余书记希望我能参加，他说很多人想见你。我不知为什么就是不想参加，我越来越不想在电视和报纸杂志上出现了，出现得越多我感觉压力越大，工作越难做，因为你在这个地方是名人了，人们对你的要求就高了，而实际上我是最普通的人，这一点我心里非常明白。

第二十四次
公益遇上黑社会

| 2006年6月17日 |

5月1日国家发改委政策法规司司长戴桂英请我到她家乡——吉林通化市柳河县看看，她的家在一个很偏僻的小乡村。她和儿子开着车，还有她孩子的一帮朋友，从北京到她的家乡。

这次去主要是考察，还有就是休息。戴司长说你太辛苦了，休息好了你的乡村建设就有希望了。

我身体很好，也不觉得累，我要休息吗？

路上没什么事，就在包里翻出一本台湾林清玄写的书。看着看着我一下就知道我此次来吉林干嘛了。

我是来柳河养心的。

现在的人很累，累什么呢？累的是找工作，累的是应付领导检查工作，累的是结婚、生子、买房、买车，累的是下班拖着疲惫的身子还要挤公交车，累的是就剩下一口气还要给家人做饭，给孩子辅导作业……一时间精力就透支了。养房、养车、养孩子、养老人、养猫、养狗、养花、养身，唯一就是没有养心。

我原本也不知道人的心也需要养。只是在近一个月的时间中，我从湖北省的武当山——江西鹰潭天师府——陕西佳县白云山——西安骊山回到北京。一走进房我就看见自己床头摆了一本台湾作家林清玄的《凤眼菩提》，心里一惊，这本书随我有 8 年了，看了无数遍，心想也许这就是缘吧！

因为这些日子心里想的最多的就是为何有这么多的寺庙？为什么有成千上万的人涌向山上？那我的去向呢？

于是我带上这个月的经历和这本书在北京到吉林柳河县的路上轻松地阅读。五一之前我收到一条短信：若要一辈子高兴——做事；若要一阵子高兴——做官；若要一个人高兴——做梦；若要一家人高兴——做饭；若要一圈人高兴——做东；真是的，现在想得到一点高兴真不容易啊！

很多年前我还听过一个烦恼的段子：你要想一天烦恼就在家请客；你要想一年烦恼就装修房子；你要想三年烦恼就买地建房；你要想半辈子烦恼就娶个老婆；你要想一辈子烦恼就生孩子；你要想死后还烦恼就留下你的遗产！

嘻嘻……你说这人生还有什么意思？死活都是烦心的事。

今年五一，因为事多心烦，什么事也不想做。我坐在那里读了这些文字之后，就只想做一件事：养心。

时间很快就要过去，刚才还散落在我身上的阳光已移到房间墙角，金灿灿的阳光此时已变得苍白平淡。天还是那样的天，水还是那样的水，心还是那样的心，唯有它知道在渴望什么。躲在这远离北京的山间小县，我在细细读着《观无量寿经》。经文说：“诸佛如来是法界身，入一切众生心想中，是故汝等心想佛时，是心即是三十二相，八十随形好，是心作佛，是心是佛。”

心也随着五一长假静静小憩，在已是春天季节待候着那春柳飘絮、心缘灵动、春意盎然。

5 月 12 日，我与绿十字的同事开始认真研究“五山模式”，调整我们的工作方法，转换绿十字在实践中的位置，协助政府推动村民积极参与家园建设。同时也确定绿十字在“堰河村”只是每月待 5 到 7 天，不能像在“地球村”那样。

我们要留给农民的是思想和方法，而不是依靠和等待。绿十字应该留给五山什么？我想就是生活方式和文化与信仰，因为那是生存与发展的动力，这种动力是留存在血液与思想中，而不是表面的文明。

我们已经离开地球村很久了，心还停留在那天晚上与他们交流的情景。我看到他们无助的眼光和无奈的言语，一切一切告诉我“五山模式”应该走哪一条路。

从地球村到湖北五山，转眼就4年了。五山该是怎样？我想了很多很多……

余宝军（左一）、孙君（右一）与村民一起讨论建房

之后的几天主要是忙《五山模式》的校对还有上篇的重印工作。重印要3万，田总说他实在是没钱了，希望绿十字出，按口头协议各家出三分之一。我没有说什么，叫边映男想办法汇2万元，边说绿十字账上只有3000元了，连这个月的工资都不够发，我一听心里就“咯噔”了一下，说，还是汇吧，再说各自都尽力了，大家各自努力推一推，只有这样才可以走出泥塘，不然6000套书怎么办？

如果不解决，绿十字欠12万，田总欠30万……

边映男、孙晓阳怕印出来再有问题，绿十字真的就没办法了，认为需要签一个合同。田总说这个合同不应该签，因为上次已经有合同了。于是吵了起来。

荣老师生病在家，账上又没钱，就给余书记打电话，希望能支持一下。余书记给我回信息：我原来想给你划15000元，但省里开会后专项资金还没到，可能要到6月底，又要你操心了！

"我担心这么多书啊！你跟马部长和李市长联系一下，给他们报告一下，让市里领导有个考虑"。余书记说，"这事不能拖的太长时间了，领导热情一过就不好卖书了，抓紧啊！"

我把情况告诉小边和田总，他们就不吵了。

这本书的校对，余宝军书记很认真，特别是开篇《新农村、新视角、新话语》修改了不少。他给我回信息：我大概改了一下，关键是不能影响绿十字形象，你的思路和理论，很好，但恕我直言：你的语言不够准确，必须认真修改，否则公开发表将会大打折扣，必须认真啊！因为社会对公众人物要求是很高的，入了这个道就是辛苦啊，不然就难以成为领军人物。我说得也许严重了，绿十字应该走好每一步啊！所以不能急于求成，否则欲速则不达。

余书记的话我听了，程巧梅曾对我说，绿十字的好口碑，不是孙君个人，我第二天就转告办公室，在以后的文字报道中，要突出绿十字，而不是个人。

绿十字有了很好的机遇，可怎样把握，我应该多多反思。

机会并不等于发展，有时还有可能是陷阱。

6月17日，又回到五山，这次来五山的目的，一是把襄樊政府订的5000套书给政府；二是觉得五山模式做得不够深入，许多工作还要进一步落实。特别是湖北省新农村建设之后，五山更应该踏踏实实地做下去，要让大家知道这是一个长期而又艰苦繁杂的工作；三是新农村建设培训基地的建立；四是解决五山农家乐存在的问题。

第一件事要与市长和书记面谈；第二件事和第三件事有点难，镇政府要精简机构，大家人心惶惶。即使这样，我与余宝军、闵书记就村里的发展和培训基地的事还是做了大量的工作。

第四就是关于农家乐村民座谈会，下午我先与闵书记、刘波交流了一下，就五山农家乐存在问题总结如下：

A、城里人到农村，觉得"乐和娱"的项目太少，特别是青年和小孩的活动更少，留不住人，现在只是"麻将乐和农家饭"。

全村现在最脏的地方就是三家农家乐。既是自己卫生没重视，也是游人太多。可是这里是展示堰河新农村的窗口，这种现象还是要关注。

这里是以环保定位的村，所以这里不能用一次性筷子、一次性快餐盒、一次性塑料袋，要向城里人宣传环保理念和热爱资源的思想。

向游客提供的蔬菜是绿色、无公害的。全国各地70%的农家乐的蔬菜鱼肉都是直接在市场上买来的，这种现象在堰河最好不要出现。

全村三个农家乐用的蔬菜、鱼等要从本村买，这样放心，更重要的是带动村民一起致富，全村富才叫新农村。

服务员要非常熟悉“五山模式”，能以娱乐的形式介绍村里的情况。

必须熟悉茶、了解茶、介绍茶，并要有茶艺表演，因为这是最好的宣传自己的机会，还可以做茶叶的销售。

要学会经营环境，要有“农与村，朴实与文明”的概念，这不仅是环境，更是生活。在堰河，好的环境就是新经济。

农家乐的利润控制在25%左右，薄利多销，要有长远思想。茶要有特色。

所有农家乐的服务员要体检，这是道德。堰河村是文明村，更应该注意这些问题。

B、村民和服务员、村干部知道我们好在哪，要说得出来。人家来学什么？如果我们自己都说不明白，外人就不了解堰河村的变化，失去了来的意义，农家乐也断了资源。我与村干部、农家乐户、村民进行交流，说得都挺好。我整理如下：

闵书记（银杏山庄）：

我们村主要是村民集体意识好，一呼百应，有一种精神，就能看到希望。现在很多农村连个村民大会也开不起来，不付钱就不来开会。这样下去能建好新农村吗？

现在人家到堰河来，仅仅是为了吃饭吗？不是，城市饭菜比我们做得好一百倍。那人家来干嘛？现在到处都在打麻将，到堰河村也打麻将，那农家乐还有什么意义？这是社会现象，但也是我们工作没做好，没有引导好。孙老师讲得好，我们就是缺少文化和知识。比如，我们不用一次性杯子，应该跟客人解释和引导，告诉他们，我们村实施垃圾分类和资源化，一次性用品既不卫生又不环保，也影响饭菜与茶的味道，希望大家能谅解。这样回答既体现我们农民的文明和素质，又为客户卫生和品茶考虑，还让客人学习到了环保知识。

农家乐做生意赚钱致富是好事，可不能放着家门口的绿色茶不买，村里的茶就是贵五毛钱也要买自己的，目的就是通过农家乐能带动一批人一起富起来。这是道德问题，我们做农家乐还要承蒙乡亲们的支持，堰河村没有大家支持就不会有现在的农家乐。

尤帮立（天艺茶庄）：

我们今年又投入一万多搞污水处理和沼气池，四周又种了竹子和花，希望能给游客提供好的环境。只是我们能力有限。我考虑把“天艺”茶叶以出厂价批给村民和农家乐，把利润也返还给大家，我们还应该建立堰河品牌产品。

我们确实存在服务上的问题，服务员的脸是板的（闵书记插话：有的还摔盘子！菜做得不认真，我自己也知道……）。

服务员：

我们不知道什么是新农村，也不知道“五山模式”，没有人告诉我们。我们就知道垃圾分类、沼气池好，让村里干净了，文明了，沼气更好，省钱省心。

村干部：

孙老师讲得好，农家乐是唯一宣传我们村和推销我们茶叶的机会。我们在这里不抓住机会，还到大街上去讲啊？农家乐应该要大家乐，这才是有意义的，不能除了钱什么也不管，那样也肯定做不长。我们准备成立堰河村生态经济协会，制定长远目标来发展村子。

我向大家讲堰河到底能让人学什么。他们听得很认真，还不停地点头。村干部也渐渐地知道了堰河发生了哪些变化。其实这些日子我也和村民一样不停地在总结“五山模式”，在寻找实践过程中的不足之外，在摸索下一个试点应该怎么做。

下午我和余书记到堰河村。上车前，一农民神情紧张又小心翼翼地跟余书记说着什么。余书记听了两次也没有听清楚，就伸长了头，过了好一会，余书记才上车。他说：“唉，真危险啊！这个农民想买一个煤气罐把检察院炸了。”我一听吓一跳，问怎么回事？余一边开车一边对我说：“这个农民叫蓝大帽，几年前借了私人贷款还不起。私人贷款利息非常高，几年下来他根本还不了，蓝大帽最后没有办法。他有两个孩子在上学，自己做生意又被骗，就找检察院，希望能协调还一点钱。本来检察院答应可以解决一些，没想到检察院又换人了，结果他们一推说什么都不知道。蓝大帽实在没有办法，活不下去了。唉你说怎么办？明天派人做做工作，给他想办法弄一点钱，千万不能让他买煤气罐啊。”

我问余：“你们这的上访率怎么样？”余说没有。我又问治安今年如何？余想了一会又说：“去年有35起，今年到现在为止只有1起。派出所天天没事做，好啊！他们要真的忙起来，我就不安了。”

现在有一些小事，比如偷砍树木的事还时不时地发生。我想起前天我与余在去邓坪村的路上就遇到一辆无牌砍伐树木的车，余一见就骂他：“胆子真大，又砍树了，这还得了。”说罢停下车就与林业站、派出所联系，要扣车，要罚款，要严打，一阵狂忙后，我们又上路了。

余说这些事是大事也是小事，小事不解决，就成大事了。好在镇长梁河桥很得力，经济这块他省了不少心，这样他才有时间来抓全面工作。这几年干部慢慢在转变观念，开始关注农民的小事，正因为如此，大事（上访案件）也就更少了。

第二天晚上赶到陈真家，为她送行。陈真是堰河村的女大学生，在长江学院，学的是园林花卉，她家门口的猪圈改成了小花园就是她的作品。门前有古树根，杏树、桃花、茶树、菜园，还搞了垃圾分类，这就形成了一个典型的农家花园。

余书记路上说，这娃子做事用心，有事业心，这次去新疆实践是不易的选择。坐火车就要48小时啊！我们五山现在能做什么呢？就这么一个大学生。堰河的发展，需要陈真这样的学生，可惜我们实在是没有这方面的资金来支持啊！

我们先到文化活动中心。我向陈真了解活动中心的情况。

孙：这里来的农民多吗？

陈：不多，现在只有一些学生来。

余：农村有知识的人都出去打工了，留下的是老人、小孩和妇女，他们没有看书的习惯，很多人不识字。还有书的内容跟他们无关。

陈：只有一些书，比如：养、种蘑菇的书有一些人来看，总之来看的人很少。

孙：都市人现在正在收集图书，来支援农村，你怎么看这个问题？

陈：是好事。只是农民爱看的书太少了，农民喜欢看实践。比如你们绿十字做的很多事，就是把理论转变成实践，有榜样，农民就能看懂，其实农民很简单。

孙：这个文化阵地为什么不调整一些农民爱看的书呢？做一些讲座，传授一些农业生产知识和上一些讲卫生和健康的课呢？

陈：农民最爱听课，面对面，就像你教我们村的妇女剪纸，大人、小孩都来了，这种活的教育农民能接受。

余：比如绿色汉江运大姐和你在农民中的讲课，把环保和生态与农民生活结合起来，农村就是缺少这样的活教材。

孙：我记得这些资料放在这里有两年了。两年中这些问题有主管单位来问过吗？调查过吗？

陈：没有，只是来看看、问问，我们也多次反映。

余：现在打麻将的太多，成了农民唯一的娱乐，这块阵地只有一些人来看看、坐坐、玩玩，唉！

陈：现在很多人来想上网查资料，想知道外面的世界，我与有关领导说了。唉，我马上要到新疆了，等我挣了钱就给文化中心买一台电脑。

孙：你在新疆支农工资多少？

陈：800元一个月。

……

我们都没说什么。吃饭时，余书记说："堰河两年后等你回来，那时……"说到这他转过头对闵书记说："拿出10万元给陈真，把农民的精致花园农业发展起来，做亏了找你。"

闵书记说："我们村每年都有考上大学的，我们十几年穷得都活不了，可只要有大学生，就给3000元补助，为什么呀？就是希望有一天大学生们能回来呀！"

余书记说："陈真你以后每年回来一次，看看家乡，把知识带回来。我给你报销路费。支疆完成后你回来建设家园。"

陈真走的时候村里又资助她3000元，并对她说：早点回来。

临走时，陈真对我说："孙老师，能在你给我的书上签名吗？"我笑着说："签过了"。她赶紧拿起书翻看，我是这样写的：我与五山有缘，也希望与你有缘，堰河村等你回来！

21日上午市作协开会，下午安排我讲课，介绍五山模式。讲座非常成功，作家们很兴奋，有的想写剧本、写电影，还有想写话剧的，总之让人们很"振奋"。

课后，接到田总电话，问我在哪，我说在五山啊！他说他也在五山，在政府大院。啊？他又跑到五山干嘛？书款的事我一直积极在办理。来就来吧，我让刘波把他带到银杏山庄。

随他一起来的是一位很漂亮的女人，40岁不到吧，开着一辆银灰色的奔驰。我们一起坐在凉亭，这时正好电视台和作家们在采访和拍摄，田总说是他的妻子。她笑得很不自然地对我说："你在这里享受阳光和田园，把我们就推到水里呀？第一次见面我知道不应该这样说。”

我愣了一下，看她一眼，觉得她不像我开始感觉得那样漂亮了，怎么这样说话？我扭过头再没有理她。

午饭后，我继续留在村里陪襄樊电视台刘东北拍专题。刘东北做事太认真，也让我静下心来配合他，毕竟这是第一部拍我在大地上画画的作品啊！

下午2：30刚回住处，田总电话来了。没办法，他从北京开了十几个小时的车来，不能不见啊。

进门那女人就问我，这事怎么办？田总说应该有一个说法呀，现在他全都陷进去了！女人又说他们按合同书已给我了，我就应该给他们钱啊。

我坐在靠窗户的一面，心里很难受。我现在真的没钱，要是有钱我马上全部给他们，让他们立刻离开。做五山，做环保，做公益，做到这个份上，真是我孙君的失败。你们作为出版、发行、宣传和销售商，书号就要了我们十万元，可是宣传和发行他们什么也没有做。书出了大问题，5本书要重印2本，一篇文章三次出现，国家领导人的名字都错了，他们自己不想想，出的书是什么质量？这书怎么发行啊？因为书的问题，政府才不能及时把书发出去，他们还好意思要钱？

这个女人说话很是咄咄逼人，她说：“你做公益我们理解，可我们是在商言商，你说怎么办？怎么办？怎么办吧？”

正说着，余书记来了，他们就不谈了，不停赞扬余书记。我有意无意把话引到书上了。余书记说：“你这么大的公司，开着宝马，又是孙老师的好朋友，书出了问题，大家都知道这里面的原因，何苦这样逼孙老师。孙老师和我没钱，有钱马上就给你，做朋友这样就没意思了。”

田总说：“主要是公司实在转不动了。再说我们书也出来了，你们就应该按合同付钱了。”

余宝军说：“重印的书14日到的吧，我们就马上送到印刷厂重新装订，18日就找市领导，一天都没有耽误啊！”

女人说：“那什么时候能给我们钱呢？”余生气地说：“我怎么知道？领导已经答应了，要时间的呀！”“如果时间太长，怎么办？”她问。余说：“那我也没办法，你要是这样说，就不应该与孙老师合作。”女人说：“当时开机就是有你们承诺说让我们放心，即使市政府不要，你也会出钱。”

余愣了一下说："是啊，当时田书记和李市长答应的，谁知道书出了这么多问题呀……有困难大家都想想办法，我还准备买200套，帮孙老师度过难关，孙老师比你们难上几百倍，他连自行车都没有，你们呢？"

田总说："余书记，话不能这样说，我们不说这些了，来一趟不易，能否先弄一些钱给我们带回去，表示诚意。"余马上回答："我没钱，有钱也不会给你，是给孙老师。"说完就走了。

田总说："孙老师，能不能先把200套书钱让余宝军把钱汇给我？"我说："你自己一直在说做上千万的生意，我的书是很小的生意，连200套书钱还开口要，我孙君困难到这样都不会开这个口……我真后悔与你合作。"

晚上他们住谷城，走前说："你明天到市政府，我们见个面，最好有一个了结。"我没有说话。

第二天我并没有去市里，在做5个复制村的调研。余宝军告诉我，关于田书记买书的事不要告诉田总，等做成了再说。我说："我也是这样想的，他们做事太不讲道理了。"这一天田总打了无数个电话，我都不接。

韩露的电影《爱在茶乡》已经杀青，现在正在为电影起名字，我觉得这个名字不好。比如叫《素描茶乡》、《茶坛》、《春雨无言》、《茶2006》、《堰河人的茶意》、《春茶秋爱》、《茶道》……总之韩露后来又改了一个名字《茶乡生色》，我看还不如原来的呢。当然，这只是我的看法。

不管怎么说，五山有了第一部电影，2003年的预言今天实现了。现在《五山乡村日记》也出了。书和电影的质量都一般。这次我太信任田总了，他说出版社出书前要三审三校，什么啊！我看出版社更是大忽悠，一本书有230多处错误，连国家领导人的名字都写错了，真没有想到这是出版社干的事。

24日襄樊市委组织部安排我为市领导在党校讲课。去年我还对余书记说应该给党校干部讲课，那是一个大课堂啊！晚上余书记开车送我到襄樊。上车前余对我一阵疯狂的打击，说："明天给市领导讲课，你这样的打扮不行，你看看头发没有一点造型，真的农民了啊，哪有艺术家和专家的感觉，不行不行！"余直摇头。一会他爱人上车了，嘿！他爱人染了一个棕黄色的发型，造型像火山口的火焰一样，很漂亮时尚。最后我在车上批评余书记说："我说呢，原来你是拿你爱人的发型与我比啊？那可是相当有距离啊！"余不说话一直在笑。一会他又说："你是马部长的客人，确实要注意形象。你看你的鞋子，都夏天了，你这皮鞋从冬天穿到现在，就没有换过，什么鞋啊？质量还真很好。”他指着我的裤子对他爱人说：“你看看这裤子也太破了，到城里给你重买一条裤子，一双皮鞋，做个按摩，我把我那件牛仔衬衣给你了，那件衣服比较适合艺术家，明天可是很重要啊！”

余的爱人说：“孙老师你是我们襄樊的名人。人家一提到孙老师就是教授、专家、艺术家，确实应该注意。我们这里的人还是很注意穿着打扮，以衣示人啊，你农转非还没定型，这会又变成非转农了。”

我一路上在笑，可心里还是很感谢余书记一家人对我的关心。有时觉得到五山就到家了，正因为如此我总爱来五山啊！

这里刚下了一场小雨，空气显得格外的清爽。车直开到3号楼，余书记说：“3号楼是贵宾楼啊，江总书记来了就住这啊！”车刚开到3号楼门前，余又把车退了出来说：“这全是高档轿车，我这破车还是退到人家看不到的树林中吧。”

我们看时间还早，就沿着宾馆的古城墙散步。这里真是人间天堂，竹园、花坛、池塘、九曲桥、流水，让我怀念与爱人的过去。

走着走着，突然余书记对我说：“你的衣服怎么穿反了啊？”我赶紧到车上，换上新衣服。余说：“今晚这么多市领导请你吃饭，你穿的是反衣服，那不是太丢人啊！唉！看来你真应该配一个贴身女秘书啊！不然乱套了。”

6：40市领导来了，他们非要我坐在中间，饭菜那叫好啊！我不喝酒，只顾吃饭。大家你一杯我一杯在相互表扬，结果就是没有人说我衣服穿得好。我说嘛，谁会在意你穿什么衣服呢？

我对穿衣、打扮彻底没感觉，是朽木不可雕啊！

在襄樊讲完课后就离开了。这次离开襄樊心情很难受，同时又有一点安慰。难受是因为市委田书记和李承德市长在堰河亲口答应，后又有李传寨县长转告我说，你放心回北京吧，5000套书没问题，全市的乡镇村人手一册。可是到头来领导们全忘记说过的话了。

我对襄樊市政府无限的信任，请田总印7000套，因为襄樊要一下购5000套，怎么我们也要留2000套。田总当时就说：“你和政府有协议吗？没有协议我可是不敢印啊。你说的是感情，生意人讲的是市场风险，现在最不守信誉的就是政府。”余宝军对我说：“放心，田书记、李市长亲口答应要5000套，市领导答应的，不会不算数，出问题我负责。”田总说：“那好吧！”

我拨通田承忠市委书记，田承忠说：“没问题，我们承诺的事会做的，这套书也是宣传襄樊啊！”我心里的石头终于落地了，我带上一丝安慰离开了五山。

27日刚到首都机场，就收到一个信息：孙君，我是老黄，你给我来一个电话，否则后果自负！我看了莫名其妙，老黄是谁？是封宁那的老黄？早就辞职了呀。再说老黄与我没什么交流，他也不会这样对我说话。我立刻给他回信息：什么啊？我刚下飞机。对方没有反应，是不是老黄有事找我？我还是打了个电话。对方自报家门说他是田总的朋友，到过我住处，是负责要债的黑社会。我一听就火了，什么玩意！田总还派黑社会来找我，还威胁我。我说：“我是尽力了，从来没有想违背协议，书款没有结回来不是我一个人的原因，是书的质量有问题，错误太多了。这一点田总是清楚的。我也告诉你，我孙君没有问题，你不要说是老黄，你是谁我也不怕，我孙君不是被吓大的！”对方说：“唉，我们是朋友，又是老乡。这次书是大家的原因，我出面就是希望能解决问题。田总生气是因为你不接他电话。”我说：“这原本是我和田总之间的事，可是他带了一个女人说话太刺人，我生气就不接电话了。他要不带那个女人，余书记可能还能解决一点。我不理田总是因为我在为第二天讲课备课，内容必须要打动市委、市政府，只有打动了，书才能卖出去。光是逼我有用吗？你告诉田总，我孙君就一百来斤，我的住址你也知道，我告诉你，我不怕！”老黄说：“我只希望你与田总坐下来聊一下，你们缺少沟通，好吗？”我想了一下说：“好吧”。

唉，请黑社会就能解决问题吗？

不久，田总发来短信：孙君所欠款项，我花再多的人力物力都会一分不少地追回，不惜代价，不信走着看。明人不做暗事，三个条件你选择：第一，我们是朋友，10号可解决欠款和可信任度。第二，我不是你朋友，我将在马鞍山文化宫、安大艺术系（我女儿上课的地方），安吉、昌平、湖北、江西、延庆、地球村、北京环保组展开工作，告诉大家你是如何骗别人的。第三，你不是我朋友，我将发起网上攻势，把你欠款相关事宜交给有关人员处理，直到追回每一分欠款，我忍无可忍，不达目的决不收手！

7月1日，田书记秘书钟金华来电话，说市农办定1000套，五山镇七一给党员200套，合计1200套。

7月4日孙晓阳要发书，田总不答应。“出书可以，必须写一个还款计划。孙老师你可把我弄惨了，到五山钱没要到，老婆跟我分手了。”我说：“这样的老婆分了好。”

没办法，与封宁联系，封宁的爱人郭老师说："田总印书进了我们十几万元的纸，封宁动用了学校房租买书，说二周内就能还，结果两个月也还不上，为何不发书？书不出去，钱就回不来啊！"

我也对田总说："1200 套能回十几万，能解决一点问题，还款计划放到第二步。"田总不愿，郭老师说重印的书还在她库房，她发！

田总知道了，就加了一把锁。郭老师说："这是我的库房，他凭什么加锁啊？"就把门给撬了。

7 月 4 日把书发到襄樊，这事田总还不知道，1200 套已发了。我给田总发短信说，书已发……

田总下午不停打我电话，我生气没接。一是因为在文化宫开学校承包合同协商会；二是觉得他的思维有问题，1200 套也是钱啊！田总报警了，警察去了绿十字，也去了库房，结果警察不管，走了。说这是经济案件，不管。

晚上我给田书记挂了电话，田书记说："5000 套确实太多了，我与农办联系了，尽最大努力购 1000 套，你与周霁书记再联系一下，看能不能买一点。"我说："不好意思。《五山模式》他已给了 5 万元，不然您与周联系一下。"田书记说："好。"

封宁见我被田总闹得没办法工作，就主动把其中 10 万元的纸钱债务转到他的名下，这 10 万我是欠封宁的，谢谢封宁！

现在绿十字为了五山的这点事彻底落到井里了，30 多万啊！绿十字怎么办？

我陷入了泥潭。

第二十五次
反省新农村建设

| 2006 年 8 月 26 日 |

我们说什么是科学？科学就是真实，就应有可持续性或可复制性。政府在很多地方建设新农村试点，其中具有可复制性的试点又有多少？几乎没有！那我们天天还在谈什么科学发展观？

现在的“穷”，在某些地方并非真正物质的匮乏，而是因为欲望无止境，对物质的贪婪无止境。这不再是哪一个人，哪一个村、哪一个乡，而是整个民族的欲望，有点可怕。看看日本、韩国、新加坡，我以为他们是物质文明和精神文明在同步发展，这一点我们没有做好。我希望能在东三省贫穷地区建立一个绿十字和政府共同引导的新农村。

事实上，今天我们失去了和渴望再得到的东西，在我们的农村、山区和一些少数民族地区还保留着。例如被自然环境环抱的村庄，鸡鸣狗吠的四合院，砖木构筑的低层住宅，太阳能热水器，有机蔬菜和水果；石凳上的闲

聊，鬓霜的童年之友，孩子们的嬉戏；村子里的祠堂和祖庙，村委会管理下的有序，村民自治下的伦理道德，还有农民对他们生活生产的自然环境的依赖和呵护。问题在于，现在，我们在新农村建设规划中是以发展“工业文明”还是“生态文明”，来建设我们的乡村和乡镇呢？

我们现有的乡村原本就充满着传统的文化和生活方式，具有民族和地域特色的建筑以及生态的多样性。乡村人的友善、爱心是那样的质朴，是现代化的都市人远远不可比拟的。乡村人的状态离我们所倡导的人与自然和谐的状态很近，人与人的关系也十分和谐。所以我们在新农村建设时期更要小心呵护这些宝贵的东西，项目中要保留什么？要改变什么？一定要弄清楚再动手，这一点非常重要。

新农村建设正在整体推进，而不是在哪一方面突出，现在很多干部一提新农村就认为是生产发展，经济效益提高，想想我们改革开放三十年来都在谈经济发展。不错，经济发展了，可是精神文明是不是同步提高了呢？

卖山、卖河、卖地是新农村建设资金的主要来源之一，另一种是政府投入，银行贷款，少数是大企业支持——当然大企业的投入主要在县市领导负责的村；更多的自然村因没有钱，没有主要政府领导包村，依然贫穷如故。新农村建设将有可能会造就又一大批失地农民，占用耕地面积又解决不了搬迁等一系列的问题，农村上访率比前些年更多，这不能不引起我们的反思。

现在很多新农村建设的条件已远远超过大都市社区，水、电、气、电话、有线电视、宽带网、健身房、幼儿园、敬老院等，村庄有数字影院、生态公园、小超市等，很多还是免费的，只要一收费农民就不搬家，不搬家就建不了新农村。做什么事都要有度，超出了度就是超常规发展。农村毕竟是农村，要与他们的收入相对称，要与他们的文化、生活、习惯相对应。按现在的新农村规划来建设，未来庞大的农村社区管理费谁来支付？这显然是不客观的，现在不收费，能永远不收费？

其实，农民面对的还是一亩二分地，地里不会长金子，农民是从养鸡、养猪、种地的时代走过来的，还能走得回去吗？我们问农民，农民说那是穷折腾！我们现在是以城市的标准在规划新农村，主要原因是我们没有生活在农村，不知道农民生活的习惯。这是标准的形式主义，这简直就是“超女型”新农村！

面对五千年的文明，我们不得不在建设中反思，不能让我国悠久的历史文明成为现代人的遗憾！我们总不能住着新房子过着穷日子，不能只要所谓人的“文明”而不要土壤、水源、植被的文明，更不能违背自然和社会科学的规律建设新农村！

与此相反，五山的堰河村虽没有像样的广场，却有很漂亮的中水回用池，小河边上有曲径通幽的观景走廊，那是用城里废弃的地砖铺成的。在五山的新农村建设中，从一建四改、垃圾分类等小事入手，培养农民养成一种良好的生活方式，教村民们剪纸，喝豆浆，晒被子，建厕所，搞卫生，做好吃的饭菜，建茶坛，用沼气、太阳能等清洁能源，改善生态环境，从而带动村庄绿色经济的发展。

北京绿十字在湖北省谷城县五山镇进行着一场宁静的新农村建设，这里没有大拆大建，没有大投入，靠农民发挥大寨、大庆精神建设自己的家园。今年4月人民出版社出版了北京绿十字新农村建设系列丛书“五山模式”，中央政治局委员、湖北省省委书记俞正声批示：认真研究五山模式。

在这样的情况下我们觉得很有必要在安吉县提出“后新农村”的概念，目的就是为新农村建设提出有益的反思。

提出后新农村，是因为城市在发展中的问题开始向农村延伸，因为今天的新农村是城市建设的翻版，过于注重硬件建设，而忽略了身心、精神、文化、信仰的建设。也正是因为如此，中央又再次提出了幼儿园时代阿姨教我们的“八荣八耻”。北京绿十字在五山设计建造了茶农们敬仰的“茶坛”，把五山茶人的精神与文化注入茶坛，让人们尊敬茶，懂得茶的礼仪，并把开坛典礼做成一年一度的文化娱乐项目。每年的茶王大赛也激励着五山茶农要种出更好的茶，也更能体现五山的茶人精神！

后新农村建设应该是全面激发农村的一种精神、希望和人的优秀品质，遵循先生活后生产的理念，把人与自然的和谐列入生存与发展的国策，在城市与乡村之间架构一个立体的城乡互动式生物圈，把文化与信仰的多样性列入新农村规划中，因为这是维系中华五千年民族道德的最后底限，也是一个民族理性发展的源泉。

韩国在35年前就有过我们今天类似的农村建设的教训和心态，他们度过了阵痛时期。经过了35年的实践，他们又有了新的收获。

韩国的新村运动精神：

干！就能成功！

韩国把一次乡村实践转化成一种爱国和道德伦理运动，它在唤醒农民自身的智慧、合作精神、创造力和主动性。35年前失败的经验是：

政府过于干预，农民依赖政府。

过于注重物化（规划）建设，文化和环境受到不同程度的损伤。

因为过于强调发展，产生农业污染。

过于注重农民建房，引发农民负债累累。

未能克服小农经济和农业可持续发展继续衰弱的困局。

理论研究落后于社会实践。

新农村建设现今主要任务是解决农村的基础建设，后新农村建设着重点则是精神与信仰问题。近年来，中国的城市步入了全面的物质时代，大多数都市人的信仰是“钱与财富”，钱是部分城市人的希望与未来。也正是因为如此，城市的希望在农村，农村的发展在城市，而城市和农村都面临着同样需求，就是从单纯的物质文明建设转向精神文明建设同步进行，这是后新农村时期建设的重点。

物欲横流的今天，我们需要什么？城市文明？城市并不是这个国家的全部，它甚至还不是这个国家的头脑和灵魂，它并没有提供我们未来生活的样板。如果它的发达、繁荣、文雅，不能从精神和物质上引导整个民族的话，它终究不过是一个虚幻的乐园。（摘自高超群文章）

随着科学的发展，人们在感受物质生活日益丰富的同时，也惊异地发现现代科学是一把双刃剑，它同时也创造出了毁灭人类自身的力量。两次世界大战的自相残杀，地球环境的持续恶化，全球气候变暖，自然灾害频繁，科学的进一步发展增添了人们的担忧。同时人类社会自身的欲望、恐怖活动等危害现象猖獗，各种反主流文化的盛行，科学主义以及它所倡导的价值观不断受到人们的审视。在对现代性成果的失望和绝望中，现代化正日益趋向崩溃。

堰河村的有机茶园

现在的中国正以最脆弱的生态系统承受着历史上最大的人口压力，以最稀缺的发展资源承载着最多人口的致富梦想。中国的污染不仅在环境上，更在心灵中。是因为心灵的污染，才导致环境被如此漫不经心且肆无忌惮的破坏。新农村建设是历史发展的机遇，而后新农村建设不仅仅是乡村，也是我们城市发展的必然选择。

我很欣赏潘岳先生提出的“生态社会主义”的观点，我们可以试试后新农村时代，这个时代是否可以最终过渡到潘岳先生所说的那个时代？

“五山模式”在襄樊已有一些知名度。当我们完成五山第一个三年计划时，很多省市都来邀请绿十字，我们的专家组让我为2007年选择新的项目点。专家组认为复制和宣传“五山模式”的时候到了，“五山模式”应该有更多的试点和实践来论证它的可行性，于是我们新的试点在2006年又开始了。这个项目点的要求应该是人均收入在1800元以下，中部最贫穷、最不安定、最让政府头痛，但有可能是有信仰的村。

我们也考察了一些乡镇村，就在这时湖北省宜城市板桥店镇的王台村回民三组出现在绿十字面前，专家组一致认定，就是它了。

宜城属襄樊，是县级市，距襄樊30分钟的路程。在5个月前，谷城县委书记周霁就约我去考察。这期间余宝军也说过多次，终于8月才有时间。

这期间宜城市办公室主任周斌一直与我保持联系。周斌做事极为认真，也很尊重我的时间。在这个过程中我也感到了他们的诚意和做事的决心。8月24日周带着司机到五山接我，坐了13个小时的车赶到宜城，很累，很早就睡觉了。

第二天上午，市常务副市长郭先生、市常委叶建斌、办公室主任周斌等，9 点开车直达板桥镇王台村。

这是一个看上去像六七十年代的村庄。房子很破旧，也有一两户二层小楼是近几年刚建的，很显眼。我们一群人在村里转，看了新修的水泥路、排污池，这些都是政府投资的，规模挺大。

这个村建在一个山坡上，房子建得东一处西一处，很多房子都有裂缝了，很是危险。村里没有什么树，牛羊的粪便到处都是，村容不太好。有施工队在修路和村中的水沟。一圈走下来，大家在一个阴凉处坐下，村主任介绍了这个村的历史。

这个村是 1964 年建丹江口水库时由移民组建的村。三组全部是回民。其中有一支分到流水镇。当年搬到这个村时，大家就不满意，因为这块地是一个坟地，分给村民的耕地很差，面积很小。回民对这样的生活方式、生产方式完全不适应，渐渐地因一些田地和牛羊等小事与当地的汉民产生矛盾，并越来越严重。现在平均每年要发生 37 次以上的严重流血事件。只要是回民参与的打架，有时报了 110 都不来，这涉及到民族矛盾，非常麻烦。

2005 年 12 月 14 日，这里发生了一起自行车碰撞的小事。就因为回民感觉是汉民在欺负他们，发生了群殴，造成一死三伤，民族之间的矛盾进一步扩大。当时三组人与流水镇、河南、山西等地的回民联合起来，冲进政府，掀翻了市政府的车辆。最后政府从襄樊和宜城调动了 300 多防暴人员和公安，把整个村都包围起来，很长时间才平息了这场事件，这件事在全省甚至全国都有很大的影响。

一路上干部都在埋怨回民的不是。他们说的虽然是事实，可我在心里想，用这样的心态是很难解决问题的。

新农村建设在这个村不仅仅是修路，建房，而应该更注重思想和精神方面的建设。对回民，要更重视用宗教和法律两方面来教育和规范，要尊重他们的民族传统和民族习惯，要以尊重少数民族的态度来对待他们。

我问回民村干部：“你们能告诉我回民有什么优点吗？我们要从他们的优点找根源。”我想用反向思维来剖解三组。

随同的回民干部说：回民心齐、真诚、简单，回民的牛肉就更好卖一些，因为汉民卖的牛肉大都注水了。

我又问汉民干部，汉民的缺点是什么？干部说，太聪明，做生意没有诚意，心眼太污了，没有诚信……

我们大家都笑了。我说，一个地方出现问题，我们不能只看表面现象，而应该更深层次地找出本质问题。这里有几件事我们要分析：一是民族个性，二是我们干部的心态，三是要用民族方法解决民族问题。我们一直是用汉族的思维去解决回族的问题，再加上对回民的成见，问题就会越来越多。

板桥镇党委书记王远华是一个有心人，这些年做了大量协调工作。现任市委书记曾玉平也倡导在学校开展小手拉大手活动，通过 12 月 14 日事件，让回汉两个民族接受教训，现在关系好多了。

郭副市长说，原先只选了 5 个新农村做试点，后来找田书记，因为王台村的情况特殊，田书记也觉得这个很重要，就把两个回民村王台村、余棚村也列入市级新农村试点。

下午去余棚村考察。这个村耕地好、收入多，与王台村一样的地方就是近 40 年两个村只考了一个大学生。

我们到一个农民新盖的房子里，有 300 多平方米，一层是空的，只是收获季节用来晾粮食；三楼也是空的，窗户还没有装。6 口人只住在二层。三分之二浪费了，建房还借了 2 万多元。

上午 9：00 我准备在礼堂讲课。在讲课前两分钟我收到余书记的短信：宜城领导高度重视，你讲话要慢一点，要抑扬顿挫，头梳一下，衣服理整齐一点，祝你成功。

市委书记曾玉平早早就来了，坐在第一排。他中等个子，比我帅。四大班子都来了，300 多人的位子坐得满满的，过道和大门边还有不少人。今天的主题是“走进新农村”，讲了两小时零三分钟。

中午我们在一起吃饭，曾书记说今年五一他特意派秘书去北京，在新华书店买了“五山模式”，很认真读完了。觉得五山经验值得推广，很务实。

曾还说他第一次见到五山余书记时，以为他是县委或市委领导，没想到他只是镇党委书记，可惜了。

吃完饭，我休息了一下，周斌送我回五山，之后我收到来自宜城的短信：

尤小红（板桥镇镇长）：

感谢孙老师的精彩讲座，受益匪浅。希望我们能携手，借助您的新思维打造新板桥，谢谢！

王远华（板桥镇党委书记）：

孙老师，您从宜城走后，这几日我闭门不出，一口气看完了《五山日记》。3 年里那么多次进五山进堰河，历经的酸甜苦辣和开启民智，引领村民从垃圾分类入手改变山村面貌的壮举和给地球做实事的一言一行，深深感动着我。合卷沉思，王台的新农村建设怎么搞。对怎么入手豁然开朗，像找到了一根拐杖。先和谐、先生活才能谈生产发展，能否是王台村的目标？很想听您的教诲。

文笔很棒，整本书充满了理想和执着，叫人特别感动和冲动。作为党委书记的我很汗颜。前日一别，很希望您能到板桥店镇来把脉问诊，不知能否？假如有可能，我们会举全镇之力，一定不会让您失望！

祝您和绿十字造福更多的人！

曾玉平（市委书记）：

谢谢您给我们带来了新农村建设的新思想、新方法。欢迎和企盼您能常来宜城指导！

我每一次来襄樊，市委和县委领导都很重视。绿十字为农民做事，做环境保护，又要保持属于 NGO 的空间，还要与政府维系着很好的合作关系，这些工作非常重要，因为我们的目的就是结果。结果是什么？就是保护环境，让农民致富，让人与自然和谐。

晚上宣传部王部长、雷部长、余书记等在南湖宾馆吃饭。饭间大家谈到五山的变化，分析五山能做到今天，关键的因素是什么？我说主要是政府支持，干部观念的转变，这一点体现在组织部三级联创，也就是说目前还是组织部决定干部的命运，正因为如此组织从某些意义上来说权力是最高的。

大伙从五山发展，说到老书记陈炜波。一说起陈炜波大家都竖起大拇指，说没有陈炜波就没有今天的五山，没有余宝军就没有今天的事业。

陈炜波的名字听了好几年，可想当年他创业的艰难。应该比我更加难，因为那个年代的政府和经济环境与今天根本不能比！

我在业余时间写了一篇有关陈炜波的往事：

陈炜波 1988—1999 年任五山镇党委书记。在他任书记期间，他的作为在当地3 万农民心中留下了很好的印象，农民只要说到他，都会直竖大拇指。余宝军说；“陈炜波是一个真实的人，一个活得有价值的人。”现任镇党委书记胡海洋评价陈炜波：“他是一个值得共产党员学习的人，是一个极有性格的人，了不起！”而五山的全体农民说得最多的两个字就是“实在”。

陈炜波在五山做的事到现在还被老百姓当成英雄故事在传说，在饭前饭后总要说几段关于他的段子。他虽已调离五山，可是他作为一名共产党员，一个镇党委书记有如此的作为与影响，值得欣赏。

陈炜波的故事我听得非常多，值得一说的我都记了下来，我一边记一边笑。

有福同享，就当娱乐。

一、我就是“毛主席”

陈炜波在任其间，正是三农时代问题最严重的时期，也是中国农民在城市与乡村观念最冲突、城乡二元差距最大的时期。陈炜波为了调动大家的工作热情，稳定民心，转移大方向，就对五山农民说：“中共中央、国务院把五山交给我，就是信任我，不然怎么不交给别人呢？共产党把五山交给我，我就代表共产党，那么共产党是谁呢？你们说！”台下的农民大声说：“共产党就是毛主席。”陈炜波手一挥说：“对！那我就是五山的‘毛主席’。我问你们，毛主席的话你们听吗？”农民眼睛睁得大大的，大声的说：“听！”陈炜波笑着说：“现在我是谁？”台下农民说：“五山的‘毛主席’！”陈炜波小手又一指，那我说的话你们听不听？”“听！”农民说听就是心也听了，这时陈炜波就是他们心里的“毛主席”。

二、天上的飞机管不管

农民听话了，干部更应该团结一致。陈炜波一次在镇干部会议上对大家说，谷城县委把五山交给我，我就要对五山负责，负责什么？那就是五山的人，五山的天，五山的山，五山的田，五山的地。这时会场上有一位干部问：“那飞机经过五山的上空你管不管？”陈炜波想了想说：“政府如果给我枪和炮，所有经过五山的飞机都必须向我报告，不然肯定打下来！”从此五山上空有飞机经过就马上有人向陈书记汇报，陈书记直搓手望着天上的飞机说：“党中央怎么不给我导弹呢？”

三、谁叫你喊老子名字

一次陈炜波在县里开会，他儿子有急事找他，在黑呜呜的人群中找了半天也没找到，急得实在没办法，就在会场大喊道：“陈炜波你出来！”会场哄的一下笑开了说，哪有儿子这样喊老子的。陈炜波也觉得儿子不像话，太伤面子，于是站起来就骂道：“混账！”儿子皱着眉头说：“我要是喊爸爸，全场的男人都站起来了。”全场又是一阵大笑，陈炜波抓抓头，想想也是，笑着说："喊得好，喊得好！"

四、狂哭：我就是你的儿子

陈炜波在五山的日子，大多数是在山上种茶树、在架桥修路、在农田里干活，要找他就要到山上去找。有一年冬天，陈炜波要求村民在春节前把桥架好，他就一起与农民抢时间抢速度。有一天，一个小伙子在施工中出了事故，不幸死了。这下可闹大了，村民七手八脚把死者抬回家，死者的母亲一下就晕过去，全村都乱了，陈炜波也傻了。

陈炜波一句话没说就往死者家走去。在农村死了人可是大事，特别死的是青年男人，白发人送黑发人……陈炜波一想头皮就发麻，这残局怎么收拾啊！

陈炜波走在泥泞的小路上，村民很为他担心，更为死者的父母悲伤。就这样，摇摇晃晃来到死者家，大家谁也没想到陈书记一看到死者的父母亲，"扑通"就跪下了，然后嚎啕大哭，哭声巨大，大得压倒了所有的哭声。刹那间大家都不哭了，全部看着他，他哭得泪流满面，鼻涕与泪水泉涌喷发，在场每一个父老乡亲都为之动情。他的哭声听村里人说十里以外都能听到，陈书记一边哭，一边向死者父母叩头，那个头叩得"咚咚"响，吓得死者的父母赶紧过来拉，可陈书记一双脚像是长在地上，怎么拉也拉不起来。

陈书记是当地的父母官，是五山的"毛主席"，这种大礼何以了得，死者的父母真是不敢受之。陈见死者父母在犹豫，立刻又是哭泣，又是嚎叫，他头贴着地面，满脸都是泪水，把村里的父老乡亲感动得一塌糊涂。村里人都来安慰他，大家又是劝、又是给他喂水，特别是死者的父亲不停地对他说："人死不能复生，您要节哀顺便，不能哭坏了身体啊……"陈说："您老失去了儿子，我就是您的儿子，您要不答应我就不起来。"说完又"咚咚咚"的叩起头来。这下把死者的父母感动得仰头大哭，失去了一个儿子，又来了一个儿子，还是个当大官的儿子，死者父母双双跪下对陈说："您是五山的大官，是五山的毛主席，我们不敢收您做儿子啊！"陈又"咚咚咚"地叩起头来，吓得大家劝死者的母亲赶紧答应吧，不然要出人命了，陈书记已是满头是血了，死者的父母也吓坏了，赶紧答应说："儿子啊，我们就是你的父母啊。"陈一头扑到死者母亲怀里哭，那个劲可是翻山倒海……

到这个地步，死者的母亲没话可说，年前就把儿子埋了，一件天大的事就这样了结了。据说后来听陈炜波说，当时要是不处理好，整个五山都不得安宁，他这个书记都会被拿下，他还等着中央政府发炮打飞机呢！

五、我是五山人民养的一条狗

五山有人私自上山砍伐，被林业执法队知道了，就来抓人，可没通知镇党委陈炜波，那怎么行！于是他一生气就把执法人员和车一起扣了。这可惹了大祸，市委市政府责令县委放人，并严肃处理陈炜波。陈炜波一不放人二不认错。县委、县政府火了，要抓陈炜波。陈炜波见麻烦大了，一大清早就跑到县委大院，在大院中间大声地叫，我就是五山人民养的一条狗，有人来五山抓人，还不让人叫几声啊，那五山人养我有什么用啊？你们讲不讲理啊？

陈炜波话都说到这个份了，县委书记也没什么可说了，这事也就不了了之。从此以后，陈炜波又总结了“五山的五狗精神”，什么咬人的狗、癞皮狗、忠诚狗、坏狗和看门的狗。

陈炜波的故事，耳朵都听出茧了，老百姓一说到陈书记就如数家珍。其中有些故事显然经过了演绎，但却反映了五山的民心。这 5 年中我唯一想见的人就是陈书记，结果还是没有机会。陈炜波给我的印象：他是一个让我敬仰的共产党员，一个人民信赖又畏惧的人，可惜这样的人没能发挥出更大更多的作用，真为我们的政府可惜。人有优点也有缺点，陈的缺点就是太凶，脾气大，做事简单。可是，在这儿人的眼里，陈炜波是男人中的男人！他不是简单，是我们没看懂他！

急急忙忙回到北京，随朋友马少辉到密云参观他在那里做的十几个新农村项目，途中顺路造访了一个政府试点——王庄。马少辉曾帮这个村做了外围的景观设计。村内的设计好像是另一家规划设计公司做的。

这个村让我大开眼界。马少辉笑着说：“这个新农村做得太没谱，村里原本挺好看的，是用红砖与石头筑的墙，硬是被他们改造得面目全非。第一次刷成了白色，觉得这个墙面高低不平，很粗糙；第二次又把墙全部用水泥抹了一遍，又觉得太简单，似乎还是原来的好看；第三次又按原来的样子进行了恢复，画成红砖和石头。画总归是画，怎么看都是假的。这就是城乡审美观和价值观的最大区别。”马少辉继续说：“曾经有一个镇党委书记说现在农村已经变化不少了。以前建设哪有什么图纸，更谈不上规划，现在村组干部动不动就说新农村建设要有规划，不然村里就乱套了。这就是进步，你不要要求太高，这里毕竟是农村，还需要过程啊！”

在这些村庄里，除了种庄稼的地方，其他地方差不多都被水泥包装起来了。他们认为，所谓“新农村”就是什么都要是新的，要按北京的要求做。近日听说北京市领导要来检查，所以干部们时时刻刻都在计算着工程进度。这段时间区镇村领导都在现场，他们十分辛苦，俨然一个个包工头的样子。而真正的包工头却叫苦连天，说干部最厉害，什么都懂，谁都要来几句，谁都要来指挥，弄的他们天天返工！

像王庄这样的工程全都是政府投资建设的新农村，但是村民却怨声载道。我在村里曾遇到一个50岁左右的妇女，一路跟着我嘴里不停地骂领导；还有一个妇女家里被拆了配房，门前的小菜园也给填平了，鸡和狗也不让养了，门前晒衣服的地方也给毁了。试问，这能称得上是新农村吗？

此外我还发现，村里有不少欧式的铁艺、围栏，也有不少用木头做的花栏、花池，散落凌乱的草坪，各户门前种了不少进口的草坪，墙刷得很白，显得半土半洋。这既不是农村，也不是城市，并且失掉了原本的北京乡村特色。

一天下来让我很疲惫。眼前的新农村，让我感触颇多，一路上无话可说。说什么呢？很多道理马少辉都知道，可是一旦面对那群人（干部）便无可奈何。

我在想，对于王庄这样的“新农村”，政府真的能满意吗？我要问，我们是建给领导看，还是建了让农民生活的？我想说：我们应该把农村建设得更像农村。我可以肯定地说，这些乡村正在随着新农村建设力度的加大，而渐渐的失去乡村原本最有价值的东西。田园、自然、本色、历史、文化、朴素……都在慢慢消解。在二三十年之后人们一定会说，当初我们又犯了一个无法弥补的错误。

另外还有一个不容忽视的问题，村庄建设工程投入这么大，将来谁支付这样一个庞大的维护费？北京的每个村组都有40万～150万的债务，这些债到现在都还没有还清（都是当年交税和建学校遗留下的），而将来必定会再添新账。建设新农村本身是好事，农民很开心。可由于是国家投资的，因此所有这些工程与当地干部没有直接利益关系，将来等领导参观了，开心了，表扬了，新农村建设就算完成了，群众也不会爱护这些建设成果。从这一点看，村民与城市市民是一样的，城市人只管家，门外与自己没有关系。所以日本人和韩国人说，中国有农民、市民却没有“国民”，中国人只是嘴上爱国，其实心里并没有真正的祖国概念。我们不得不说这的确是一个很可悲的现实。

我对马少辉说：“新农村建设可能会把中国农民带向又一个悲剧道路。如今我们正在复制不可持续的新农村，正在走35年前韩国失败的乡村改革道路，而农民则正在失去他们最有价值的东西——美丽的田园和质朴的心灵。”

我们正在建一个领导干部的，而不是农民自己想要的新农村。如果形式主义与政府居于主导，只会建成“超女型”新农村，而这个结果并非是我们的初衷。

在新农村建设中，政府的心态是，求快求好还要求领导高兴。这些问题集中表现为：

1. 政府部门：把乡村规划当成城市规划做，把乡村规划标准与城市等同。

2. 规划部门：因为政府部门在不了解专业，资金不足等问题下，规划中领导意识重于农民需求，规划往往只要是墙上挂挂而已。

3. 农民意识：农民很是现实，他们希望村庄和城市一样，他们希望房子和美国一样，在这个过程中，原有乡镇的城建所应该可以发挥很重要的作用，可惜撤掉一个乱了一片。

4. 新农村建设规划只是政府和村干部在做，做完了村里的人大多数不知道，这个规划是作为政府任务来做的，所以在执行中，农民不配合的很多，这里主要就是相互尊重和沟通不够。比如说，你要在我家门前修路，是好事，可是你总要对我说一下吧？这是人之常情。

5. 规划与实施：农村要从小做，要看看村委会和村民手中有多少钱？规划不能实施就没有任何意义，目前92%以上的规划是不能实施。

6. 施工技术：好的规划由劣等施工技术人员实施，这个规划自然就变成差的规划，对乡村施工队的培训也是新农村建设中的规划设计中的重要工作。

7. 领导看规划喜欢鸟瞰图，规划与设计单位就会全力把从空中向下的鸟瞰图做到美轮美奂。鸟瞰图严格上不是合适去考评规划的，人的视角应该是回到1.75米左右高度出发的，这才真实。而今天的政府官员一定程度上喜欢虚构的不真实的鸟瞰图。于是，政府喜欢，人民就喜欢。

8. 政府工作人员太不了解农村和农民，这是新农村建设中的最大问题。

很多事不是你想要就能得到的，很多事又是你没有想到的。一天一个朋友神秘地告诉我，我入围了2006年“中国最具有行动能力三农人物”20名候选，我说不会吧？我不知道啊？我上网一看，吓我一跳，这太不靠谱。我的名字排在袁隆平之后，我的后面是温铁军、李昌平……

结果我没有评上十大人物，很有意思。实际上我被评上或没有评上都不重要，重要的是做事。我明白人活着就是要让自己明白，明白我今天和明天要做什么。

也不知为何？此时我从心里开始远离名与利，我爱人笑我是越来越像农民、变得只关心自己心里的那些事！

前几天收到了华中农业大学颜其松的信。

孙老师你好。

五山项目和地球村北京延庆堆白石项目是很具有可比性的。这两个项目都是基本在你负责下运作的，基本操作内容也似乎比较相近，包括垃圾分类和生态旅游等。你提到地球村项目的不成功主要是未能让农民做主自己发展。那在五山项目中，你是如何做到让农民真正参与的呢？在操作上，你觉得五山项目与地球村延庆项目有什么本质不同呢？一般来说，农民参与意识相对较低，所以要推动农村公众参与比较困难。在五山项目中，绿十字除了建立垃圾处理互助制度外，有没有在其他一些方面推动公众参与呢？比如说村民选举领域和其他制度建设等。另外，在五山项目复制过程中，绿十字又将如何扮演好自己的角色？因为如果这个复制是全县或全市范围的话，考虑到绿十字不可能每个村都去花同样的精力，会不会完全变成一种政府行为呢？这种复制的结果跟绿十字的期望之间会有差异吗？

希望你能回复。多谢。祝你春节快乐、工作顺利！

华中农业大学　颜其松

2007 年 02 月 20 日

我给他回了一封信。

颜其松你好。

春节一直在农村做调研，刚刚写完南方新农村建设调研报告，这才给你回信，对不起。

我马上把《五山模式》的电子版发给你，这是原版，出版时被人民出版社删 20% 的敏感话题。我把另一个乡村自治的案例“穆罕默德·王台”也发给你。

我说说五山与地球村不同之处：

地球村以环境教育为主，因为那离北京很近，用教育来推动农民的增收，以旅游为经济模式。那是以NGO为主体，垃圾分类只是其中的一项。

五山是以茶叶增收为主。因南水北调将对生态产生破坏，我们开始从保护生态环境来调整农民的生活和生产，沼气池、茶文化、垃圾分类、封山育林、建茶叶的标准场房、对干部的可持续发展培训、对小学生的环保教育、利用共产党的“三讲和保鲜教育”开展爱国爱村爱家的教育、建立民间的信仰（天主教、佛教、基督教、道教等）。

因为接受了地球村在延庆堆白石村的教训，绿十字的主要精力放在引导干部和村中部分核心与精英农民身上，着力培养本土人才，倡导乡村建设从小事做起，共产党员和村干部要发挥带头作用，这一点看来是成功的。

建立生活、生产、生态、政治、教育、宗教为一体的乡村自治，这个工作在五山只是起步，只是一个初步的想法，现在又在另一个镇——穆罕默德·王台开始了深入的实践，有时间你能来实地考察就好了。

我们是环保组织，如果只谈环保，政府和农民不会听我们的，我们只能把环保、政府工作和农民的经济利益结合起来，就构成一个可以实施的希望。

我对宗教的理解是从实用主义者出发的，我是从目标和结果来考虑的。宗教的主体是倡导博爱、仁爱、和谐，没有什么不好，有利社会发展。

五山在复制中有不足的地方，主要是政府一开始就没有这样的概念，我在规划时一再强调，政府并不理解（也有他们财力与精力的局限），到项目要结束时，就来不及了，政府也觉得遗憾。所以“五山模式”的复制尽管我们后期一直想做，可是已过了最佳时间。

五山的复制就是这样，虽然我们一直想复制，可是村、镇干部没有这个想法或决心不大，机会就没有了。

不过我们也不遗憾，能做到这样已经超出了我们最初的预想了。我们想在以后的项目中，一开始就把复制和公众参与作为重点。

我的回答你觉得可以吗？祝你的毕业论文能出色完成！

绿十字孙君
2007年3月6日

6月15日是世界环境日，这个特殊的日子，以宣传保护生态环境和可持续发展为目的的农村生态屋——“村民之家和生态广场”在中国青年丰田环境保护奖组委会和谷城组织部的关怀下，在五山镇政府、堰河村村委会和北京绿十字的努力下正式落成。

参加庆典仪式的有共青团中央、全国青联的领导、襄樊市新农村建设办公室的领导、中央和地方的媒体，还有五山镇政府的领导、当地村委会干部、村民代表和学生共200多人。

村民之家和生态广场的现场处处体现了用爱、用心、用行动在关爱自然的理念，呈现在我们面前的是一个舒适、健康、循环再生、环保生态的生活空间和可持续的发展环境。

在湖北省谷城县堰河村的村委会内，村民之家突出了资源循环再利用的理念，有利用回收废旧物资再生板材制作的橱柜、会议桌等，布置了一些再生制品、环保产品、节能产品和生活用品。党的组织系统在室内墙上设置了爱国主义教育的展板，在党员的活动中，可以结合开展可持续发展的教育。室外的生态广场对地面进行了环保设计，石子与透水石砖、生物多样性花草树木、本土植被保护区、太阳能灯等都有别于其他地方的硬化地面广场。

该项目对当地的干部、村民、学生进行生态、环保、土壤改良、植被、绿色建筑、资源再生循环利用等方面进行的教育，对来访者也大有启示。通过潜移默化的宣传教育和身临其境的体验，整体提高人们对保护环境的意识。

这个项目在设计时我加入了国内最好的环保宣传品、再生产品以及世界上最好的循环产品，在装修的时候我发现错了，堰河村是中国中部落后的村庄之一，这个村与北京在观念上相差20年，这么大的差距，村干部是不可能认识到这些环保产品的价值和宣传的意义，我用襄樊市里买来的环保产品可能会适合村干部的观念，日本再生纸的灯笼、瑞士的木草花瓶、荷兰的小船灯、香港的全套工具等，他们全藏起来了，闵说这些不适合他们村，日本灯笼白色不吉利，瑞士的草木花瓶他们说很土、荷兰的船灯不好看……

所以我知道，以后我们在给农民支持项目时要注意，有时我们说好的，他们说丑，我们说丑的，他们说好看，我们说高档的，他们会说很土……

这期间我与五山的联系很少，更多时间是我在全国各地考察，心里总担心五山镇会不会出现像延庆地球村的现象？这是我最最不想看到的。“五山模式”在经历一个阵痛期。这个时间有多长？我实在不敢确定。于是，我也选择静静地等待。

谷城县领导换届了，也有长时间没有与绿十字联系。社会上风言风语说新一届有新一届的想法，只有傻瓜才会做上一届留下来的事。五山会这样吗？我想不会的，因为五山的方向是对的，农民也接受了，关键是堰河村的书记接受了。

因为我与新的县委书记没有沟通，五山镇新来的书记胡海洋在中间也不便工作。为了能继续推动五山项目，胡海洋一直在与我沟通：“孙老师啊，你与李书记交流太少，你们之间要多沟通。李书记是一个是学者型的书记，艾县长又很实在，他们都很有思想又想做事，你们只要多交流，思想就统一了。”这期间胡海洋一直在促成我与新上任的县委李传寨书记和艾文金县长的见面。

我虽然很久没有到五山，可我很想知道五山的发展。听说五山在做二次创业，还听五山新上任的书记胡海洋说，五山第一个三年是“先生活后生产”，这三年工作做得很出色；那后三年做什么呢？我以为应该是“边生活边生产”。2007 年胡海洋利用现有的五山知名度和社会影响，一下子把茶叶从原来的每斤 98 元运作到 1980 元，他把茶叶分为金剑、银剑、剑王。我笑了，胡书记真的很出色。

胡海洋是 70 后，是知识型领导，余宝军对胡海洋的评价比较高。胡要把五山的茶叶做成与“五山模式”一样有价值，同样具有社会价值，他把茶文化与生态文化、中国文化结合起来，在新“玉皇剑”茶的宣传单上写着：茶文化的精神——正清和雅。最好的茶是百亩产一斤的“剑王”，价格 1980 元；十亩产一斤的“金剑”，价格 698 元；一亩产一斤的“银剑”，价格 398 元。

2006 年五山的茶叶卖到脱销，五山茶与“五山模式”一样进入了一个新的商业时代。这就是由第一个三年计划“先生活后生产”调整到第二个三年计划“边生活边生产”。

2003 年我来就是为了卖茶叶。我说卖茶叶有两种方法，一种是我们一起背着茶叶到北京去卖，可是北京人认吗？第二种是让北京人来五山买，那时五山的茶就有知名度了。现在的剑王真的卖到 1980 元一斤，真的是北京的茶商买断。也许老天有眼，三年前我说的话兑现了。

“五山模式”开始得到社会的关注，新华社、中央电视台、《人民日报》、《光明日报》、《农民日报》、《解放日报》、《环境日报》、《人民画报》、《湖北日报》等大版面报道“五山模式”；北京首师大、中国农业大学、清华大学、华中科技大学、华中农业大学等把“五山模式”作为他们研究的对象。前些日子中国农业大学的一批学生进入五山堰河村，他们在五山会有什么样的收获？

我担心下任领导对上任领导规划的否定，这种事在中国很普遍。我的担心多余了，五山的情况不是这样。新上任的胡海洋书记，包括新上任的县委书记都在沿着前任领导的路往前走，对此我做了一些分析。

工作中发生的每件事我都要问什么？要理性分析。很多人见而不问，闻而不思，这就是人老了，思想也老了，这样的人很快会被社会淘汰，要不就是自己主动远离了社会。

新上任的领导一般都会对上任领导的工作进行调整，这很正常，因为每个人工作的思路不同。新上任的干部往往年轻有活力，富于创造性。

五山和谷城在规划上就没有改变，他们继续推动着前任的规划。新任的镇党委书记胡海洋是武汉大学毕业生很有能力。同时，关键还有堰河村的闵书记牢牢地守望在村庄，又很坚持地做着他想要做的事，知道什么话能听，什么话又不能听。

五山的发展超出了我的想象，这主要是五山符合新农村的形势。五山镇党委书记胡海洋也在动脑筋想办法。9 月 4 日因李长春要来考察五山，胡海洋信心大增，五山很有可能纳入谷城县委的发展计划。胡书记发短信对我说：五山的春天要来了。

五山项目到今天，绿十字已经基本退出了，完全由政府在运作。这样做风险很大。

我在网上无意中看到我被评选为 2007 年入选“中国民间十大最有影响的人”，不错啊，谁组织的？谁授予我的？我都不知道，怎么连个奖牌也没有啊，唉！这个世界所以有这么多奖，关键还是有很多人需要，从央视到中央各部委，中国各专业社团叫人眼花缭乱，什么年度人物、排行榜、十大人物、精英人物、经济人物，头都晕了。

十年前我对名利真的很有兴趣，今天已经不这样了，因我当不了国家主席，知道该做什么能做什么了。现在 90% 的媒体报道和国内外的会议我都不参与了，实在有点无聊。偶尔我也去听听一些专家学者的报告，还是十年前的内容。我笑着说：“伙计你真该退休了”。

第二十六次

久别的重逢

| 2007 年 9 月 19 日 |

在五山镇和谷城县的邀请下，我第二十六次走进五山。这次与上一次相隔近一年！当我回到堰河村时，有回家的感觉。我觉得五山的项目是成功的，因为在这一年的时间里，他们依然在沿着曾经的思路在发展，而且还有一些创新。

从 2006 年 7 月 ~ 2007 年的 8 月，近一年时间我没有与五山联系，也没有去五山。这期间我全力在忙“穆罕默德 · 王台”项目，在全国考察新的试点，开始了“五山模式”的推广和复制。

五山人听说我在宜城王台村做“穆罕默德 · 王台”项目，不到8个月的时间就有所成效，市委书记田承忠给了很高的评价，并在当地的电视和报纸上频频报道，于是五山胡书记与村闵书记晚上赶到板桥镇政府，跟我一起到王台三组看牛王别墅和马兴财房子，感受颇深。其间与胡书记交流，我们都谈到五山要抓住机遇推动第三次创业，我很是赞同他们的想法。

电视剧《我的乡村我的画》经过近一年时间的创作，也有了雏形。为了能写得更贴近生活，编剧木棉第二次住进堰河村。

堰河村随着游客的增加，需要一个能让他们歇脚、喝茶的地方，要让人能住宿。另外来村里的人很多是政府领导，他们特别希望能在现场做一些培训，对农民的培训，关于新农村建设的培训。于是，胡海洋书记又通过闵书记把我请回五山，开始对新的功能区进行考察与深度交流。

第二天上午在堰河新村丈量土地，要置地规划。村书记、主任和妇女主任都说不能超用土地，农民的地一分都不能占，我也觉得这是大事，不能因为五分地影响规划。胡书记说："不要紧，你按你的规划做，地我们来调整。"后与闵商议，我很感谢胡书记，不然这个规划就不能很好地发挥，未来也会留下遗憾。

中午，我又开始了田河茶庄的设计。这是个生态走廊，胡海洋是在做战略，是在五山下围棋。河湾就是另一个棋子，河的中端与堰河对接，黄垭是收尾，这是一个大战略。我与胡都有一个想法，两年完成生态走廊建设。

晚上与谷城县委李传寨书记见面。我们这是一年之后的见面。我与李是老朋友了，感觉和以前一样，以前他还是县长，只抓经济，我们之间的交流不多；现在他是县委书记，他所想的问题与我们一样。

李书记问闵书记忙什么？闵说在忙十八件事，在考虑生态文化和农业现代。

前些日子中央政治局常委李长春来了，他也认为"生态五山，文化之乡"定位准确。

李书记又与镇、村制定了"精品五山"的发展目标。我们针对"精品五山"细节交流了约 4 个小时，内容是统一思想，明确发展目标。

在交流中，我对李书记在谷城准备做的雕塑表示疑问，我觉得雕塑不属于谷城，虽然很美。特别是对南河码头的改造，缺少文化与历史的内涵，历史与文化是经济发展的经济源，也是一个地区经济发展的生命力。

第二十七次

家—园—国

| 2007 年 10 月 1 日 |

五山面临着第三次创业。大家不停地问：我们的路径在哪？县委定位“精品五山”，大家都认为不错。但叫什么不重要，重要的是做不做？怎么做？

只是我还没有找到用什么方法来再次激发五山人的热情。关于这个问题与闵书记有过多次交流，闵书记的困惑是村里很多人已觉得现在很好了；干部也觉得堰河有名了，人均收入大大提高了，从 2600 元提升到 4600 元，村集体也有年 20 万的收入，大家已经很满足了。

列宁说得好：稳定政权比夺取政权要难。先不说村里人没有新动力，就是我也没有找到新的动力源泉。相反，镇书记胡海洋信心十足，他在理论与模式上已经有了完整的思路。县委李书记和艾县长站在一个更高的层面，把五山作为全县新农村建设的重要典型。我的工作是把县镇领导的精神具体到村里，转化方法，并把环保的理念、求真务实的思想与规划结合起来。正因为如此，我和村、镇书记一直在努力开启五山三次创业的大门，推动各项工作不断向前走。

五山已不再是2003年的五山了。现在社会影响更大，经济实力增强，各县对其关注度相当高。而在这时，人们的头脑常常会发热，政府很会把形式化提到日程。对这一点我不用担心，有闵书记在把关，我钦佩他做事的智慧和沉稳。

目前，五山终于有一个新的动力源，那就是“堰河新村”。“堰河新村”原名叫“凤凰山庄”，我觉得不好，这个感觉像是在城市里的社区。我认为应该继续运用“堰河”这两个字，借用公益这个公共平台做免费广告。另外，我一直把“把农村建设得更像农村”作为中部地区的标准。正因为如此，我希望把“凤凰山庄”改为“堰河新村”，给新村注入新的动力、新的希望。

2004年，我就写到：五山的规划定为9年，就看老天爷给不给我这个机会了。现在看来老天已经给了。

要建“堰河新村”，资金从哪来？闵、胡和我想来想去，最后还是闵有办法。他说：“我出地农民出钱。”我说，这可不是一笔小数目啊，每户平均要12万元左右啊。闵说晚上与群众代表商议一下。

如果堰河项目做9年，“家—园—国”这三个字每一个字就是三年。家是个人空间，五山用三年完成社会最小的分子结构。家就是人的概念、思想、行为方式。把人的问题解决好，才把家门打开，跨出家门就是园，屋前屋后、院子、自己承包的田和山林，管好自己的地盘就是园，这就是家园的概念。

关起门是家，打开门是园，走出园就是国。这是绿十字为五山人设计的国家概念，把一个复杂的家、园、国三者的关系很简单地解释清楚了，让农民一下就明白了个人与国家之间的关系，这就是平民教育。绿十字希望能把农村的行为，理性地引领到城市现代化；同时又把城市中的教育、市场、管理、物质文明带到农村。这就是城乡互动。

现在五山要做的“堰河新村”就是从“家”做到“园”。做“园”又需要三年。这与胡书记的思想是一致的，他把五山设计为一条生态观光走廊、一条生态循环经济走廊。

这两条线能否形成，关键是看怎么注入“希望”。我想到书中有句话很有哲理，“农民一生的三件事，建房、结婚、生孩子。”其实不仅在农村，城市也是如此。

五山今天做的事，就是启动堰河村的动力源。

村民之家、生态广场在五山堰河落成

为堰河设计新村已有三个多月了。三个月中做了无数次的调整。在这个过程中不仅农村在变化，我也在变化。

我把设计的 8 套房子给胡书记和闵书记看，他们都觉得非常好，并得到县委与市委的支持。

三个月前，胡书记和闵书记对我说，有几栋房子不行，二楼阳台太大，房子太小，有些局部还需要改动。我又再次对房子进行大的调整，主要是以农民住宅为主，农家乐为辅。

一个半月前，我与胡书记、闵书记还有村里的一些干部讨论“堰河新村”的房子，胡书记说，他原本还是认为叫“凤凰山庄”好，但当他看了这些房子的设计图时，眼前一亮，马上就有新村的感觉，所以同意叫“堰河新村”。可这个新村“新”在哪里？需要与大家讨论。大家还是决定把房子定为农民商务房，商务房就是第二个居所。功能以做生意为主，这里是以农家乐为主，即使不做，也是一个很好的居住点。

用闵书记的话说：“出门是工人，回家是农民，也就是说村民早晨出门到商务房做接待、做工人，晚上回家做农活、做农民，有工有农。”

胡书记紧接着说：“那么商务房可以做生意，我们就应该像做生意的样子。要吸取天艺茶庄农家乐的教训，要经商与生活分离。因为村民做饭、养猪与客人混在一起极为不便，也不干净，怎么办？村干部说得对，那商务房就不住人，不养猪，要干干净净地做好生意，这样我又把农民住房调整为适应于城市人消费的商务房，这个功能的转变是我没有想到的。”

10天前，“五山规划”的设计者之一、中国城规院沈迟副所长，看完我设计的这些房子时说，这些房子像艺术品，样式很美。关键是这批房子，会不会太像城市中的别墅了，风格会不会乱了？

沈走后，我觉得规划中确实存在这些问题，晚上几乎失眠。是的，这些房子已不像农民的房子，不像村的概念。于是对房子又进行大调整，每一次调整就是十几张甚至上百张图纸。这些调整就是一个标准，要像农村、新村。做到这点极其不易。14日又带着设计者来到书店找资料，好在对农村比较熟，渐渐地，新村的房子、环境在脑海中形成。对规划进行了重新调整，本地的土砖、环保砖、河里的石头是主要的建筑材料；在环境中把丘陵、野趣、本地的树种与杂草作为新村的重点植被；对13户门前的桥、河、菜园、水井都做了改进。

我买了一本《中国古建筑》认真研读。中国人用文字表达建筑，把自然的形态转成文字，二者之间很密切。我把“中国”两个字作为会议中心的造型，看来不是没有根据的。“室”是会意兼形声字，人至为实，宝盖头是房的外形，“点”是屋顶，“至”为人至才为屋。“宫”字很有意思，宝盖头表示房的外形，后来在全文中把两个“口”字排整齐了，表示房屋的组合。到小篆，“吕”起了一点变化，表示房子之间可以互通，是走廊、回廊的表示。再比如“亭”字，与建筑中的亭子就是非常相似的。看完这本书后，我对“中国”二字建成一个会议中心就更有感觉了。

我之所以把“中国”二个字放在这里，一是从地理位置来考虑，这里是“中原”；二是这里虽说是农村，但是今天五山人做的事，就是未来乡村现代化建设中的先驱，它能代表一定层面的行为，是谷城走向现代过程中必经之路，也是农村通向现代化过程中的必由之路。

这一段路是：农民精神、先生活后生产、把农村建得更像农村、环境的净化源于人精神的净化、村民自治。

堰河村建设中的“中国”建筑

在农村建房子就是建希望。比如说资源分类就是建立生态环境的概念，是在保护土地，没有土地就没有生存的希望，就更谈不上现代化了。

所以这里做的事不是孤立的，一件事做不好，则全局乱。

房子设计到今天近 4 个月了，这些房子不单单是住宅，更是堰河村新的希望。

新村中要把“水”用活，而那一座“中国”建筑要做到脱离自然，有现代城市的感觉。这个建筑在项目的后部分，就是怕留不住水，一旦渗入地下，这个建筑就不好看了。为了回避建筑中的水域和建筑上的“硬”，规划中前面部分的有广场、桥、沟渠等；中端是菜园、杂树和残留的断墙。门框给人留下这里曾是一个老村、旧村的感觉，目的是把人的观念拉回到村的印象之中，“中国”这个建筑大形上我会用虎来装饰。

“中国”这两个字在视觉上要靠设计者的巧妙与智慧，把传统的精华进行提炼。我喜欢明清建筑、明式家具，可复制与仿制，但不能体现这个时代的语言，那只是一种怀念的思绪，或是文化的收藏。

我要做的是建筑语言，创作思路要从传统的中国文化中走向现代。前些年我在电视上看到一个时装表演，模特把天安门顶在头上，我觉得这就是没有很好地理解“传统”，这叫消化不良。正因为如此，我在设计上不采用传统上的通梁描栋，不做极为复杂的横亭阁结构，而是用简洁的直线。这并不是说我回避复杂，而是为当地工人建筑技术考虑。所以我要在中原地区用最差的工匠来建最好的作品，我在北京、上海根本不用考虑技术，只要考虑设计与创新、材料上的国际性。

设计恰恰有时会在特别的环境中绝处逢生，因为特殊的地域、人文与经济环境常常会打破惯性思维，会重新组装自己的创作程序，会在逆境中妙笔生花。

在大门上方，在顶端做了三个塑像，佛、儒、道是中国的精神，把道放在第三位，是因为三为大。

在五山模式实践中，绿十字面临着市场、政府、农民，没有走“绿党”的极端之路，也没有走温铁军先生的农会和合作社之路，更没有选择西方的方法。外国是外国，中国是中国。绿十字选用了中国文化中的“中庸”、“艺术”，采用了太极拳中的以柔克刚，这些平时我没机会表达，在这个建筑上重点体现出来。

在“中”与“国”之间，用水连接。汉江是中国长江的第一大支流，有“中国莱茵河”之称。南水北调，汉江调走三分之一的水到北京，绿十字正因为水才来到这里。在东方建筑意识中，山主运、水主财、路主福，所以把水作为这里极为重要的建筑符号。

我一直认为城市是“动”，乡村是“静”；男人是“动”，女人是“静”。这个建筑中，“中国”二个字是静的、庄重的，所以“动”就显得格外重要。我设计了大面积的流水从新村流过，来强调“动”的感觉，用水提升灵气。

新村里没有草坪，只有菜园里的青菜；没有宠物狗与猫，只有成群的鸡鸭；没有名树与假山，只有田园与丘陵中的杂树和野草，还有历史上留下的残垣断壁；没有豪华大理石、金碧辉煌的罗马柱和喷泉，只有水泥砖、土砖、红砖与黄沙。但是这里有城市中没有的文明，那就是将垃圾分类回收。在这里，萤火虫与蝴蝶翩翩起舞，知了高声歌唱，人与人和睦相处……这里的一切都那么真实、和谐。

这里的建筑材料95%以上是环保砖；这里的水从山中来；这里的树没有一棵是外来物种；这里是道教武当山的文化；这里也吸取佛教、儒家、天主教、基督教、伊斯兰教等多元文化；这里的建筑资金大多数是农民自筹的；这里近几年基本上没有上访、打架；这里有每天在菜园劳作的人；这里目前还有贫穷、困难，还有低保户，但政府给了他们最低生活保障费，三年前全镇92%的人实行了合作医疗，小学生读书免费，种田种茶收入也比往年好；这里人均收入才4600元，可是这里人的微笑是中原地区最甜的。

五山第一次创业是陈炜波时代，我们称为“创业五山”；第二次是周霁、李传寨与余宝军、闵洪彦时代，我们称为“生态五山”；第三次是李传寨、艾文金、胡海洋、闵洪彦时代，我们称为“精品五山”；假定有第四次创业，我们应该称为“生活五山”。绿十字见证了五山第二、第三个时代。

五山面临着第三次创业。第三次创业这个道理不论是闵书记、胡书记还是李书记，都认为是不置可否的。其实五山还存在很多问题，群众和一些干部没有意识到，可是胡书记和闵书记看到了。改变这些问题需要时间和过程。我们准备在第三次创业中弥补曾留下的不足。

关于第三次创业，五山已有了基本规划。在胡海洋递交给县委的五山创业建议书上写到：

靠组织创新推进。新农村建设，要提高群众的组织化程度，组织化程度提高了，才能改变以家庭为单位的分散、分割的传统农业经营状态。为了提高组织化程度，五山提出了“六联”的措施，即“致富联帮、建设联手、设施联管、治安联防、新风联创、制度联建”。这“六联”中，关键就是致富联帮。怎么联？就是建立各种协会和专业合作社。现在已建立了茶叶专业合作社、乡村旅游专业合作社、食用菌合作社，下一步还将兴建茶园生态鸡养殖专业合作社。通过兴建合作社，创新农村经营组织。让合作社等经营组织成为社会主义新农村建设的又一推进力量。

靠社会帮扶推进。五山的发展，要实现“精品五山”、湖北乃至全国五山的目标，光靠五山自己的力量已经捉襟见肘。

在下一步发展上，一是县委、县政府要有一名主要领导将五山镇作为社会主义新农村的联系点，亲自指导、帮助五山镇抓社会主义新农村的建设，并以此引起县各直属部门对五山建设的关注。二是工作队要对五山各村实现全覆盖。现在五山有10个村没有工作队，另外近5个现有工作队受单位职能现状的限制，力量弱，发挥作用不大。建议五山工作队应该全覆盖并在此基础上对力量弱、不能发挥作用的进行调整，让工作队成为社会主义新农村建设的又一支可靠力量。三是实行村企联姻。县内大企业可参照市“双联双促”的做法，在镇或村联姻挂点，以此作为工业反哺农业的有效载体和平台。四是资金捆绑使用。对五山重点村，可以整合支农资金，打造样板和精品。

这份建议书让我看到了新一任五山镇胡书记对五山镇和堰河村发展思路的明晰，步骤、方法的明确。这个过程也让我从内心与胡书记走近了。

我想五山今天要做的这些事，应该就是启动堰河新村第三次创业的动力源。

第二十八次

建 50 年不落后的房子

| 2007 年 10 月 20 日 |

从 2003 年 9 月～2007 年，经过 4 年多时间，农民才开始相信我能帮助他们设计和建造漂亮的房子，特别是闵书记逐步接受我的观点，镇胡书记也接受了。

农民一生三件事：建房、结婚、生娃。农民能把建房交给你设计，这就是莫大的信任。准确地说，村民还是不信任我，只信任闵书记、熊主任，很多时候农民就说："你看怎样，你定吧！（指书记、主任）。"书记、主任是信任我的，所以农民才把房子交给我。

二组有一个村民长年在外面打工，也算见过世面。他家的房子是十几年前建的，200 多平方米，现在要建农村常见的房子。闵书记对他说："你的房子还没盖就落后了，还有什么意思？让孙老师给你设计一个 30 年不落后的房子。"村里人可能不听我的，可他们一定听村干部的，所以房子扒了就等着我来设计。

我设计的房子是什么样？农民是不知道的。他们认为贴瓷砖就是新房，这已经是今天农村的基本审美标准。

晚上那个村民来银杏山庄202房间，告诉我他的想法。闵书记怕他一下子不能接受我的理念，就先讲："你要考虑好了，孙老师设计的房子是不贴瓷砖的，不然你还没有盖就落后了。"他一听脸色就变了，问："我们农民盖房都贴瓷砖，不贴瓷砖还是新房？"他很紧张地重复着是不是新房这句话。

闵书记马上说："亏你在外面还见过世面，现在城市的传统，越是不贴瓷砖就越现代化、越时尚，你不知道？"他脸色有点白连说知道。

我见状对他说："你先回去和你媳妇商量商量，如果一定要贴，你们还是按以前的要求盖。"他赶紧退出房间。我想不通，不贴瓷砖有这么大的影响？

他回去了，我不知道他还会不会请我盖房。这对我来说很重要，因为这是我在堰河村盖的第一个房子，4年中农民第一次接受我的设计。

第二天上午他们没有来，我也不好意思问。我一边与胡书记交流堰河新村房子改造，一边想他的房子。

到了下午5点他们还没有来。

晚上吃饭了，他们还是没有来。他们到底是怎么想的呢？

吃完饭，我憋不住，对熊主任说，让他问一下，房子盖不盖？要盖就赶紧过来，我明天就要离开五山了，不然他们会后悔的。

大约7：40，他来了，还带着媳妇。中午就听闵书记的媳妇说，他听媳妇的，他媳妇特别会过日子，很难说会不会接受不贴瓷砖的房子。在熊主任带领下，两个人站在房中间。他说："我们想了一下也确定不下来，到底贴还是不贴。"这样吧，他对熊主任说："你说吧，你说不贴就不贴。"

熊主任说："你们能请到孙老师是你们的福气。全国多少城市、乡村请他设计房子，你们不要多想了，孙老师会帮你们设计一个全村最漂亮的房子。"

夫妻两个想了一会说："就这么定吧，由孙老师设计。"我笑了，笑什么？我自己也说不清楚，是幸福还是辛酸。

在农民心中政府的概念很弱，村干部比政府重要。他们可以不听政府的，可是他们一定听村干部的，这就是县官不如现管。所以绿十字在乡村工作时，目标很清楚，就是了解农民，与政府打交道，因为政府能解决农民的事，而农民有时解决不了自己的事。

再说，村干部比较反对外村人来，特别反感一些外村人到村里做扶贫、合作社、农民教育等。如果是上级领导派来的，他们表面答应，实际上是反对的。当然这也有例外，就是村干部自己引进的专家学者，就是这些专家学者做错了，他们也不会怎么样，他们非常要面子。村干部不喜欢外人来干预村里的事，就像一个家庭中突然来了一个陌生人，这会让全家人都不自在。

所以我在村里很少直接与农民打交道，什么事我都告诉村干部，由他们来对农民说，内容也只是关于环保、组织农民做义工、转变干部思想、学习国内外的先进经验等。这些村干部自己做不了，就找我来培训。渐渐地村干部和村民在感情上开始接受我，接受绿十字。

5年了，我们在这里做了很多工作，还是与当地人有很多难以沟通的地方。我对专家组的成员说，难怪当初晏阳初在河北定县做了10年的乡村实践，看来农村建设还真的是一个漫长的历程。

这时我也从内心发觉我并不懂农民，与他们还有很大的距离，城市与乡村是两个世界！

但今天的我依然特别开心，因为终于有农民让我设计房子了！

第二十九次

延伸五山、田园城市

| 2007 年 10 月 28 日 |

这次去襄樊的主要目的，是陪同清华大学解安教授与襄樊尹集乡陈学家书记接触，为全国八个城乡一体试点做前期的调研，为尹集乡明年春天的规划做准备。另一个目的就是解教授想了解一下“五山模式”。城乡一体试点区具体是什么样我不知道，二者之间的关系只在书上看过，就是 100 年前英国的思想家、规划师霍德华说过的“田园城市”，那就是城乡一体。

10：30 来到襄樊。出了车站，等了半天，陈学家书记也没有派车来接。第一次遇到这种情况，何况还有清华大学的教授同行。我发了两次短信，说要派车来接一下，因为解教授来了。拨通电话，他说还在乡里，马上到宾馆，没有办法。我和解教授只能打车去住处。来到宾馆，原以为他会在大厅等我，一看大厅没有人，服务员告诉我们，陈书记在二楼餐厅等我们。

解教授的尹集之行，我心里总是不踏实。不踏实什么呢？最初请解教授来，目的是给襄樊的城乡一体提供思想和高端解题，是把五山模式的新农村由初级推向高级，这个高级就是“城乡一体”。可我隐约觉得，这个城乡一体试点落在尹集乡怕是有一点不对劲。

果然，下午解教授说，他觉得尹集不行，感觉陈书记信心不足、观念不清、热情不高。在韩国新农村运动中，朴承熙总统说：“站起来的先走！”陈学家的感觉就是没有“站起来”。

晚上6：30，襄樊市长唐良智、副市长曹兰、组织部长马黎、副部长刘国安等在南湖宾馆一起边吃饭边交流。唐市长与解教授谈得很是投机。

大约9点多，酒席终于散了。马黎建议明天下午5点召开一个讨论会，针对襄樊城乡一体实验的话题，由唐市长通知李跃华副市长以及市发改委、商务局等相关人员参会，解教授来一次不易，希望能抓住机遇，多听听解教授的意见。

第二天上午，解教授与作家木棉、镇书记胡海洋进行了长时间交谈。他对我说，胡书记是他见过的最有思想的年轻的镇书记。当他看到70万字的《我的乡村我的画》45集电视剧剧本时，更是对绿十字做的事表示兴趣，同时也对作者木棉表示钦佩。

木棉在村里已经生活很长时间了，这是她第三次来五山。她创作的45集电视剧《我的乡村我的画》剧本约75万字，已改了8稿。这8稿不是用计算机打的，是一笔一划用手写的。

她做事执着而固执，不退却，与她做人、写作的态度是一致的，之所以这样就因为她的心中有信仰。同时我也发现她的问题，对乡村不太敏感；过于用城市人的价值观来评判农村的事。

下午闵书记从襄樊回来了，他一进来先与解教授握手。后看到我的普洱茶，问这是什么？我说是准备送给襄樊市委田书记的礼品，这些年绿十字在五山能这么顺利地推动“五山模式”，很大程度得到了书记的支持。我感觉他是朋友，但朋友易得，知己难求，我在送给田书记的礼品上写上：我们似乎很远，又似乎很近……

我把村里建吊桥一事又再次提到桌面上，这件事大家都不愿意说，从2006年4月我们就发生了争吵，而且吵得很厉害。

我对闵书记说：“当时我劝你暂时不要建，如果过3个月后，你还想建就建。现在一年多了，我自然没什么话可说。特别是前些日子，政治局常委李长春来堰河，因为水大过不了桥。”闵书记说：“这里应该修一个桥，方便群众出行。”他心疼这70多户农民，于是省、市、镇政府筹了一些钱开始建吊桥。

我说，你修吊桥可以，但这个位置不太适合，应该移到堰河新村。从那里连接天艺茶庄，与银杏、三组连成一片。建在这里功能不足，而且破坏景观。他说他的理，我说我的理，我知道说服不了他。华中科技大学的王教授、余宝军，包括胡书记也都觉得不妥，可是没有办法，在这里建桥似乎成了闵的梦想。他想在这里建一个景观，让小孩有得玩，想得不错，可是能修好吗？一年一度大水，什么景也保不住啊。

我心想，让他建吧，反正也拦不住，也说不上有什么大问题。胡书记也反对在这里建桥，可又不愿多说。他说闵的压力很大，这个吊桥他做梦都想建，就让他建吧。

胡书记把图纸取来让我看，我一看差一点晕过去，这是什么吊桥，难看死了！这个桥建在这里太丑了，没有办法，还要帮他修改。

我看着这个吊桥，半天不知道怎么改，心里总是想，这么难看的桥为什么闵说好看呢？为什么要修在堰河最美丽的地方啊？

30日早晨，我对闵书记说："什么也不说了，现在你想建就建吧。事没有做以前，我们可以争论，现在已定下来，基础也打了，我们就不争了。怎么把桥建得好看一些，是我们现在的工作。"

昨天解教授说"知识就是力量"是不正确的，我们这些知识分子有力量吗？"做到才是力量。"木棉愣了半天，想想也是。闵书记说："现在的问题是干部们没有实践，却用错的理论在指导工作。很多专家也说了很多理论，我听得很好，可是专家们说完就走了，理论怎么实施，怎么做？我们不知道，渐渐的我觉得专家是坐在家里的专家，不能为农民做事，那样的专家还是少点好。"

闵说得的确有道理，其实建吊桥一事算不上是一个大问题。我是一个画家，自然是用画家的眼光来看景观。我希望堰河能保持中国传统乡村的风貌，不要被所谓的人文景观破坏了。谁说中国的传统乡村不美？我们的祖先当初选择生存之地，是充满了智慧的。山水林田屋在传统的乡村中是一个有机的整体，布局合理，宜居和谐，我不想为了一个现代人的理由来破坏这个和谐。

10月31日早晨5：00不到就起来整理14套设计好的房子。今天要村民自己来确认，来看看自己的房子是什么样，还有什么要求。村民有的说厅小了，有的说房间少了，还有的人说卫生间少且不能在室内，三楼最好要有楼梯上去……

徐师傅在一一修改图纸，非常认真。他是我与胡书记请来的建筑专业师傅，这14套房子太重要了，而且工作量大。设计时我只画，不出标准设计图，故请他来把关。30日我们见面时，他就把14套房子的平面图按1∶100的比例画了一遍，上午还去看了他维修的承恩寺，那个山门，做得很细。

下午先到谷城规划设计院，陈院长去南河景区不在。我与设计人员交流和校对了14套房子的图纸。陈院长曾说，让我与胡海洋说好，取图要付钱！胡推说没有。从谷城回堰河村时，赶到文体商店买了600多元的文化用品，主要是设计图纸用的。下午2：30又赶到堰河新村，把14套房子图纸全部整理了一遍。晚上，胡晓芹和志愿者山海潮来了，带了七八个大柚子，晚上谈了很多“生态文明”话题。山海潮是本地南漳人，从深圳回来创业，现在是绿十字的志愿者。他总说我有很强的吸引力，是标准的环保传教士。我听了哈哈大笑，我有那么神吗？

11月1日上午继续与村民修改14套农民住房，徐师傅心情不太愉快，是因为闵书记不尊重徐。我和胡知道，闵主要是口袋里没钱，他说：“你不就是把孙老师的图描一遍，这些活很简单……”

下午我看徐脸色不悦，就抽时间与他聊天，天南海北地吹，更多的是为了与徐套近乎，怕他离开。

我原本准备中午与山海潮、胡晓芹一起走，宜城板桥店镇孙书记已安排车来接，可是胡书记希望我能与县委李传赛书记见一面，目的就是要引起县委重视，积极推动五山三次创业……

晚饭后，大家开始谈工作。李书记说：“现在全力在学习十七大精神，把文化、生态提到很重要的日程……”他还没有说完，闵书记抢话说：“中央十七大提出的文化、生态，这个工作我们基本完成。我们从2004年就开始提出‘生态之乡，文化五山’。现在我们在研究十八大的内容。”大家哄地笑了。

田河杨书记说，闵书记和他父亲一样，都是做干部的料。老书记的性格更是直率，三年自然灾害期间，上级拨了9000元，给群众买粮的，政府把钱直接给了老书记，说你想办法买些粮分给群众，稳定很重要。

老书记一听就生气，把钱甩给了县委书记说：“你都买不到粮食我到哪里去买？”老书记说完就回家了。这下惹麻烦了，不久就被开除了党籍。

闵书记说他父亲就是这样，做事不会转弯，事越做越难、越做越多、越做越累，矛盾也越做越大。这就是生活，不做心里难受，做了身体难受，唉！要是老书记，就会把钱接下来再分给农民，政府把问题给他，他再把问题给农民，那年代谁能买到粮食啊？

大家又笑了。闵真是农民中最聪明的人，有着农民的幽默。李书记说："所以闵书记虽是村书记，现在已经是市人大代表了，他见的都是大官，县委书记、市委书记、省部级领导、政治局常委李长春。闵是频频与他们喝酒，和我们喝酒只是表示一下，哈哈……"田河杨书记说是的，李书记给了你这么大支持，你也要表示一下，太不地道了吧。闵一听就急了，红着脸大声说："哪里，我身体不好，每次李书记和我喝酒，我都是一碗一碗的。书记，是不是啊？"

大家都笑了，田河杨书记和堰河闵书记是发小，两个人一见面总是吵吵闹闹，斗嘴斗心，一笑了之。

闵的父亲、杨的父亲都是村书记，现在儿子又都是书记，这种现象在农村非常多。我问了很多农民。他们说："农村的事主要靠信誉，我们信任老书记就信任现在的闵书记，儿子是老子教育出来的，坏不到哪里去。"

田河杨书记说："三年前我还不太理解孙老师的做法，现在我彻底理解了。十七大也在说文化、生态，看来孙老师还是很有眼光的。我要往前赶，向闵书记学习。"杨书记现在开始主动推动村里生态与经济的一起发展。他弟弟在河边建了300平方米的茶庄，修路，调整产业。他真的比以前主动了，也明显感到堰河这三年超过田河了，他心里着急呀。前些日子他还开口向余县长要钱，余县长2006年答应他，可是走时没有兑现，这回还是给杨补了2万元，县委书记又给了他500吨水泥。

何湾村的龙虾养殖场也建立起来了，有6户农民的房子要我设计。他们开始对我有了基本的信任，只是希望在建的时候不要走样就好了。

通过李传寨书记与他们的交流，我们在新农村建设上沟通得很好，也开始与李书记有了接洽，特别是他依然在坚持"生态、诚信、和谐"的理念，我听了很开心。这是上一届政府提出的，下一届政府还在继续往前走，这就是可持续性，就是科学发展观。

在五山建"堰河新村"，在绿十字看来不仅仅是建一个好看的房子，而是"五山模式"继续向前推动的关键性的一步。每一个项目点都需要民众的热情，需要共同的希望。那五山的热点、焦点在哪里？

"堰河新村"，今天看到的只是草图，大家并没有关注到它的价值，这一个点胡海洋心里很清楚。堰河村就是“五山模式”的一个点，我们想看到的是整个五山都能动起来。显然堰河是这里的标杆，推动堰河，保持堰河的动力就是在推动“五山模式”。

建房是农民的大事。2007 年堰河村盖了 13 栋房，每一栋都有可能是精品，是样品，是值得推广的。这些房子的造价 6 万 ~25 万，不同面积、式样、功能，所有材料都是本地的免烧砖和红砖，还有就是河里的石头。

那建房的意义是什么？

这些房子建好之后，运行由堰河村合作社来完成。房子是形，人才是神，要神形兼备才是好房。比如，如何发展更多的农家乐，这关系到一个村的利润公平化。比如，把农家乐真正做到文化、生态融合到一起，做“农”做到位，把“家”体现到位，让客人们对“乐”要感受到位，还有把“味”调整到位。这些，在当前农村的农家乐远远没有做好，而且没有做出品位。堰河村开始了产业结构的转型时期。

堰河村民正在建设新设计的民居

村民目前还想不到这些房子的价值，很多农民表示怀疑，在这片废弃的土地上能建出好房子？会成为农家乐？我、胡书记和闵书记坚信不疑，我们想的更多的是在这里进行堰河村的机制改革。

未来的堰河要吃生态饭，挣文化钱，胡海洋说要把喝茶变成品茶，把种田变成种花，在堰河不管大事小事，我都视为艺术品。

我心想堰河村这5年仅仅形成了自己的特色。谷城有八景（很多已成历史），襄樊有八景（可能是传说），那堰河有八景吗？

天艺茶庄、银杏山庄、生态广场（村民之家）、堰河新村、三合居、五山茶坛、凤凰寨、真武岭。

这八景还有一景没有建。不急，慢慢来，有钱就做，没钱就等着条件成熟时再做。不要急于求成，我们不是要做给谁看。中央不是说，新农村建设是30年、50年的事吗？

这八景有七景已经实实在在存在了，真武岭3个月就完成了。叫什么名字呢？闵说“堰河八景”，我说“乡村八景”，胡说“五山八景”。

2007年全国不少乡村和地市在申报绿十字新农村建设项目，绿十字还是在襄樊地区选择了4个项目，这样在同一个地域，比较性的进行对比式的进行新农村实验的准备工作。

1. 王佛全负责人民出版社关于出版《五山模式》电子书一事，争取全国十七大人民代表人手一份。

2. 赵丽媚设计的《孙君十年》，需要给她的资料准备好。

3. 讨论《绿十字》通讯。

4. 到张阿姨家取画，因为出书还欠了一些债，我用过去买的一些名家画来抵债。我在北京没有家，这些画一直让张阿姨代为保管。

5. 约云南普洱茶代言人胡明方。约中国城市规划设计院沈迟。约关羽第73代关心，为“水淹七军”项目找资源。

6. 约王立平，校对他公司的两本专业书。

7. 抓紧做襄樊市牛守镇熊营八组二队的规划（很麻烦的是没有村里的地图，可恨的是彭帮军认为村里地图随手画画就可以了）。

8. 云南日记校对，重点做好调研报告。

9. 重新整理《五山日记》。

10. 五山第三次创业规划（第一次规划的整理）。

11. 木棉的剧本初稿寄到五山。

12. 央视《人与社会》节目采访内容修改。

13. 桂林渔村规划书校对（郭林、荣老师）。

14. 给孙光玥发信交流绿十字日记的补充部分。

15. 桂林规划书 20 页设计（平面、效果共 10 页）。

16. 五山 14 套建筑平面图，4 个立面图，14 种桥的设计。

17. 堰河新村的平面设计图。

18. 云南、王台、绿十字调研报告的整理。

19. 到王非画室取资料，再到环铁时代看看画画的那班弟兄，很想他们。

20. 对新农村项目的评审、评估、调研等 8 个文件进行修订。

21. 办公室出一套标准规范文件给我，方便与政府直接交流。

22. 5 个审批单位合同我先签完字（发布前先与对方沟通）。

23. 郑世宏房子工程图纸设计要加快，不然年底来不及了。

24. 新农村建设培训计划（云南、桂林）。

25. 网站要更换内容。

北京的很多朋友对我说，你有很多社会资源，还有一些中央各部委的高层，你要联系啊，那样你做项目就简单了。我笑笑，没有说话。我做事就是这样，有得就有失，我特别喜欢用“纯粹”两个字，什么都不要想，先把事做好。事做得不好，你要去找资源；事做得好，资源会来找你。现在的工作就是一个字：做！

现在人们用包装和忽悠来形容当代人。什么是包装？就是把不合理包装成合理的，把不可能做成可能的。“包”就是不要让你看见原本的样子，“装”就是只让看看“包”后的样子，这里有合理性也有不合理性。

第三十次

精品不精

| 2007 年 12 月 1 日 |

宜城板桥店镇书记李云和流水镇人大朱爱民送我至五山镇，上午与木棉做了短时间的交流，两位人大主席对此次之行很有感受。

下午跟谷城艾县长参加华中农业大学的座谈会，彭光艺教授做了精彩的发言。他声音很沙哑，我只能听懂一点，主要是看表情和手势。

会议间我收到一条短信："孙教授，我先离开了，你辛苦了。"古建修复工程师徐师傅不愿在五山工作，原因是他的工作闵书记没有认识到其重要性。

下午我与彭光艺和他的研究生在交流时，徐师傅就把我喊出去。他说："孙老师，你想想，早晨闵书记一看到我画的那些图，就说，这些很简单，我们这里的工人都会做。我很不开心，这些事我做都很吃力，他们的工人会做？闵书记觉得我做的这些工作不重要，一般人都能做，那我在这里的工作就不重要了，所以我不做了。

“以后为工资方面会更麻烦，闵书记这种心态不会给我开 2500 元，政府比我还穷，想想就觉得没意思。”徐师傅说完笑了笑。

我知道，再跟徐师傅说也没意义，只能笑笑。可是我知道他的工作是工程质量的基本保证，闵书记没有认识到，但毕竟是村的书记，不好多说啊。但有一点，其实我已经明了“堰河新村”已注定要留下不少遗憾，注定不可能做出我心中的精品。

晚上艾县长请我们回谷城吃饭，原本我不想去，又觉得要见谷城规划设计院陈院长讨论图纸，于是同意到谷城。

饭后胡书记来，突然问，明天徐师傅与我一起回五山吗？我愣了一下，原本不想说，怕他不开心。但想到只有徐师傅在，新村的质量才能保证，技术、工程材料没有人把关是不行的，我只能把他要走的事说了。胡愣了半天，说：“老闵是担心工资？”我说可能吧！胡叹口气说：“唉，闵有时太小气了！他身上优点突出缺点也突出，不过作为一名村书记要求也不能太高。”于是他拨通徐师傅的电话，说明工资由镇里支付，还对徐做的工作给予了很高的评价，徐师傅又同意回五山了。

推动五山就是在这样的环境中进行的。我每次来五山不愿多住，是因为山庄是个人承包，少住为好。不论绿十字为堰河村做了什么，绿十字与堰河村的关系也只是工作关系，我要切记这一点。

徐师傅工作一个月了，这个月的工资闵可能不会支付，也没有钱付。绿十字给了徐 2500 元的工资，为了堰河新村，绿十字先后垫付近 35000 元，而绿十字本身就有 8 万多元债务，面临着生存的问题。五山下一步工作又面临极大的挑战，怎么办？不往前走就是往后退，再难也得走。

村里也面临发展的压力，堰河新村这么大的工程资金还没有落实，镇政府更是困难重重。这次请艾县长来，就是希望把绿十字的运作资金 15 万落实下来。

钱啊钱！晚上木棉说到电视剧需要 1200 万，不论是制片人司炳强还是郑浩，要找到这笔钱也不是容易的事。好在五山从 2003 年就是这样走过来的。

事得慢慢来，总是在矛盾中求发展与机遇，好歹现在的日子比 2003 年前还是好多了。

昨夜住到谷城宾馆，凌晨 3：40 起床安排每天的工作，写每天的日记。每天早晨大约要记录前一天的工作，这个习惯已坚持了 4 年多了，每天 1500 ~ 3000 字。今天很早就起床写日记。同时还有一些事要处理：

1. 绿十字与镇政府合同签约（能否先汇5万到7万）。

2. 讨论徐师傅的工资（10月20日到11月20日）。

3. 田河新村、昝家铺、何家湾村系统规划。

4. 农民能力培训（12月下旬）安排住、用车，要5个人配合。

5. 木棉写作在五山的住食费用要落实。

6. 微生物技术的推广（品质和科学技术）。

7. 从家里（我爱人）偷来的照相机给堰河村闵书记。

8. 堰河村的规划，希望村里每个项目设立时，要与绿十字、镇政府商议。现在堰河不属堰河，属于五山镇了。

12月3日上午为闵书记的房子放线，闵买了很多鞭炮，炸得地动天摇。上个月9号第一家开始动工了，地基已基本完成了。村民之所以不动，就是一名风水先生说要过了大寒以后才能动土。大寒大约在元月份，那还要等一个多月，所以村干部先带头，群众才能响应。

中午被昝家铺村新农村建设驻队干部，《襄樊日报》的副总编陶义军请到他们驻队的村，到了才知道他原来做了那么多的基础工作，村里的面貌和人的精神面貌都不一样，特别是宛书记显得很精神。他带我去看了一所小学，这是武汉市澳华装饰公司捐助的希望小学。他们希望我来设计，我说好啊，是善事！

陶义军是名专业摄影记者，在新农村建设中，以城市反哺农村为基础，以帮扶的形式支持五山。他从“农民讲坛”入手，逐步推动农业产业和旅游。特别是在组织建设方面，做了很多的日常工作。在村会议室里，我看到他拍的一幅幅美轮美奂的田园风光。他还在帮助村民建医疗站、小学、农家乐、电脑室。他问村里的宛书记有什么理想？宛书记说一生中唯一的愿望就是到北京看天安门，陶义军满足了他的愿望。我看着宛书记在天安门双手持着五星红旗的照片，心里与他一样激动，一样被陶义军的精神感动。

陶义军对我说：“您很了不起，五山每一个农民都知道您，他们都称您为‘孙君子’。在他们心里‘孔子’、‘老子’是了不起的教育家，称您为‘孙君子’是一个人的最高荣誉。”

我听了确实很自豪，为这4年来辛劳赢得的荣誉自豪。

此行我总是在思考韩国新村运动。解安教授说，韩国新村运动中，不仅仅是农村在做，更多的是城市在做。要让城市人理解新农村建设，理解城市与乡村之间是同祖、同根的兄弟，这个同根，不仅仅是环境、生态、经济方面，更重要的是文明生态的根源一定是在土壤之中。所以韩国新村运动首先是鼓励一大批农业、林业、土壤、教育、规划方面的专家和记者、作家、农村理论研究者到农村。他们要住到农民家，与农民同吃同住，这是实干，可不是文件里的新农村。

陶义军并不是研究农村问题的专家，可他愿意为农村做事。他与他的助手住在农村，这就很不容易。在他们的推动下，村民的精神发生了极大变化。他们不懂农业方面的知识，可是他们身边有很多这样的学者和专家。在近两年的时间中，陶义军通过《襄樊日报》和个人关系，为昝家铺做事。为这个我一听了就头痛的村，注入了全新的思想，这与堰河村有同样的感觉。

陶义军了解农民，真心为农民着想。本来他的任务是一年，可他要离开了，全村人都去政府上访，希望他能再留一年。镇党委书记胡海洋也说，我要说服政府，希望他再留一年。

陶义军说，他心里非常认可堰河村的闵书记，认可余宝军，更认可现任党委书记胡海洋。陶义军继续对我说，他不是从事理论研究的，也说不清关于“五山模式”潜意识的东西，可隐隐约约地感受到五山模式对他，对田河、何家湾、邓坪、黄垭等有着强有力的影响，五山人的正气和新农村建设的方法与理念正在一点点地发生着变化。

昝家铺村，我去过很多次，村书记年龄偏大，在思想与理念上跟不上，没有闵书记、余宝军年轻的优势。人们常说，一个村的领导是什么样，一个村的人心、精神与环境就是什么样！

余宝军多次对我说到昝家铺环境与文化好，那里有一条通往武当山的神道，有万佛洞、千佛洞、天池寺，虽然这些已被毁了，但群众心中的历史记忆依然非常清晰。为此我一直在构想一个整体文化五山的设想。我们今天提到的文化之乡，包括了昝家铺的重要因素。

可是我们推不动这个村。同样，黄垭也是这样。于是，四年中我们自己在调整，最后定为“做一、想二、看三”，做堰河看田河，想着何家湾、黄垭和昝家铺。今天回头看，这个计划正一步一步地实现。

此行第一站就是看田河村，几年前怎么推也推不动田河。最初“五山模式”的实验区选的不是堰河而是田河，后因推动不了，才改为堰河，今天田河已经动起来了。田河为什么动？我没有去研究，在田河看到3年前的堰河。在昝家铺，也感到他们在某些方面做得比堰河还要好。

非常可惜，没有时间去研究陶义军在昝家铺工作的方法与思想。不过，有机会我想请相关的人去研究，我想研究昝家铺、何家湾、田河、邓坪等这些村与堰河村之间的关系，这是丰富“五山模式”的最有价值的一步。对我而言，这些努力最重要的不是结果、不是成功，而是过程，是对这个成功过程的研究，寻找其中的规律性。

今天的五山，不再是孤军作战了。用闵书记的话说，有“三军作战”：孙君、陶义军、胡海洋（海军）。是的，现在我在五山的时间比以前少多了，可五山与北京地球村的命运完全不同，五山已正以一个健康、快乐的方式发展。

华中农业大学的王晓鸣教授说，“五山模式”的意义就是“可复制性”。我也一直强调，“五山模式”的价值就是可推广性。

复制堰河，整体推动，这也是胡海洋的战略。新老镇书记一样，有同样的战略思想和发展眼光。

2008年绿十字在襄樊选了三个点，王台（人均收入1600元）、五山（人均收入3600元）、熊营（含“水淹七军”人均收入6500元），目的是在一个地区再次做对比性新农村实践。

有一个案例很有意思，就是日本的“山岸主义”。我很多年前听温铁军先生说过日本的山岸村，近日遇到中新社的刘莉生，再次说起山岸村。于是我上网查找这个被大家称为“共产主义”的村庄。

（中新社驻日本特派记者 曹鹏程）据小岛先生介绍，“山岸会”的创始人名叫山岸已代藏。他生于1902年，卒于1961年，原是滋贺县的一个养鸡能手。1953年，他与20多位同志一起，变卖所有家产，集资购田买地，开始经营第一块“实显地（实验田）”。此后渐渐发展，到今天形成了一种以务农和农产品加工为主，生活一体化、经营一体化的独特生活模式。

山岸村看上去有点像陶渊明笔下的桃花源，然而，他们并非“不知有汉，无论魏晋”，而是与外界紧密相联。他们遵守日本的法律，严格按照市场经济的基本规范进行着大规模的金融和贸易行为，其出产的绿色食品“山岸牌”鸡蛋、猪肉、牛奶在日本很受欢迎。

在小岛先生的带领下，我们参观了这个村子，了解到这里居民的生活状况。我们所看到的山岸村人穿着都比较朴素，与普通的农民差不多。他们每天吃两顿饭，都是在公共食堂吃“大锅饭”。早上那顿10点钟吃，叫“第二食”；下午那顿4点半吃，叫“第一食”。不管饭量大小，吃饱为止。而且村民都自觉地不近烟酒。食物都是村里的自产之物，尽为天然绿色食品，营养够用，却不丰盛，像我们那天所见的“集会宴”并不常有。

我看了看食堂前一天的菜谱：早上是咸菜、鸡蛋和米饭，下午是蔬菜汤面、炸豆腐，确实只是“粗茶淡饭”。村内设有任由村民随意领取日用杂品和水果、小食品的小摊儿，没有人管理，只是在摊子上立一告示：来者一切免费。人们住的地方很像大学宿舍，房间基本大小相同。外边还是日式的小庭院，一位老人正在悠闲地打理松枝，见到我们便微笑着致意，脸上的轻松和幸福是我在繁忙的东京根本看不到的。

“实显地”的居民一般不会离开这里，如果要出去旅游可以在村子里借汽车。在外吃住费用都由“山岸会”出。我看到，这里没有任何娱乐设施，日本深山小镇里都可以找到的“居酒屋”（小酒店）和“爬金库”（日式弹子球）在这里完全看不到。会议室旁边有一个阅览室，可以看到“山岸会”的刊物和一些报纸，除了看电视，这可能就是他们唯一的消遣了吧?

加入山岸会，财产要充公。

过着如此清贫的生活，外人可能以为这是因为“山岸会”经济窘迫，但实际情况恰好相反。据说仅三重县的丰里“实显地”一处，上世纪80年代中期的年收入就有40亿日元，同时他们还持有世界银行以定期提供优质农副产品为条件而购入的“幸福股票”。小岛告诉我，从人们加入山岸会的那一天起，财产就要充公，不论是一笔巨款，还是一笔债务，有钱大家花，有债大家还，而且“来去自由”。加入“山岸会”的大多是农民和普通工薪阶层。但也有不少“看破红尘”的高层企业家携家产前来投奔。

前一阵子，日本电视台报道“实显地”还引发了官司。因为根据日本法律，接受捐赠的资产要缴纳捐赠税，而“山岸会”并不认为这是捐赠。最后，法院判定“山岸会”逃税，连补带罚竟然缴纳了70亿日元，财力如何可想而知。

我一直在想，这是不是我们向往的生活？是不是我们童年的梦想？山岸村与堰河村之间有没有一种内在的联系？

我原想在堰河继续往下做，做我们这群带有理想主义的“田园城市或生物圈三号”，可是闵书记给堰河的定位已不再是我想象的那样，他心里也有想法。他不再听我和王晓鸣教授的，有时胡书记的也不听，心想这也正常，因为现在夸他的人太多了。还有就是堰河是闵书记的家，堰河怎么做，闵想要怎么做，最终还应该尊重他，因为堰河人信任他，他代表着全村。

另一个因素就是我怕胡海洋会调走。像胡这样有思想又能处理好人与人之间关系的领导实在不多，“田园城市或生物圈三号”是一个非常庞大的计划，我可以不做，要做一定会慎重，显然此时的堰河村已不在我考虑之中。

我和胡有时也在想，不能对闵有太高要求，他只是一个普通农民，一个山区有思想但务实的农民。每个人的文化与水平是有极限的，闵已超过了这个极限，已经很了不起啦！

闵书记是一个非常现实的人，也就是一个实用主义者，这与村的收入也有关系，但不绝对。我明显感到，除非你说有一笔资金要支持堰河村，不然闵半年也不会给我打电话。不能说闵不对，他是为村、为集体，只是这种短浅的眼光与做法会失去很多机会。不过一千个村书记中也很难找出第二个闵书记，闵能做到今天真的了不起。

“堰河新村”如果没有胡书记，就不可能有第二次的动力，我也不可继续来堰河。胡书记显然知道哪些是重要的资源、是重要的工作、是长远的计划，这一点闵应该好好学习啊。

闵书记对我有想法我知道，问题就是出在很多人一说到堰河村就说是孙君的功劳，不要说闵听了不高兴，我听了也不高兴。我在书中和平时的讲课中一再提到，“五山模式”能做到今天，关键是闵书记。这话没一点水分，我与镇政府只是支持，真正干活的是村干部们。

闵怎么想很重要，他不能公正地看我，自然我也就很难与堰河合作。这片土地是他的，他是主人我不是。

近半年与闵的交流越来越少，特别是在“堰河新村”的建设中，我们的分歧越来越多。每次来堰河，我们之间也很少交流，这些都是表扬惹的祸。

这个过程慢慢地让我知道村干部与村民想得到什么？绿十字想得到什么？政府想得到什么？这三种关系不摆正，项目就达不到一定的深度。农民要利，政府在名，绿十字要方法与思想。

我越来越反感人家对我的表扬，有多少人说我好话，同样也有多少人说我坏话，“五山模式”在好话中可能会停止了，那就太可惜了。

这时我已经开始在找我心中的另一个梦想，在哪？我还不知道，我会静静地等着，但一定不是堰河。

这时我想的更多的是堰河村以后往哪走？我何时撤出堰河？我与闵，还有胡海洋一边走一边看一边想，各人在想各人的心思。

第三十一次

家里家外忙成一团

| 2007 年 12 月 13 日 |

上午约见市农办张永远主任，谈了有关在襄樊地区进行新农村建设的几个问题。与襄樊市新农村办公室交流是我的一项重要的工作。一是确定关于省里百镇千村的 20 万项目资金何时能给王台三组；二是韩洼村“水淹七军”项目的可行性分析；三是熊营的工作推广，有一些难度，希望得到他的支持；四是协助绿十字邀请北京灿与石组织到襄樊给农民培训；五是安排日本大角先生来襄樊做“中国原种猪”研究。

15 日凌晨 4 点，陶康华教授到襄樊站，打车到谷城。上海崇明岛来的朋友到武当山后也来到五山。上午我把文化宫的 15 万汇出，2007 年一直在拆东墙补西墙。孔湾镇政府欠款不给，镇书记龙小红调走，下一任不兑现，我一点办法也没有。我只能借钱替孔湾镇政府还债，先还了 6500 元的雕塑钱，中午陶教授陪我在县城办事。出门前先见了徐师傅，我把一套做好的图纸交给他，并支付了 2000 元的设计费，余宝军县长听说陶教授来了，亲自开车送他到五山。

崇明岛的李县长看了五山很有感受，故晚上同我细谈了新农村建设与农民参与，热情高涨。

第二天早晨陶老师希望把合作合同理好，并在参观者感动的时候签下合同。

上次去堰河，闵书记一直说想买一台照相机，可没有钱。于是我把我爱人的数码相机偷出来给了他。哈哈，我爱人知道了一定会踹我啊！

木棉也想买一台照相机，在农村收集一些素材。她多次讲，快一年了。我看她铁着心在写剧本，生活过得很紧，工资都给她上大学的女儿了，她也不易，于是上午我挑了一款照相、手机一体的手机送给她。情胜于一切。在来时龚益曾对我说："志愿者也是人，像木棉这样踏实而有定力的志愿者，你孙君可不能像对一般志愿者那样啊！"

昨天晚上我在银杏山庄，陶义军让我帮忙给武汉澳华捐赠的昝家铺希望小学画设计图。这个房子的捐助费是20万，给3万设计费，17万要建学校，只能控制在350平米。原来的房子约550平米，把旧砖全部用上，资金基本上够了。

因为是希望小学，设计时我希望很漂亮、很亮丽，也让捐助者感觉自己捐了一个有价值的建筑作品。也希望给上学的孩子带来美和圣洁，这样的房子在视觉上要求就高，特别是我还想让同学们知道这是一个利用废弃材料建筑成的漂亮房子，让他们知道新与旧、好与坏、美与丑有时只是人们不同的审美观而已，让他们知道美存在于生活。

房子因为是用旧砖，必须用混水墙，颜色白色。白色圣洁、干净、透明，未来这里孩子会越来越少，所以设计时会考虑未来做休闲和农家乐的可能，美观必须考虑。

这个房子的元素为直线、直角，外表面干净利落，显出较强的正直和庄严，线、面、点、圆构成现代状态。

我理想的房子是白色，大自然的背景是绿色，白绿之间充满着生命与生机，整个建筑只有一点红，那就是"澳华希望小学"几个字。这一点红表达了"人人都要献出爱"。环境我会布置得如诗如画，把"红十字关爱人类，绿十字关爱自然"的理念融为一体。

我很喜欢这个房子的创作，用不同的精神与文化元素设计的学校，很美，繁是美，旧也是美。这个房子的装置部分全部是拆下的旧砖。很多学校是封闭式设计，不好，我希望这是开放式的学校。建筑与环境是培养人个性的重要手段，人们不是一直在说，环境造就人吗？

这个房子美不美，建好后大家就知道了，怕就怕地方建筑工人做不了。

晚上住在山庄。城里人偶尔来看看农村觉得很好，很想往，可是当你来过第三次，第四次就不想来了，因为农村太不方便。我晚上住在这里，只有一个人，夜里太冷，我就换掉有湿气的鞋。这里没有棉鞋，已是 12 月份了，我把酒店带来的鞋穿上，结果水泥地太冷，又把酒店的鞋套到塑料拖鞋上，还不行。我又在身盖上一床棉被，还是冷；我又找一床盖在腿上，还是冷。这时我想城市还是比农村好呀。

其实五山还是很有吸引力的，工作的节奏基本是按照可持续的思路在进行。胡海洋的理性，闵洪彦的坚强意志，群众的精神面貌，一切都基本理顺，这个点是几个项目点中执行力和悟性最好的。

无论是现在的“堰河新村”、“中国”建筑，还是“澳华希望小学”，我的能力与时间都不能顾及到室内的设计，再说目前农民对装修还是完全没有能力承担的。这阶段的农民收入差不多与城市 25 年前的生活水准相当。家里基本没有家具，有的是爷爷奶奶传下来的樟木箱，母亲的五橱柜，总之比农村现在的经济实力好得多，所以我压根就不考虑乡村房子的内部装修。由于城乡差别，在农村工作绝对不能以城市来作参照，只要你不改变这个观点，痛苦就永远陪伴着你。

17 日上午与木棉谈到同解安教授合作写书的事。我谈了我的看法，我建议木棉不要参与《五山模式与韩国新农村对话》这本书，因为她对农村太不了解，对三农的根源、政策、历史基本陌生，所以建议她把这个交给胡晓芹来写。胡晓芹当过副镇长，又了解三农的成因，她在中国三农问题研究领域还是有一定的影响的，在朋友圈里大家对她的感觉很不错。她理论水平不错，还有强烈的事业心和对农民的同情心。木棉基本同意我的观点。可是我心里知道她是不高兴的。

哈尔滨的蒋先生看木棉写的剧本（蒋先生是一个影视公司的负责人，具体我也不太了解他），感觉不错，是主旋律的。尤其是一个画家在做新农村建设，并以志愿者的形式，蒋先生感觉有点意思。他整整看了一个半月，有 6 个人一起阅读剧本，激动之处还落泪了。他说这个剧本的架构不存在问题，严重问题在于：其一剧本用的是真名真事，因此修改的空间很小；其二是剧本的故事情节不行，生活体验太少了，只是在讲叙，与农村的感觉有很大的差距，是以作者想阐明的理论来顺剧情，感觉有点硬。他还开了讨论会，决定不上。

这个结果我想是正常的，我看了很多次，感觉乡村生活的深度不够。木棉很努力，很勤奋，但她实在不熟悉农村，驾驭不了农村题材，她一直用城市的思维方式在看、在想农村。

蒋先生建议作者深入生活，了解农村，了解农民的生活与思想，不要以为待在农村就是体验生活。不走进生活，不和农民交朋友，就是在农村十年也不行。电视剧就要以情节来推动环保、茶文化的理论。

而这一点我与作者也意识到了，所以安排木棉再次到堰河体验生活。昨天我把我写的《我就是毛主席》给木棉看，木棉说："你怎么不和我说这些啊？这个故事很生动。"我说你本身的工作方式就不对，这样闷头写无法写出真实的农村。你对农民的生活、审美、礼仪、喜怒哀乐了解太少，你是带着城市的心态去写农村，所以剧本里不是堰河人，而是城市人的生活状态。

堰河村的村民选举大会

转眼到12月中旬，乡村到了年底有三件事。一是上访多，这是政府最忙的时间，年底会议多，上级检查多，而这时正好农闲，两节将至，中央最关心民生问题，上访是最好的机会，这成了政府年前最头疼的事。二是缺钱，年底所有工程要结账，很多工程因为要应付上级检查，得赶时间抢速度，就得借钱，历任留下大笔欠款，所以年底结账就是还钱，干部经常不开手机，很像躲债的杨白劳。三是本身运营困难，工资、医药费等都是问题。

年底各部会议检查多，送往迎来，乡镇干部苦不堪言，但又不舍得失去与上级领导接触的机会，一是为了钱，二是为了将来调到城里，远离倒霉的乡镇。这时候乡镇干部最怕领导，上面所有的部门都是他的领导，都掌握着他们的命脉。每天都要接待三到五拨的领导检查、汇报考察等，占镇里干部几乎全部工作的 80%。上级检查工作，一般是上午 10 点来，中午吃饭还得喝酒。年底年初的两个月时间，乡镇干部几乎一天两喝，中午喝完睡半天，晚上接着喝。你要做好工作必须得喝，很多情况下，干部喝酒项目申请就能兑现，今年项目就能验收，明年项目就能审批，所以乡镇干部一般表现的是要钱不要命。

他们与上级各部门既是工作关系又是朋友关系，见一面不容易，总之喝酒是高兴的事，又是无奈的事。我实在说不清这其中的好与不好。有一次市里农口单位 4 人来检查项目执行情况，准备 3 天时间检查，却有 2 天倒在酒桌上，第三天赶紧送医院。回头这个项目检查算是合格了。我问镇领导，你们不这样喝不行吗？镇领导笑着说，必须把他们放倒，不放倒我们的项目就过不了，上级就不会给我们项目资金，这是我们的工作方法之一。我们还有之二之三之四……我一听纵声大笑，他们太有才了，佩服啊佩服！

在这里我们都是好朋友，大家相互特别尊敬，当然尊重的方式之一就是要喝酒，这是表达自己的心情、感情。当地人在吃饭前还有一件事，他们称之为“经济半小时”，即饭前半小时前要打麻将或斗地主，赢的钱就是今天的饭钱。这种精神麻醉状态与清末的鸦片战争时期多少有些相似，鸦片是英国人强迫的，麻将是自愿的。不知为何，我一看到醉生梦死和每天不亦乐乎的小麻将，就会不由自主地将这些与“东亚病夫”四个字联系在一起。

在这个年底最忙的时候，我接到家里电话，让我必须回家办女儿入京户口。于是我 22 日火车到马鞍山。22 日晚 10：00 飞机到北京。23 日与设计人员交流熊营的规划，与胡明方、沈迟见面。24 日到密云人事局办理女儿入户籍的事，晚上离开北京到襄樊，3 天绕了一大圈。

为办女儿户口，真是搞得人仰马翻。办成后，爱人说女儿入京是天大的事，她是吃不下睡不着……父母在其中的辛劳与爱，这些女儿不知道。想到这些，我就想起我的父母，这些年我一有时间就给父母挂个电话，汇报我的工作，与父母聊聊。更多的是听到父母的批评，对我来说，听父母的批评是一种幸福。19 日我给父母挂电话，母亲说她听我弟媳说今晚在中央十套《人与社会》中有我的采访，现在是下午 4 点，她就在电视机旁等我出现了。上一辈对下一辈的爱就是无怨无悔，而下辈对上辈的爱就是另一回事了，想想我以后，女儿不知怎样对我啊？

22 日赶到北京，一为给女儿交户籍，二是要与中国城市规划院了解襄樊环城路是否通过“水淹七军”的历史遗址地，三是与规划人员讨论熊营、韩洼还有仙桃项目（此项目不列入绿十字正式运作）。上次襄樊之行因带书太多，换洗衣服就没有带。还有女儿一个人在清华读书，挺想的，上个月生活费忘了给女儿，我身上钱也不多，这次回家拿 500 元给她。

在禄口机场买了两本建筑方面的好书：《千家万户》和《旧间空间》，一本有关三国方面的书《老夫子说三国》，三本书 500 多元，好贵啊！可是这三本书我太需要了。我第一次花这么多钱买书。回到北京，我问女儿身上还有多少钱？女儿说有一些，她说现在除了每天到清华花 6 块钱的路费，每天两顿饭 12 元，基本不花什么钱。我听了心里挺难受，同时也很高兴，我的女儿懂事了。

31 日从马鞍山回到北京的家。女儿今天休息，我一进家门，女儿就给我换上拖鞋。以前一直穿王华宇的鞋，王华宇一回来就会从我脚上要过去。女儿在家我就想回北京，有女儿就是幸福啊！

女儿一直等着我吃饭。她做了三菜一汤。女儿在马鞍山从来不做饭，到了北京，只要我在家，她就会千方百计给我做好吃的。吃完饭她又给我冰淇淋，她自己从来舍不得吃，说太贵了。可我一回北京，她知道我喜欢吃，就给我买很多。她母亲也是这样，可口的饭菜、美妙的音乐和她们的吵闹声，这就是家的味道。虽然我们还是与朋友合租的房，可一家三口生活在一起，那就是我的梦！

第三十二次

孙君与堰河村

| 2007 年 12 日 31 日 |

今天是 2007 年最后一天，时间过得真快啊！

2001 年的时候，我和宋庆华、玛丽亚（美国）等还在北京天安门为中国承办 2008 年奥运会而狂欢，那时我想 2008 还早呢。星移斗转，明天就到了，快啊！

我来北京也 11 年了。来的时候 35 岁，现在已经 47 岁。那时还年轻，现在已是中年；过去人总喊我小孙，现在很多人喊老孙。想想我曾经面对的多是中年的老师、先生、董事长，现在面对的都是年轻的乡镇村的书记和村长们。不过有一点我还是很欣慰，就是在中国的新农村建设中，我自认为在“三农实践者”中渐渐有一席之地；在中国 NGO 中，绿十字也渐渐进入了人们的视线。绿十字和我在北京不再是过客，如同 2008 年的中国奥运曾经只是梦想，今天已经在眼前。

今年也是我和绿十字在“五山模式”的实施过程中最难过的年

份啊！想想那真不是人过的日子。有一天晚上我做了一个抢银行的梦。与余宝军、闵洪彦,还有天艺茶庄的总经理尤帮立 4 个人一起经过中国工商银行。余书记说；“孙老师，你欠了这么多钱，还不了啊，怎么办呢？”余书记又对黑子（闵洪彦）说“你放心吧，新农村有得是钱，一会就拨给你。”黑子说：“全在骗我，七八十万债务都是上领导的当……”尤帮立左右看看对我说：“附近有一个银行，钱多得放不下，我们几个都没有钱，现在是下午 1 点了，正是他们睡觉的时候，不如进去抢它一包出来。不过 60% 要给我。”我说好！能抢到多少啊？尤说大约一包 10000 万！啊！好好好！我三个人就开始伏在地上分工。余宝军负责打电话把公安局的警察调到安徽省马鞍山去办案，黑子把银行的所有电源和监控剪断，我呢先把银行领导灌醉，然后就和他们打架，等工作人员打开柜台出来劝架时，尤帮立掏出从儿童玩具店里买来的冲锋枪冲进银行。5 秒钟后，余宝军开着他的破车到银行门口等我与尤帮立，黑子不用上车，要站在银行远处，随时告诉抢窃之行的动态……

我们 4 个人在银行大门外互相校对了一下时间，1：43 分——哈哈！这情景一定受美国电视剧《加里森敢死队》的影响——就分头行动。可是还没有等我进银行，大街上就来了很多警察，有人大喊：“抓孙君啊，抢银行了。”我发愣，怎么回事？正在这时，黑子来了说：“完了完了我把监控报警系统接反了，监控系统把我们刚才说话的镜头全摄下了。”我一听就狠狠地踹了他一脚，就跑。警察把余宝军、尤经理全抓到了……

后来因为想尿了，就醒了，醒来一身汗，还有一声叹息！

年前五山镇胡海洋书记更是度日如年，要还债、要给干部报药费、要发干部工资、要应付上级检查、要给部门送礼、要接待上访，事事不安。前些日子他还收到本镇夏家寨村民钟钟发给他的一个短信：

五山皇帝胡书记，
找你不着用信息。
百姓苦难无法讲，
看你能任几年帝？
书信不解人间事（他曾经给胡写过信），
礼多能变活活活！

村民钟钟反映本村干部的经济问题，信胡收到也看了，并派人去做了调查，结果并不是钟钟所说的那样。就在这个时候就收到了钟钟的短信，胡看了觉得这是一个有文化的农民，于是也用短信的形式来回了钟钟。胡是武汉大学中文系毕业的高才生，对付钟钟的打油诗那不在话下。

风物长宜放眼量，
火气太重防断肠。
公仆就为民作主，
莫下断言五山皇。
尘事太多需打理，
上上下下都在忙。
有理无礼来找我，
无理有礼休来访。
书信已阅费时光，
和谐社会互谦让。
新年信息祝安康！

五山胡海洋

短信去后，钟钟就再也没来找胡了。胡说：“农民是很讲道理的，关键是他们需要尊严，需要沟通，还需要方法。有了这些，农民是不会不讲道理的。”

上访的概念这些年已发生了根本性的变化，农民是春天播种，夏天打工，秋天买卖，冬天上访。

农民上访有时就是为了一口气，为了一个说法，还有的变成季节性旅游。农民上访有20%是30年前的事，30%是20年前的，40%是10年前的，10%是现在的。这些事有的是合理的，有的不算事，有的是政策上的，有的是人为的，有的根本就是胡搅蛮缠，总之工作极为难做。而解决这个问题有一个非常重要的环节，就是要多多依靠村干部，如果他们想解决这些问题，就一定有办法。要相信大多数村干部是好的。

往事如烟，往事如梦，很多事从身边过去，回头想想，2007年是不平静的一年，也是值得骄傲的一年。老天爷真的在考验我的胆量和绿十字的能力。

2007年，忙得几乎没能在哪个地方待上4天的，从中国的北到南、东到西，仅一个王台三组就去了17次。跑啊跑啊，不跑就得回北京。我不想回北京，也不愿回北京，北京等待我的就是债，烦心的事就是钱。

2007年我自己觉得体力大不如前，视力也每况愈下，腰酸得很厉害。2007年，经过我与绿十字全体工作人员的努力，所欠债务90%还清，其中一部分是我卖油画抵债，《汉江边的母亲》是我作品中最有意义的一幅，以8万的高价卖出还账了。

正因为有2007年大家努力的过程，2008年才会有收获，应该说老天爷是公平的。今天是2007年的最后一天，我写下了这些文字，也就是一个回顾吧，一个噩梦般的2007年！

襄樊政府将授予我“感动襄樊2007年十大人物”，叫我写一些感人的事。我一下不知写什么，因为只要活着就不易，没有不易就不能成就事业。老天爷把难事给了孙君，同时也是把机会给了孙君。所以说要想把握机会，首先要先面对噩梦，这样一想一切也变得不心烦了。正因为如此，我把希望又放到了2008年！

2008年1月18日我特意陪制片人司炳强来五山，拍摄《我的乡村我的画》，也是来看“堰河新村”的建设情况。可是雪太大了，进不了村，只能待在宾馆里与县委领导们交流电视剧的事。这期间襄樊市很多领导都调走了，包括市委书记田承忠、组织部长马黎。因为他们岗位的变动，一些部门的领导又要调整。唉，每一任领导的观点和思路都不一样，绿十字今后在这里还能继续吗？

这些事我应该不管不问，可是对绿十字来说又非常重要，我们在这里有这么多的乡村实践，要是市主要领导不认可，我们花了近5年的时间做的社会实践就泡汤了。

新来的市委书记和相关的分管官员能否继续支持绿十字工作，我不知道，也很让我担心。

中国是一个很大是江湖世界，一切以关系办事，而不是以程序和法律为原则。可是要说一点程序和法律意识没有也不对，从表面上看程序和法律又天天在说，生活中又总是按潜规则在做事，这总潜规则政府说的是“中国特色”。而公众说的就是潜规则。在我看来就是一个中国文化中的“中庸”思想。

今天的雪来得猛来得快，这是瑞雪还是灾难我不知道。我站在窗前看着2008年的第一场雪，有一种说不清、道不明的心境……

那些不着边际的事，新领导也罢，新希望也好，想是没有用的，只有做还有一点点的希望，我想做好事总不会有问题吧？五山在更加广泛地被人接受，来看、来玩、来研究、来做项目课题的越来越多。我也开始被大家关注，2006年，入围“首都环保之星”评选活动的20位候选人、2006年入围“中国最具有行动能力三农人物”评选提名、

2007 年提名中国绿色年度人物，并在国内和国际获奖多次。中国主流媒体报道得更多，华中科技大学的研究生颜其松的毕业论文就是：“垃圾分类”进村：对中部堰河村传播模式的个案研究。我从中摘录了部分我们的对话内容。

1. 您当初为什么选择了堰河村作为试点（哪些因素影响了您决定选择襄樊谷城堰河）?

答：1999—2002 年，我在北京延庆县做过“地球村”。失败之后，我想弥补我的遗憾。表面上看是我从 289 个村中选择了堰河村。其实是堰河村选择了我。288 个村不接受我的理念和想法，只希望我能给他们带去钱。他们都说：只要钱，不要理念，有了钱，理念和思想都会有。只有堰河不要钱，要思想。

2. 您在 2003 年 12 月份第三次襄樊之行的时候，利用一周的时间对堰河进行了调研，当初您调研的主要内容和目的是什么？看看有没有做的价值。

答：从四个方面：一是人，二是自然资源（历史、生态、信仰和宗教的基本情况），三是政府的环境，四是经济基础（更多的是自然环境）。

3. 您在堰河主要接触的人有哪些？为什么选择接触这些人？

答：闵洪彦、余宝军、一群党员干部。

农民信任他们，做好他们工作就能做好堰河工作。

4. 您觉得堰河村的文化是什么？这对您传播和传授垃圾分类等理念有什么帮助或影响吗?

答：平静、简单，充满希望的农民文化。不过这些文化再过 30 年就是未来的城市时尚文化，这叫风水轮流转。简单的人做简单的事，这与农民的欲望有关，垃圾分类一定是欲望低的人才能做。

5. 你们提出“走进乡村、三方合作、开启民智、共建家园”的理念，我想问的是：走进乡村的主体是你们 NGO 吗（那你们用什么理念来武装你们自己呢)?

答：不是，村民是主体，村民自治是根本。

6. 三方具体指哪三方?

答：农民、政府、NGO 三方合作，这是和谐社会的根本。

7. 怎样理解“民智”?

答：这里的民应该包含着基层官员，在村庄中书记和村主任都是民。农民有严重的随从性，一个村就是一个家，在农村家长就是官、也是权，没有对不对，家长就是真理，只要做好家长（村官）的“民智”，问题就解决了。

8. “家园”这个词在你的头脑中是怎样一个样子？

答：垃圾分类是从家做起，家做完了自然就是家以外；门前门后就是“园”，做“园”的卫生，就是村；村就是集体了，集体就是国家，这就是国与家唇齿相依的关系，这个我们也是在工作中慢慢的推理出来的。

9. 读您的文字，我发现您很想在村内建立一种含有精神支柱的信仰文化；同时，在垃圾分类的初期，你反复提醒自己不要过多地介入村里事务。你为什么重视这两方面？这两者之间有联系么（信仰文化主要体现在茶坛上面，还有其他什么也可以体现信仰文化的吗）？

答：人穷志不穷，这就是精神。人活着不仅仅为现阶段的金钱，快乐、健康、文明应该与发展同步。在地球村是NGO为主体，但是失败了。所以五山我强调农民为主体。这两者之间是生活与生存关系，也是文明与快乐的关系。

有其他的信仰啊，黄垭村的天主教、堰河村的基督教，我常与他们交流，这些是文明和和谐的善缘，是经济发展的核动力，可惜我们政府不太了解经济与文化、信仰与和谐的关系。

我们今天做的事不是今天能感受到的，十年、二十年后才能看出它的价值所在。这里的意义就是建立一种长期的乡村自治体系，这才是精神支柱。

10. 您在文字中有这样一句话：“我所要做的事对余书记、闵书记而言，是从群众中得到信息，我要做的就是把底层的内容传递给上层余和闵；在给上层之前，我要把这个需求通过讨论判断加上我的理念，这就是我要做的。”您能举一个这方面的例子吗？你这样定位的理由有哪些？

答：我要做的，是村民想做的。新农村不是建我和政府的新农村，而是建农民的新农村。我是项目负责人，自然我要加上农民与政府之间的能够双方接受的观点，比如村民要建设新农村的愿望很强烈，这些信息怎样正确地传递给政府？我们的政府做事在很多方面是不科学的，太急功近利。绿十字就是要把农民建新农村的信息经过筛选后再交付给政府、传递给企业。

乡镇政府不是今天我们城市人和专家们想的那样，他们非常艰难地在工作，他们想为农民做事，像李昌平说的那个时代已过去了。即使在那个年代，责任也不能全怪乡镇干部，乡镇干部还不是要听中央的吗？只是农村特别的环境和特别的生活方式让城市人不能理解罢了。

了解到农村要做的事，政府自然要找到合适的工作方法。绿十字提供的方法政府觉得可行，农民也能接受，我们的目的自然就达到了，农民的问题也就解决了。

11. 在堰河村，您是怎样给自己的角色进行定位的？那您感觉到村民是怎样给您定位的呢（两者有差异吗？如何处理的）？

答：我是一个画家，我在画我理想中的世界，这画是视觉上的画。村民说我的老师、是教授、是建房的工程师，一句话是好人吧。具体我还真没有问过农民，这对我并不重要。

12. 在您的文字中，您提到建天艺茶庄时就茶庄外表风格在观念上与村里其他人有所不同，这类事情多么？你是怎么处理的？最先遇到这类事情后，你有什么想法？这种现象对您后来在堰河的工作有什么启发？

答：一方水土养一方人，建筑与人一样，千变万化的，房子和人一样也是千变万化。我想中国要是 13 亿人都长得一样就很可怕了！这些道理农民也懂，关键在你用什么样的方法告诉农民，这就是我常对我的工作组说的“知识平民化”。

……

第三十三次

堰河村成就绿十字

| 2008年3月7日 |

五山的“堰河新村”进展很快，闵和胡不停地在问我何时来。来了第一件事就是找李县长联系，把王立平的三色源产品介绍给他。三色源是第三次进谷城。第一次是我带去的，被县农业局的一个副局长给否定了。他一听说微生物三个字就说是骗子，起身就走了。唉！无知又顽固的领导，一个人无知会带来一个地域的无知。

第二次还是我带进去，也做了实验，效果显著。可是村和镇并不是很重视。在我看来这是堰河村又一次失去发展的机会。这是一个关心政绩和形式主义的年代，农民的生产和科技一般不被重视。因为农民的农田已被承包，种什么政府也很难管。所以这次我与县委书记直接联系，中国的很多事必须是一把手来落实才有力度，这很不正常。

按工作日程，第一件事就是约县委书记李传寨谈王立平的三色农业。微生物来过谷城，也在五山做了实验，在蔬菜和茶叶方面效果显著，可是村干部还是不重视。他们说现在骗子太多了，说得好做得不好，把农民的收成给误了。

现代农业的动态划分，一是绿色农业，即传统种植农业；二是蓝色农业，即海洋水生生物资源开发的保护与利用；三是白色农业，即微生物资源开发利用的农业。白色农业主要是改变几千年以来由植物和动物组成的二维农业，发展为植物、动物、微生物构成的三维农业，从而建立植物是生产者，动物是消费者，微生物是分解还原者的物质延续，使一个原有生命体的土壤开始走向一个生命不灭定律。

我们现在把生物菌分为有益菌和有害菌。菌是人肉眼看不见的，菌无处不在，无处不有。我的老师陶康华教授几年前一直对我说“万物离不开微生物”。我一直以为老师说得有些严重，也过于夸张。现在我渐渐理解了。那么，有益与有害又怎么划分呢？

有益菌、有害菌只是概念上的动态划分。比如说几十年前说老虎、狼是害兽，因为会吃人，所以要消灭它们。现在这些动物还是会吃人，可是现在不仅不能消灭，而且要保护，它们又成了人类的朋友，这就是一个动态概念划分。

又比如说鱼类，鱼活的时候很漂亮，一旦死了，就会溃烂就会臭。也就是说鱼活的时候就是有益菌多于有害菌，有益菌在控制着鱼的生命。鱼死了，烂了就是有害菌多于有益菌，最后有害菌消灭了有益菌，鱼最后被分解和还原到自然。我们把鱼死后的这一阶段视为有益菌转化成有害菌阶段。

说得简单一点就是只有土壤有机了，万物才能有机。

李传寨书记听了很高兴，他说，从二维走向三维空间是一个革命性的理念挑战，他知道、也懂了。他还说到谷城一直在推动“贡品农业”，可是一直没有找到关于“贡品农业”的理论。这下好了，三色源解决了这个根本问题，会安排相关部门来落实此事。

第二件事就是找谷城规划设计院陈院长要“堰河新村”的设计图。陈有事没有来，派了两名女同志来。她们说要图可以，但要先付钱，大约4万～5万元。他们带来了会议中心的图纸，给我看了一眼就收回去了。我眼睁睁地看着，却不能拿。而大家总说我做事不规范，没有图纸就无法施工。唉！我是有口无言。

我拨通了陈院长的手机，用商量的口气问他能否先给我用。陈院长很爽快地说：“可以，你先用吧！”于是二位女士又从包里取出图纸给我，我很激动，总算有图纸了！

“这里还少一张二层楼的施工图，下次来给您带来，不过钱的事您可要与院长谈好啊！”我愣了一下，等于白拿了图纸，又是一声叹气！

我一生气就到理发店去理发。几天前，我的画家朋友王非和企业家何俊说，人啊想转运就要把头发剃光。你想想，你上有毛发下有胡须营养不够啊！你再想想北京的大款哪一个不是光头啊。我一听说：“监狱里的犯人不都是光头吗？”王非说那些人都不是凡人，我说也是！

不对啊，那和尚是大款吗？我反驳他们。何俊又说不是大款也是高人啊，我说也对！

他们两个人对付我一个人，我知道讲不过他们呀！

来到谷城的第二天，程大海来看我说你剃头了啊？我说是啊，怎么了？程大海张开大嘴说：“哈哈好，昨天是二月二龙抬头啊，大吉！”我突然想起王非和何俊说的话，剃头最好是二月二，说明绿十字今年有好运啊！

晚上请徐师傅吃饭，告诉他谷城规划设计院的设计费要四五万，镇政府没钱，想请徐师傅用手绘图。我知道这很不规范，可是没办法。我与徐师傅说15套房子付3000元。徐觉得太少，说怕自己干不了，而且这是正规设计院做的事，他没有资格证书。我说算了，没事。闵书记说原来他们盖房地基都不做，也不做圈梁，还是空心砖。现在有地基，做圈梁还是卧砖，你就放心地做吧，肯定没问题！

这时我不信也得信，因为“堰河新村”的房子在呼呼地往上盖！

农村的事与城市不一样，两种文化、观念、从事方法，我已经习惯了。这一点很多城市的朋友不理解，说孙君你变得太感性了。我笑笑说，我也没有办法呀！

乡村建筑不能按城市标准来建房，城市一个公务员一个月的工资就是农民一年的收入，城市拥有大批工程师、技术员，农村连初中生都跑到城市去了。

农民建房是看着口袋里的钱办事，有的房子建了一半就停下了，打一年工赚点钱回来再继续建。所以我在农村农民建房一般不会按城市标准，那是不靠谱的做法。

五山模式从胡海洋为止，项目就基本结束，前后六年，酸甜苦辣。

在襄樊工作生活的时间长了，我跟襄樊有了很深的感情。我和绿十字为襄樊也只是做了一点点工作。在襄樊，有了我的第一个新农村的实验点，我想是襄樊这个地方和襄樊人给了我这次机会，我从心里感谢襄樊。我认为做得还不够，襄樊人对我还是很认可的，这点对我来说是最最重要的。就这样我也慢慢变成英雄城的“英雄”了——今年襄樊人把我评为2007感动襄樊十大人物。这也是有史以来第一次把不是襄樊人，一个来

新建成的堰河新村

自江东的人视为襄樊英雄来评定，这就说明英雄的后代拿我不见外。特别是我来自东吴，家住和洲对岸，关键还姓孙，他们竟然能评我是“襄樊好人”，这太让我感动。我感动了襄樊，襄樊感动了我。我发自内心地说：襄樊人好的很的很的很的很啊。

很多朋友看了我的《戏说襄樊》都笑了，我也笑了。他们说我应该算是半个襄樊人了。是的，襄樊应该算是我的第二故乡。

在一个地方生活久了，自然就会有一些关注。作为一个外地人，感受更深。

五山镇党委书记胡海洋对我影响最深的是他对今天五山人的总结：我们五山偏僻但是人不偏激，五山镇的生活层次低但是人不低能，我们偏远但是不偏见，我们身居山村可是我们不愚昧，我们不富有但很知足，我们没有财力，但是有无限的民力……

我对五山人的规划是：

由试点转向常规，

由村庄转向区域，

由农业转向景观，

由个体转向集体，

由精神回归生活。

……

我与闵陪余宝军，在堰河的村人民大会堂聊天。余走后石头上还留有余热。胡海洋来了，我们三个人来到堰河的银杏亭下，看着这5年的改变，我们像葛朗台一样，数着我们的宝贝，开始编写堰河八景。两个月前我们就说过堰河八景，这些日子我们又认真总结，在幸福回忆着堰河八景：

1. 堰河新村（13栋不同建筑形式的农民住房、“中国”造型的会议中心、农民环保建筑、“浮香桥”、流水茶经、“五山模式”摄影展）。

2. 天艺茶庄（玉皇茶庄、有机茶厂、农家乐、庭园民居、漫水桥、半岛茶苑）。

3. 银杏山庄（银杏亭、住食娱乐一体山庄、有机茶山、堰河井）。

4. 真武岭（茶圣亭、陆羽像、堰水吊桥、中水回用池、和谐棋场、停车场）。

5. 三合居（奇石收藏馆、堰河岁月、书斋）。

6. 生态广场（村委会、戏水池、村民之家、广播站、健身场、村民公开栏、钓鱼台）。

7. 五山茶坛（祭茶坛、四方神、茗香园）。

8. 凤凰寨（堰河农具馆、村人民大会堂、资源分类中心、九连台、竹林茶声、凤凰山）。

很多事不认真去想，还真不知道做了多少。闵书记说：“看看我们走过的路，想想都怕。我要面对多少官，还有我们的村民，我是他们的父母官，我要赢得他们的支持。他们不选我，我就当不了村干部；当不了村干部就实现不了我的愿望。镇里有40多个官，县里有100多个官，市里还有300多个官，这些官都比我大，我哪一个也不能得罪，谁的话都要听，说得对要听，说得不对也不能当面反对，只能暗地里拐着做，见面又要编理由应付。这些年就这些连干带骗、连骂带笑地走过来了，想想还真的有点怕啊！”

我看看胡海洋，胡也看看我，我们都没说话，只是笑笑、摇摇头。五山走到今天就像摸彩票，中了大奖，是悠悠忽忽地走到了今天，后面的路是否顺畅，我们都不敢说。我在这里的项目已经做完，剩下就是闵书记的事了。在我看来，堰河村还有三年左右的上升幅度，不过是有限的。凭着闵的事业心，堰河还会往前走一点。创新是这里的生命，这一点闵会受到知识和文化不足的局限。

堰河村如果没有绿十字的帮助，绝对不会有今天。绿十字的工作就是把建设部、科技部、中科院、清华大学、北大及全国所有的主流媒体、中国城市规划院、国内和国际的专家与学者请来，让这个小小的村庄与中国最先进的理念接轨。只有这样，堰河村才会在理论的指导下一步步通过实践走向今天，中国才会关注堰河村，这就是绿十字在这里的任务。

这 5 年我们太忙了，从陈炜波到余宝军，再到今天的胡海洋，他们一面在田边地头呼风唤雨，一面又要应付着风雨交加的变革年代。他们既要完成党的任务，又渴望尽快脱离这苦海无边的乡镇生活，希望与无奈从他们第一天来到五山就开始了，他们没有选择。

而在这近 30 多年中，最没有想法、却最有想法的就是闵洪彦。从 16 岁到 46 岁，这 30 年他陪伴着无数领导走过堰河村无数个不眠之夜，这真是“铁打的营盘流水的兵”。堰河这块营盘经过 30 多年的坚守，谁也没有想到会有今天的沧桑巨变。堰河村是幸运的，在中国，所有改革的优势它都见证，所有的缺点它全部躲过。堰河在中国的农村是一个平凡中的奇迹，它平静中不花哨，风雨中不动摇，诱惑中不变态，浮躁中还有一点点属于自己的个性。风也走过雨也走过，作为一个艺术家，所有的这一切，我用画笔和心历描绘着堰河村这一代风流人物。

4 年之后，绿十字又有了几个较为完整的乡村实践与复制平台：

1. 穆罕默德 · 王台（湖北襄樊）——宗教信仰、乡村自治（人均低收入 1600 元）。

2. 五山模式（湖北襄樊）——生态五山，文化之乡（人均中等收入 4600 元）。

3. 熊营母猪湖（湖北襄樊）——循环农业、绿色食品（人均中等收入 6600 元）。

同时在北京、上海、桂林等也开始了“五山模式”的推广与复制：

1. 山水画廊 桂林——人、自然、生活、艺术（人均中等偏低收入 2300 元）。

2. 都市新农村（北京市）——城乡文明的交融（人均中等偏低收入 3600 元）。

目前还上海崇明岛的“东方之舟 崇明”项目已考察一年多，人均收入高达 8000 元。此项目正处在前期论证阶段。襄樊“水淹七军”项目开始进入前期考察阶段，假如这个项目能实施，绿十字的“五山模式”就能在中国完成一个完整的乡村实践。

很多人在问，绿十字下一步做什么？我说做好“五山模式”的复制和推广，比如“穆罕默德 · 王台”、“母猪湖项目”、地震灾区“渔江村和秦家坎的重建”之后，就进入“后新农村建设”的准备工作。

这些年，乡村在生活和观念上发生了极大的变化，2003 年开始，我们经历了粪坑—厕所—卫生间—洗手间，这个过程我们整整用了 4 年。今后洗手间还要转化成“化妆间”。

农民和孩子开始垃圾分类，虽然做得并不太好，可村里现在的确很干净。村民也开始理解，每天扔的不是垃圾而是资源。大家都认为垃圾分类是村里的重要工作，也是堰河村迈出的第一步，这一点非常重要。

不能仅仅看到“厕所”和“垃圾”，而应该看到做事的心态，这是项目实施中解决问题的源头，也是项目路径中的有效通道。

这些项目是在全国123个考察点中，由绿十字新农村建设专家组评选出来的。在这同时绿十字完成了30篇20万字的乡村调研记录（报告）《温度》，写下了48万字103篇乡村建设的文章（后编辑为《农理》），36万的《给我三个春天》。在乡村和高校做了50多次“五山模式”的演讲，写下了近30万字的《山不过来我过去》，整理了专题性的讲课稿12种。有志愿者参与的《我的乡村我的画》70万字的电视剧在艰难地编辑中，《我的乡村我的画》油画作品也在创作之中，油画《惊春》进入到创作的准备，这幅作品就是我的目标，把艺术还给艺术，让文明回归土壤。

这期间发表了一些有影响的文章：

《面对现实谈发展》、《农民精神》、《解读新农村听听农民说》、《把农村建设得更像农村》、《财力有限 民力无限》、《环境污染源于心灵污染》、《国家意识决定公民意识》、《乡村感悟》、《关注城乡二极文明 重塑城乡二元价值体系》、《农村问题雾里看花》……

这就是我们需要的收获！

孙君简历

1980 年服兵役

1982 年采石化肥厂造气锅炉工

1985 年就职安徽省马鞍山市工人文化宫

1989 年毕业安徽师范大学美术系

1997 年毕业中央美术学院研究助教班

1998 年 12 月—2000 年 5 月，应聘担任北京地球村环境教育培训基地主任

1999 年应邀参加在美国召开的第一次“中美 NGO 论坛”

2002 年作品《秋》入选全国美术作品展

2002 年 8 月，参加在南非约翰内斯堡举办的联合国“可持续发展世界首脑会议”

2003 被聘中国社会科学院环境与发展研究中心农村可持续发展项目负责人

2003 年 4 月，国家民政部社会工作协会公益事业部执行副主任

2003 年 12 月，创建“北京绿十字”民间环保公益组织

2004 年 8 月被聘为联合国教科文 EPD 教育项目北京可持续发展教育协会常务理事

2005 年 10 月 17 日，作为 NGO 代表，拜访世界银行行长沃尔福威茨

2006 年 4 月，人民出版社出版社会主义新农村的典型标本——《五山模式》丛书

2008 年 12 月，在 2008 年度被民政部评为“全国优秀慈善工作者”，受胡锦涛总书记的接见

2010 年 11 月，被中宣部、环保部等八部委评为“2009 绿色中国年度人物”

2011 年，在美国出版《农道——没有捷径可走的新农村之路》（英文版），并被美国国会图书馆收藏

2012 年，中国轻工出版社出版《农道——没有捷径可走的新农村之路》、《新农村建设方法与实施》

2012 年，创建“中国乡建院”

2013 年，获《孙氏乡村水卫养猪法》发明专利